资源、秩序与大众福利

杨朝 著

ZHEJIANG UNIVERSITY PRESS
浙江大学出版社

┃　前　言　┃

　　人是否应对自身的命运负责？是否也要对他人的命运负有一定的责任？人类是理性的动物，还是情感的动物？什么是理性？什么是德性？应该让社会自由、自在地发展，还是应对其进行必要的干预？干预的边界在哪里？

　　随着现代化进程的加深，社会发展愈趋显现出深层次的问题与矛盾。有些问题仅仅依靠单纯的经济增长已无法完全解决。社会和谐既得益于分配关系的合理与调适，也涉及道德、伦理等规范的重构，如此方能形成一个有序、良性运行的状态。

　　在现代性进程中，福利始终属于联结这些问题的焦点，但它又一直回旋于自由主义与干预主义的张力之中。前者认为应该让社会按照自身逻辑自然、自在地发展，而后者主张对一些不合理、不公平现象进行积极的调整。极端的自由主义与极端的干预主义都是不可取的。那么，衡量这个适当的"度"在哪里？

　　为了分析这些问题，本书借助正义性视角，以资源作为研判经济增长与社会运行的关键环节，并尝试对福利问题以及与之紧密关联而更为深层的秩序问题进行尽可能细致的辨析与探讨。

　　就本质而言，现代性问题的核心是秩序问题。它既涉及分配秩序的公正、合理与平衡，也涉及道德、伦理等规范秩序的重塑与重建，当然还涉及权利、自由等现代性社会诉求的表达。福利必定成为连通这些因素的关键环节。因为福利既是社会分配的重心，也蕴含着意识层面的团结因素乃至社会结构的黏合功能。

　　福利与资源的天然联系总是通过社会的正义性及其实现过程表现出来的。

这是因为，福利过程本身就是资源的分配过程。作为分配对象，福利既可看成静态的社会益品，它在人际以及社会结构中流动，与其他要素汇合及分流，也构成了宏观或微观的动态的资源流。由于这个因素，福利作为多种社会过程的浓聚，必然反射着社会秩序的价值质性。

正义是解判资源分配之适得性的钥匙，也是衡量社会分配是否公正的重要尺度，比如，其中蕴含的需要、应得、平等等价值要素，又如，再分配、承认与权利构成的实现体系等。这些核心理念也成为解读我国社会现实的有力工具。

但是仅此并不足以完整、真实地展现秩序的正当与否。因为，就福利而言，不平衡的实质不仅表现为价值层面的欠缺，而且在现实表象上反映为资源流的不平衡。这是同一事物的两个方面。最完美的福利状态是其正义性得到充分彰显，同时，资源也能得到最优化的配置。

为此，必须针对相应的历史与现实成因，充分发挥再分配的机制性作用以及承认的团结功能，在社会的关系与结构之间，在制度、政策与可能的现实条件之间，找到资源平衡的适度应力及其物质与意识形态的坚实支撑。在促进资源更加高效、合理流动的同时，也实现社会本具的秩序价值。

福利之实现不仅取决于能够整合各类资源的得当措施的采纳，还取决于这些措施得以生发的外在环境的优化——更加公平、合理的体系的塑成及其经济、社会基础的夯实。这必需宏观的社会结构与微观的社会关系的双重革新。

正当、公平、正义，既是福利表达的应然价值，也是社会秩序的价值基石，而尤以正义为重涉。但是，这些价值的表达及其实现均不能脱开资源流的介入。因为资源尤其资源流，既是福利的承载，又是其必然的实现过程的显现。资源要素及其流转作为福利过程的关键环节，甚至可以说是其中唯一可被观察、判断、衡量的重要现实状态。正义的价值质性既作为福利之精义所在，而作为良序社会必需的秩序表达，同样也离不开资源的负载。

　　因此，福利的复合性与凝聚性，既反射了经济、社会、政治诸体系的有机叠合，也为社会运转回馈了它的秩序意义。因为，需要、应得、平等等价值的实现，既为良序社会夯实其价值基础，而福利本蕴的承认质性也为社会团结强化了伦理与道德的整合可能。正义与道德作为两种基本的秩序价值，既存在着某种内在的张力，它们经由福利而实现衍合，也为社会的良性运行赋予了深层的规范基础。

　　本书的篇章布局努力体现出理论与实践的交织，但是总体而言，经验性的分析更浓厚一些。在引论中，本书提出了当前面临的现代性问题以及将要采取的研究思路，回顾了中外学者对这些问题的基本立场和观点。随后在概略梳理正义观的迁衍史的基础上，阐述了福利正义的基本理念，并以之作为解析福利得失及其秩序正当性的主要工具。进而，在这些理念的观照下，以"资源流"为脉络讨论福利不平衡的实质及其根本改善的路径。除了大量统计数据的支撑，宏观论证与微观层面的紧合是必要的——以六个案例的剖解对相关理念进行检验并力图发掘其新的理论与现实内涵。之后，本书再回到原初的议题，以福利为概览并观视其于良序社会的意义及其应然的价值基础。在本书的末尾，简要的凝练是必要的，作者的主要观点要素大致反映在结语之中。

　　综言之，福利的完美实现，既体现了一种价值的正当，体现了个体完善自身、发展自我的天然诉求，体现了更为合理而平衡的资源流的必要，更为社会的发展与进步夯实其坚实的物质基础与精神条件。在这些多重理念的交织中，福利以其独具的魅力和正义性促成了充溢着富裕、幸福、道德的文明社会之可能。

⋮⋮ 目 录 ⋮⋮

第一章　伦理、价值与秩序

何谓现代性问题？

诸如收入差距和贫富悬殊尚未根本缓解、公平与效率的两难、生存境迫与生活的得体与尊严、国民素质的提升、公民道德的型塑、社会潜力的发掘等，都是社会变迁过程中必然遇见的矛盾和难题。现代性问题是否就是指这些问题？确实，这些问题和矛盾在很大程度上反映了社会转型之亟务。但是，现代性问题的本质应有更深刻的内涵。对它的解答要求我们对社会的公平、正义理念及其可能的实现途径进行深刻的反思。

在种种现代性反思中，在一种更优化的秩序的探索中，福利必定起着举足轻重的作用。因为它既连通了民众的日常生活，也连通了社会运行的应然价值，还关系到秩序确立的经济基础。但是，它的作用和功能的发挥必须克服很多可以预见的现实矛盾。况且，福利与权利、自由、公正等现代价值之间有着千丝万缕的联系，尤其与社会分配关涉甚深。因此，对这些问题的探讨既要求深厚的社会基础为支撑，也必须在对现实的真切的探索与实践中逐步明晰。

第一节 社会秩序与福利的意义

一、伦理失范与社会分配

改革开放以来，我国经济、社会、文化诸领域发生了翻天覆地的变化，社会生产的高速发展使得民众生活质量获得了长足进步。但是与此同时，一些不良因素也导致某些"失范"现象的产生——诸如分配不公所致的利益失衡，社会变迁也带来某种程度的伦理规范的解构、传统价值的失落，一些失信、失德行为不时困扰着人们的生活等。

经济领域的失德行为，社会交往的失信行为，传统伦理的不同程度的弱化，已严重影响到人们的日常生活，有些已经危害到公共秩序。[①] 与此同时，居民收入、受教育程度、职业、身份、社交等社会经济特征的分化加剧，社会异质性明显增强。有些变化是现代化必须经历的过程，有些属于必须加以干预、调整的负面因素。

在涂尔干（Emile Durkheim）看来，由于规范因素与结构因素的变迁不同步，也由于"集体意识"的削弱，从而可能导致一种"社会失范"现象。[②] 在高瑟（David

---

[①] 诸如某些欺诈行为、违约行为、虚假合同等，以及电信、网络的诈骗等。还有一些损人利己的行为，比如早些年的"地沟油"问题，在食品加工过程中违规使用有毒、有害的清洁剂、着色剂、添加剂，某些生产经营中的偷工减料、以次充好行为。

[②] 涂尔干.社会分工论.渠东译.北京：生活·读书·新知三联书店，2000：354-366.

Gauthier）看来，社会交换应该符合一种互益的原则。[1] 在黑格尔（Georg W.F. Hegel）看来，这属于法律关系中的团结。[2] 双方在获取自身利益的同时，也认可他人的权益而获得法的规定性。由于不良利欲的诱致，行动者漠视、无视对方的合法权益，一味寻求自身利益最大化而导致可能的社会冲突——或许可以称之为现代的"霍布斯困境"。

利益冲突凸显了三个社会问题：①在现代性条件下，对利益的约束机制在哪里？②社会财富的获得与分配的合理机制是什么？③如何形成一个良性的社会运行状态？

分配关系的和谐至少可以在很大程度上缓解利益冲突的烈度以及矛盾激化的可能。尤其一种有效运转的福利体系的确立，可以免除处于困境的人们的生存窘迫，提高民众改善自身处境的能力，为其创造社会融入的条件，达到一种和谐的社会状态。

因此，秩序问题既属于道德范畴，也属于社会分配范畴——在国家、社会、企业、个人之间缺乏合理的利益协调机制，以使这些主体更为洽融地联结成一种切当的关系与秩序。

这种张力尤其体现在经济领域之中。由于不同性质的业体相继出现，分配关系也愈趋复杂和多元。这既预示着市场主体的分化，也表明法人与员工、"劳"与"资"之间的分配关系存在着失当和冲突的可能。

与之相应的是社会保障的职业异质性。国企、规模较大的民企、私企大多参与了国民保障体系，员工除了参与公共的社会保险，还享有数额不等的企业年金、补充养老保险等待遇。外资、港澳台资企业也逐渐纳入进来。但是大量

---

[1]　Farrelly C. Contemporary Political Theory. London：SAGE Publications, 2004：53-71.

[2]　霍耐特. 为承认而斗争. 胡继华译. 上海：上海人民出版社，2005：30.

的小微业体尚存在明显的福利缺位。① 企业性质、员工户籍、盈利水平的不同，福利的普及和覆盖程度也因之有别。福利待遇的异质影响着个体的身份认同、公德意识的形成。

近些年来，社会责任理念逐渐获得愈加广泛的共识。但是这些问题一直在考验企业的管理层与公众的期望值——员工福利是否会损伤企业的盈利能力？如何平衡股东的获利驱动与企业福利的关系？企业是否要承担员工利益以外的更广泛的社会义务，如社区建设、城市环境乃至社会建设？企业法人要担当何种促进平等的道德责任？

如果将视野延展开来，社会分配与福利问题并非仅仅表现在这些经济性关系之中。一种合宜、恰当的福利体系的确立，更得益于国家、市场、社会以及个体之间确立起一种切当的权利、义务关系，形成资源的高效集中与积聚，并足以促成其在人际、地区之间更为合理的分配与流转。

二、中国福利的成就与不足

福利是社会分配的重要领域。从其词源上可知，福利（welfare）指称一种良好的生活状态。它有经济性与非经济性之分② ——前者专指与经济增长有关的物质条件的改善，后者指称一种整体性的社会环境的优化，包括舒适的心理状态、和谐的社会氛围、发达的公共服务等。

福利最初与慈善、救济等行为密切相关，随着社会变迁，其范围逐步扩大。

---

① 这些业体大多与民众生活密切相关，如餐饮、食品、服装、农贸、家装等。从业人员要么是自雇者，要么是零时受雇者，缺乏规范、稳定的雇佣合同与恰当的福利身份。与此关联，小微业体脱开了乡土亲熟规范的制约，一些道德失范问题也时而出现。前些年大量披露的"地沟油""假冒伪劣""以次充好""电信诈骗"等大多与此有关。

② 庇古. 福利经济学. 金镝译. 北京：华夏出版社，2017.

对于何者可称得上"福利"也逐渐取得共识——由国家、社会和其他个体提供的旨在改善个体或群体生活的一切社会支持，涵及养老、教育、就业、医疗、住房、慈善、公益、救济、救助、社会服务等几乎所有民生领域。

新中国成立以来，尤其近几十年来，我国福利发展取得了举世瞩目的成就。截至 2018 年底，基本养老、失业、工伤、生育保险参保人数分别达 9.43 亿、1.96 亿、2.39 亿、2.04 亿人，基本医疗保险参保人数达 13.45 亿人。国家的教育投入不断加大，大约占到国内生产总值的 4%，早已突破了 3 万亿元。医疗卫生事业飞速发展，人均寿命逐年提高。社会救助和慈善事业也有显著发展，2018 年社会捐赠达 919.7 亿元。城市棚户区改造、公租房以及危旧房改造等住房保障措施也取得显著成效。①

在肯定这些成就的同时，也必须要看到，福利发展也存在不平衡、不充分的一面，主要表现为身份差异、城乡差异以及区域差异。

譬如，城乡居民在养老待遇、收入、医疗、教育、社会服务等领域存在较大差距，包括与户口挂钩的城乡福利区隔，城乡一体化、服务均等化的均衡性矛盾，农民工的社会保障公平性，以及城乡统筹发展等问题。

区域差异主要表现为东、中、西部地区的资源分布不均衡。受经济发展程度的影响，居民收入、教育、就业、养老设施与待遇、公共服务等社会事业在较发达地区与欠发达地区之间存在明显的落差。

身份差异主要表现为体系的区隔。譬如，除了与户口有关的区隔，养老保障分为企业职工、机关、事业单位、军人、居民等多种身份体系，医疗、住房等待遇也有相应的身份差别。数量庞大的农民工群体游离于城市保障体系与农村保障体系之间。

---

① 中华人民共和国年鉴.北京：中国年鉴社，2019：365、447、918、928.

这些问题的实质是什么？

三、正当、公平与正义

这些问题和矛盾涉及三个方面。除了刚才提到过的分配问题，还涉及发展问题以及社会秩序问题。这些议题的研究，期待相关学科更加广泛、深入的衍合。社会分配的价值探讨一直是政治学、政治哲学的核心关注点，区域的协调发展、城乡一体化建设等问题同样有赖于发展经济学、发展社会学等学科的介入，而社会伦理秩序的重塑更有待于方兴未艾的道德社会学的深入探索。在这些领域的交织中，一种融合的可能逐渐显现。尤其正义可视为联结这些议题的一个焦点。

因为，现代正义虽然以分配为主要视域，但绝非止步于此。社会分配必然与其他领域紧紧相连，社会的正义性也必然衍展到这些领域。

何怀宏、高力克、万俊人、张国清、姚大志、段忠桥、文长春等学者从伦理、社会应得及其所适原则等角度探讨了分配与正义秩序的相适性。马克思主义经典著作虽然没有正式提出正义命题，但是马克思主义分配观与正义命题是充分相洽的。因为马克思主义经典著作明确提出了"按劳"与"按需"的分配理念[1]，以之构成未来社会的秩序基础，并且隐含了对社会契约、功利主义，尤其"产权"形成的权利优越性的重大回应。

就本质而言，马克思主义分配观的需要指向是福利价值的重要基础。当然，它本身就是对社会分配中"毋庸置疑"的"资本"利得性的一种质疑。诸种正义元素的交融既有理念的沿承，也存在内在的张力与冲突，其间显然寓涵着历史逻辑的变迁理性。

---

[1]　马克思恩格斯选集.北京：人民出版社，2012：364-365.

法律、经济、环境、城镇化、全球化等议题的正义元素时而呈现，虽然由于各自表征的社会关系及其指代的不同社会结构，其具体内涵以及社会征象有所不同，但是仍然共享着一些基本的元素。譬如，正义一般指代一种合理而正当的秩序，表征着一种社会的"应然"。那么，福利作为现代社会日趋重要的复合过程，与相关领域共享哪些"基因"？它又有哪些独具的品质？

无论是伦理学的正义观，抑或是分配领域的正义视野，都为更深入地剖解福利的实现提供了极其深刻的启示，为解判福利问题开辟了思路。因为福利既是社会分配的重要范域，其中涉及人际关系的调适、资源的流转，又不可避免地涉入了必要的结构与规范的范畴——如何看待福利分配涉及的正当声称与社会公平？如何在社会关系与结构中形成一种融洽的平衡？

（一）福利正当

正义性视角可视为连接这些议题的一个焦点。因为正义既连通了社会分配，也为发展注入了道义的支撑，而作为一种秩序价值，它与道德、伦理、规范等理念一起构成社会整合的价值基础。

由于这种综合性，其于福利问题的考察，优势甚或更加明显。但是，也因为这种多重性及其与诸多领域的密切交织，使得我们有必要对它的内涵与外延做出尽可能清晰的界定，以期形成比较清晰的理念框架，并以之分析社会现实。

就福利而言，正义性与正当有着一定的叠合，而且两者的质性均涉及福利内蕴的价值本质。但是，当我们将这些的价值与其外在的合法性支撑联系起来考虑时，显然后者法理基础的性质更为明显。这种基础尚待进一步明晰。比如，在法定的社会权利与实际的分配过程之间，如何找到连通二者的桥梁？作为宏观的秩序价值，福利的正义性可以获得哪些结构性支撑？

西方当代社会思潮的一种重要取向即"福利主义"与现代社会政策紧密衔合。福利已由最初的济贫、救济等较低端的资助行为逐渐扩延至公民生活的几乎所有领域。但是这一施政方向自 20 世纪 70 年代以来受到重挫，尤其"石油危机"的爆发极大地动摇了福利的合法性基础。这些问题逐渐引起人们的广泛思考——福利体制能否在现代社会继续存立？需要对此做怎样的应对和革新？

马歇尔（T. H. Marshall）与蒂特马斯（Richard M. Titmuss）的思考是奠基性的。前者的公民身份（citizenship）三个要素的划分是现代公民权利的经典阐释，也为现代福利奠立了坚实的法理基础。[1]"公民要素"，即人身、言论、思想和信仰自由，拥有财产和订立有效契约的权利以及司法权利，与此相关的机构是法院。"政治要素"，即作为政治权力实体的成员或这个实体的选举者，参与行使政治权力的权利，与此对应的是国会和地方议会。"社会要素"，即从某种程度的经济福利与安全，到充分享有社会遗产并依据社会通行标准享受文明生活等一系列权利，与此对应的是教育体制和社会公共服务体系。[2]社会要素也就是公民的社会权利，其确立预示着以福利为主要施政方向的政府功能的转型。

蒂特马斯从社会政策的角度将福利体制划为三种模式。①"剩余"型，即福利应由劳动者通过就业市场获取，国家的角色只是弥补市场的不足，提供市场效率不足以达致的社会服务。②"成就"型，即福利应该是对社会成员之努力、贡献、成就的奖赏——付出越多、贡献越大，也应该得到越多。③"再分配"型，即为实现社会平等或其他类似目标，国家、社会力量对市场主导的初次分配进行干预，以实现社会资源的重新配置。"剩余模式"对应着自由价值，"工业成就模式"对应着工作努力价值，"再分配模式"对应着平等价值。[3]作为权利的福利与作为分配标的的福利虽然理念渊薮不同，但是大体表达了现

① T.H.Marshall. Citizenship and Social Class and Other Essays. Cambridge： The University Press,1950.
② 马歇尔.公民身份与社会阶级.郭忠华、刘训练编.南京：江苏人民出版社，2007：7-8.
③ 蒂特马斯.社会政策十讲.江绍康译.长春：吉林出版集团有限责任公司，2011.

代福利的合法性基础之所在。

20 世纪后半叶以来，世界政治、经济、社会秩序的重大变迁导致福利的合法性遭遇到严重危机。由于国际政治、经济危机的发生——尤其石油危机的爆发，世界主要国家的公共开支因为失业人数的增加等原因不降反增，政府不堪重负。虽然以福利为施政方向的社会政策受到广泛质疑，但是困境并非仅仅由于这些外部的国际性因素。

有些学者指出了隐藏在表面繁荣背后的隐性的结构性矛盾。譬如，考夫曼（Franz-Xaver Kaufmann）提出了"人口、经济、社会、国际、文化"的"多因素论"。[1] 奥菲（CLaus Offe）的"意识形态论"指出，右派认为福利既抑制了投资，也抑制了工作动机，"左"派认为它既无效力且无效率，并且是压制性的虚假状态。[2] 吉登斯（Anthony Giddens）提出超越"左"与"右"而实行"第三条道路"的建议。[3] 这些思考大致反映了危机的内在因素，也指出了福利革新的必要的社会条件。

这些难题的出现并非意味着福利将就此退出历史舞台。恰恰相反，无论在西方还是东方世界，以福利为主导的社会政策仍然成为世界主要国家的主流施政方向。福利事业的开支已然占到除了公共投资、军事、政府职能以及维持公共秩序的必要支出以外的公共财政的很大比重。但是诸种质疑也促成了福利的转型，即由相似度较高的"高福利"模式逐渐演化成不同的亚型——有些国家仍然主张高度的再分配,有些国家将政府的某些功能让渡给社会或市场来履行。譬如，布朗（Kevin M. Brown）等人主张通过志愿结社迈向积极的公民权，激

---

① 考夫曼.社会福利国家面临的挑战.王学东译.北京：商务印书馆，2004.

② 奥菲.福利国家的矛盾.郭忠华等译.长春：吉林人民出版社，2006：3-8.

③ 吉登斯.超越左与右：激进政治的未来.李惠斌、杨雪冬译.北京：社会科学文献出版社，2000.

活公共领域和社会资本，实行新的福利形式。①

福利的正当性无法脱嵌具体的社会环境。国内、国际环境的变化要求社会关系更充分的调适，以找到一种更贴合现实的分配恰当性。再之，福利的正当性也反映着公民权利的深刻衍变，尤其体现在福利的"契约"性之中。因为公民与主权达成的"社会契约"而获得的自由、安全、财产的保证，本身意味着一种基本生存和文明生活的合法承诺。关键是如何在国家、社会、市场和个人之间建立起一种更加合意、适当的权利义务关系。

（二）福利公平

福利的正义性就某种角度而言也可谓一种正当（justice or justification）。它们不仅在词源上有着明显的"亲缘"性，而且都代表一种公正、恰当的秩序，无非前者注重一种"因"与"果"的相称，后者表征着一种法理的依据。两者显然是不可割裂的。进而，正义作为一种公认的社会价值，它与公平（fairness）之间也有着多重的价值交织。

"公平"（fairness）是当前我国社会保障研究的主流话语。比如，景天魁等提出"底线公平"问题——福利最起码要确保贫弱阶层的最低生活水准。②郑功成认为，公平是一种价值判断，建立在权益平等的基础之上，必然要求制度的改良以消除歧视、援助弱势群体。③关信平从宏观层面对我国当前社会保障的公平性做了制度分析。④

公平有何具体的社会内容？公平对于福利而言意味着什么？王思斌等学者指出了"普惠"之于福利的重要意义，提出应建立"适度普惠型"福利体制。⑤

① 布朗等 . 福利的措辞 . 王小章、范晓光译 . 杭州：浙江大学出版社，2010.

② 景天魁等 . 普遍整合的福利体系 . 北京：中国社会科学出版社，2014.

③ 郑功成 . 中国社会公平状况分析：价值判断、权益失衡与制度保障 . 中国人民大学学报，2009（2）.

④ 关信平 . 当前我国社会保障制度公平性分析 . 苏州大学学报（哲学社会科学版），2013（3）.

⑤ 王思斌 . 我国适度普惠型社会福利制度的建构 . 北京大学学报（哲学社会科学版），2009（3）.

林卡等学者也认为,普惠型的社会政策与服务体系有助于培育人们的团结理念,淡化阶层差异。[①] 王小章等学者强调农民工等社会弱势群体的公民身份的承认诉求,指出了社团和社区因素日趋重要的福利功能。[②] 还有学者指出了福利的收入调节功能及其法律、制度基础。

概略言之,公平意味着制度面对每个人的"同一"性,也意味着一种"普惠"性的国民待遇,同时也含有收入调节的意蕴,以避免过大的社会级差。就本质而言,制度性是公平内涵共同的意指——它要求一种更优良的制度建设。

将正当与公平置于福利这一语境之中,即"目的"与"义务"的关系——正当性赋予福利存立、运行的合法性基础,而公平立足于调适民众的利益与所得,意在确立一种基础性的制度秩序。两者分别与正义有着不同层次的相衔。正义有着价值的广涵性。在某种程度上,它也可谓一种正当——秩序的确当、合理与平衡。就福利而言有着两个合法性基础——法理基础,即公民生活、生存的契约性保证;社会基础,即社会分配的公正与平衡。前者与经典的正当命题密切相连,后者与公平的含义有着多重的价值交织。

简言之,公平集注于制度的"同一"与"普惠",而正义集注于缘由与结果之间的"适当"与"适得"。二者都离不开福利的合法性基础,即一种法理权威与担保功能。就福利而言,正义性可谓公平要求的制度秩序在公民或民众之间关系的映现——制度的"同一"性如何体现为民众利益与所得的"适当"。

那么,如何定义这种适当、适得性的具体内涵?

（三）正义性的凸显

就此而论,福利过程既容纳了制度因素（公平）,也含有社会分配的关系

① 林卡、张佳华.社会政策与社会建设——北欧经验.北京:中国人民大学出版社,2015:226.
② 王小章.走向承认——浙江省城市农民工公民权发展的社会学研究.杭州:浙江大学出版社,2010.

调适，当然也指涉为这一过程提供担保的法理基础。作为一种现代价值，正义既与公平、正当相衔，又透射出它自身的价值特性。那么，福利的正义性有着怎样具体的内涵？这些问题留待下一章再做详解。在此之前，我们必须先行观视这些价值共存其中的秩序基础。

以正义视角为研判手段，必须注意两个既相关又相异的视域。

其一即福利与社会保障的关系。从原则上讲，社会保障是福利最重要的内容，是指以国家、政府等主权形制为主导的针对民众生活的一系列社会政策和安排，尤其表现为各项福利体系的建设与运转。这毫无疑义构成了福利行为的主体。但是福利还有其他的主体行为，如市场的职业性福利，慈善、公益组织的公益行为，家庭、宗亲等亲缘性支持，以及社区、社团、宗教等地缘或价值共同体的社会扶助与资源共享。可以说，福利的正义性逐渐由强制性的政制行为延伸至团结性的社会共同体。

其二即公平与正义的价值相衔。公平与正义作为社会的主流价值向来被视为并列。一般而言，公平主要是指制度面对公众时的"一视同仁"，是一种"同一性"的待遇，而正义是指缘由与结果之间的合理与切当，即由于一种原因——行为或道义的，获得一种与之相称的恰当、正当的结果。

就福利而言，二者既有着价值的交织，但是区别也甚明显。公平意味着大致相当的国民待遇——一种"普惠"，或者一种必须确保的"底线"公正。而正义并不仅仅在于一种均等化的结果，还要考察作为社会过程，福利是否有充足、合适的理由——人们的需要在何种程度上得到满足？社会是否得其应得？在何种意义上实现了平等？

这些问题的探索，要求我们对社会、经济、政治、文化诸领域深入考察，对福利过程及其涉及的社会机制进行深刻、细致的辨析。

社会秩序的良性运行至少有着三个意义。其一即维持最基本的社会整合与团结；其二即在团结、整合的基础上，还能有社会的进步和发展；其三即在社会整体进步的前提下，每个人的自我、个性能够获得更加充分的实现。

这几个层次既涉及道德伦理问题，也涉及社会的生产、分配等物质性过程。而福利在其中扮演着关键性的黏合角色。社会的物质富裕以及精神素养的改善都要求福利的积极参与。理论和实践的探索，将有助于为我国建成一个更加良善、更富道德感、更加公平正义的社会提供一些反思和前瞻。

一般而言，人们对福利的理解大都注重其于个体生存的意义，而较少将福利改善与宏观的社会发展相联系。福利完善对于社会整合与团结有着怎样的功能和意义？社会发展的基础何在？这些问题必须在真切的社会实践中才能被有效地认知。

当前的福利考察主要立足于社会保障的公平性。在现代社会，福利涉及的范围愈加广泛，其参与的主体也愈加多元。对这些多重的行为和过程进行尽可能深层次的哲学透视，以正义性视角判析其可能存在的问题，对于了解福利更全面的价值导向及其更加有序的发展有着深远的意义。

比如，公平的现代意涵是什么？它与正义有着怎样的关联？如何在制度上体现最起码的社会公正，将这种制度效果转化为人们利益之间的合理与平衡？为此需要在社会政策上做怎样的细化与革新？

（四）福利的时代意义

福利既是社会过程，也是政治行为，要求国家、社会、企业、个人等多重主体的共同参与。作为社会关系的映现，它必然涉及人与人的利益调适。作为当代国家治理的重要形式，它又涉及治权运作的法理基础。作为资源配置的方式，它必然符合一定的经济规律。因此福利的正义性分析，必然要求政治学、社会学、经济学等学科的融汇，要求一种综合的分析视野。

在上述理念的基础上进行一定的综合与提炼，努力形成一个有效的分析框架，是研判当代中国福利问题的一条可行的思路。这一过程大致属于政治哲学的范畴。在理论思路取得必要的明晰之后，经验分析或实证材料的检验将成为本研究的实践目的和重心所在。在研究视域上，将福利经济学融入政治哲学、政治社会学的思辨之中，对有关统计数据、经验材料进行组织和考辨，以期明晰现实问题的根由所在，找到合适的对策与方略，也是有益的尝试。同时，现代性问题导致的社会失范与失序，必然涉及社会关系的重组、人际认同等社会心理学领域，应在微观的心理分析与宏观的社会结构之间建立有效的联结。

这些因素决定本研究必定相合于多层次、多角度的"问题—分析—对策""理论—实践—检验"的不断循环的双重的逻辑过程——从社会事实的问题出发，分析其现实与历史原因，寻找可能的解决思路与对策，然后进入另一个逻辑循环。这首先建立在必需的理论准备的基础之上。实证研究一则为检验、印证理论架构与思路，二则还应有助于社会事实与经验的淬炼，给予理性思辨有益的激发、启发与补充，使得理论升华和凝练有着更为可靠的现实基础。福利作为复合性社会过程，既有事实判断，也有价值指涉；既有宏观的结构性因素，也有微观的互动、关系乃至心理的建构性因素。

本书的研究对象是中国的福利现实，但是研究脉络则以资源分析贯穿始终——以福利资源与其他社会性、经济性、政治性资源的融汇与流转的性质与过程为主要内涵。或者更确切一点说，本书以正义性的理念框架作为解判当代福利问题的分析工具，由此，福利的得失、成就与不足，倘或存在哪些问题，可能的解决方法与途径，将逐步展现在我们面前。而资源作为福利分析的内容和线索是贯穿全文的。可以这么说，福利的正义性等价值问题及其实现过程是本书的主要视域，但资源分析是贯穿全文的基脉。因为就福利的本质而言，正义性问题的实质就是资源分配的恰得与恰适性，它必须以资源为负载表现出来。

理论与实践、问题与对策、资源平衡与价值张力的冲突，"应然"和"实然"的相互印证，这些相互联系又相互对立的不断循环的逻辑过程，大体反映了本书的论述重心所在，即福利与资源、结构与关系、权益的伸张与道德的重建等互生互构的不断再生的辩证性的实践过程。

福利是人民福祉之所系，也是现代社会治理的重要内容。党的十八大指出，人民对美好生活的向往就是我们的奋斗目标。我国当前的主要矛盾已经转变为人民日益增长的美好生活需要与不平衡不充分的发展之间的矛盾。美好生活的追求不仅包括物质上的总体富裕，也包括精神生活的充实、愉悦，包括和谐的社会关系，包括社会资源的公平、合理的分配和共享。

分配关系的和谐是社会和谐的重要条件。马克思指出了理想社会的分配模式——劳动者按照自身的能力和条件参与社会总产品的生产，在社会财富充分涌流之后，按照每个人的需要分配生活资料。当前的社会发展尚未达到极度富裕的程度，一些分配的矛盾以及有可能引发的社会紧张还在不同程度地存在。民众对美好生活的要求有着更高质量的期待、更细致的内涵，民生领域的社会治理也日益专业化、科学化。这些都对现代福利的内涵及其治理形式提出了更高的要求。

福利不仅事关每个人的切身利益，关系每一个体的生活质量，也关系社会关系的和谐、良好道德风尚的形成，事关社会的整体进步。自20世纪中叶以来，福利国家已成为世界主流的重要施政方向。现代社会的变迁促使更多主体的参与，企业、社团、慈善组织、个人也承担了愈来愈多的社会责任。但是，作为治权的重要治理形式，以国家为主导的政制形式在福利建设中从来没有缺位。而民生保障的质量和程度，也成为社会秩序是否稳定的风向标，这是世界范围内共同的政治现象。一种良好的社会秩序得益于民众生活的稳定和得体，社会矛盾和冲突的可能性也会大大削弱和缓解。

当前我国提出了"创新、协调、绿色、开放、共享"的新发展理念，以社会全面进步、人的全面发展为目标，不断夯实物质与文化的现实基础。以人民为中心的新发展理念有待于福利事业更加深刻的全面进步来拓实其内涵。个体发展离不开社会发展，社会发展同样也不能脱开个体物质、精神生活质量的提升和完善。福利为此创设的条件将决定民众可以得益于怎样的社会进步，它本身的实践逻辑又要求怎样的物质条件和经济繁荣构成的财富增长基础。

那么，它是如何促成和完善这些基础和条件的？

第二节　社会整合的不同方式

一、伦理与道德

秩序问题既涉及分配关系的调适与融洽，也关涉观念、价值等意识形态因素的相融，更关系伦理、道德规范与社会结构的相适。社会失范的解决既要求对决定分配关系的价值与正当性的重新检视，也必须关注这些行为与活动矗立其上的社会环境的优化。尤其对伦理、道德、观念等意识形态的反思，必然需要相应的社会结构的必要调整。

黑格尔的法哲学思想是在古典自由主义与功利主义之外针对社会契约说的另一种"扬弃"。他所称的"法"即一种有着三种层次的意志自由——人与外界实存的规定性即"抽象的法"；主观对外界的反思并且作为内心的"善"（或者说主观的"法"）即"道德"；二者的统一——"善"不仅作为外在境界的实现，主体自由既作为主观意志也作为客观实存而存在即"伦理"。①

黑格尔拒绝霍布斯式或马其雅维利（Niccolò Machiavelli）式的人类社会的利益共同体假设，他认为人类团结的最终或最高形式应该是自由人组成的伦理共同体（伦理实体）。②这是因为：第一，共同体是个体实现自由的机会；第二，

---

① 黑格尔.法哲学原理.范扬、张企泰译.北京：商务印书馆，1961：46–47.
② 黑格尔.法哲学原理.范扬、张企泰译.北京：商务印书馆，1961：187–198.

共同体内部的风险和习俗作为主体间的实践场域是普遍自由和个体得以自我实现的社会介质；第三，由财产和各种权力体系组成的市民社会必将导入贯彻着所谓绝对伦理的理想共同体——国家。①

在黑格尔看来，团结最终的价值指归是超然于社会实存的"伦理"——一种将社会联结起来的"绝对精神"。②伦理既涵盖了家庭等亲缘关系，也延伸至市民社会以及国家，三个层次是逐步递进的。霍耐特（Axel Honneth）延承了这一体系。他的爱、法律、团结三种承认形式与黑格尔的家庭、市民社会、国家三种伦理形式有着结构的内契性。③但这是以西方尤其德国社会史的演进为背景的。黑格尔的伦理观与我国传统的伦理观有着怎样的交织与区异？

涂尔干的社会唯实论立场赋予社会团结不同的质色。他认为存在两种不同的团结形式——一种是传统社会的机械团结，一种是现代社会由于分工而导致的有机团结。由于社会变迁是一个较为漫长的过程，而且，涉及结构性因素与观念性因素的不同步，这些因素都有可能因集体意识的混乱而导致社会失范。

要解决这些问题必须诉诸两个层面的道德重建。一是职业伦理，一是公民道德。涂尔干指出，经济生活必须受到规定，必须提出它的道德标准，这样扰乱经济生活的冲突才会受到遏制。在社会秩序中有必要确立职业伦理，规范告诉人们将享有怎样的权利与义务，从而为职业群体赋予一种稳定性。在职业伦理之上，还应有一个能整合所有社会成员的共同的价值规范——公民道德。

因为，在个人、家庭、职业群体之上，还存在一个更高的团结形式——国家，与之对应的是政治社会，运行其中的为所有人认可的规范即公民道德。启蒙运动以来，个人的权利声称逐渐得到尊重，这似乎对国家的权威构成了某种

① 霍耐特.为承认而斗争.胡继华译.上海：上海人民出版社，2005：56-68.
② 黑格尔.精神现象学.先刚译.北京：人民出版社，2015：273.
③ 霍耐特.为承认而斗争.胡继华译.上海：上海人民出版社，2005.

挑战。一方面，没有国家我们将一事无成；另一方面，我们也不能放弃个人的目标。国家的基本义务是，促成个人以道德的方式生活，以爱国主义与民主制体现出来。①

在某种意义上，涂尔干融合了康德的道德观与黑格尔的国家观，其立足于职业群体的团结形式，也是欧洲"法团主义"福利模式的原宥之一，如行会、职业协会等互助行为，乃至影响到俾斯麦的社会保险改革。他不主张强势的个人主义，也不主张强势的国家主义，而希望在二者之间找到一种平衡，以形成符合现代特质的社会团结形式。

齐美尔（Georg Simmel）指出，信任是社会团结的基础，没有信任的社会将是一团散沙。②信任既是关系模式，也蕴含着行动者的心理期待。它意味着在面临风险、不确定性时，对未来交往行为的认循。齐美尔基于形式社会学的视角，认为社会交往及其结构内含着信任与团结的必要与可能。

韦伯（Max Weber）持有不同看法。他指出，现代社会的症结在于价值理性日益式微而形式理性（目的理性）日益盛行。社会行动的内在驱动力可分为四种类型：目的理性、价值理性、情感非理性以及传统理性。③目的理性与价值理性是现代社会两种主要的驱动力，前者以实现某种工具性的目的来规划自身的行为，而后者以实现某种理想或道德为行动的指引。由于传统的宗教信仰受到现代性世俗、功利性观念的巨大冲击，以致人们普遍堕入被世俗物欲所控制、牵制的工具性状态。譬如，在西方社会，路德的天职观以及加尔文教的命定论赋予世俗行为以永恒的动力，这是新教伦理的基础。但是，这种伦理精神却日益受到世俗目的的侵蚀，以致现代社会堕入了无信仰状态。

---

① 涂尔干.职业伦理与公民道德.渠东、付德根译.上海：上海人民出版社，2001：7、74、101-102.
② Simmel G. The Philosophy of Money, London and New York：Routledge, 2011：191.
③ 韦伯.经济与社会.林荣远译.北京：商务印书馆，1997：56.

对于中国与西方的对比，韦伯考察了清教伦理与儒家伦理对社会团结与信任的不同影响。韦伯强调，以儒家为代表的传统文化体现着一种激进的现实乐观主义，而缺乏自然与神、伦理的要求与人类的不完备之间的任何一种紧张关系，因而只是纯粹受传统、惯例、习俗等习惯因素影响的生活方式。传统中国社会的信任乃至商业关系的基石明显建立在亲戚式或类似的个人关系之上。而伦理宗教尤其新教伦理与禁欲教派的伟大业绩在于挣断了血缘与宗族的天然纽带，而建立了信仰共同体的优势。从另一方向看，宗亲联结之上的信任却存在难以向外扩散的弱点，尤其表现在难以在陌生人之间形成社会团结。①

传统中国文化是否缺乏更广泛的信任与团结基础？梁漱溟与英国学者罗素（Bertrand A. W. Russell）均持不同的看法。梁漱溟指出了为韦伯所忽视的儒家"仁"的品质。"仁者，爱人。"由于这种仁爱之心，人与人之间的互谅、互让之情有可能由亲熟关系向更广远的社会结构蔓延。②罗素在中国的生活体验也让他观察到了中国老百姓普遍性的乐观精神，这种精神使得人与人的理解与团结成为显然的现象。③他们还指出，随着现代科技文明的进步，人与自然、人与社会之间必然会愈趋产生某种紧张关系。而中国文化内含的调适因素恰好可以对治和消除这些张力，而形成一种人与人、人与社会、人与自然的和谐状态。

滕尼斯（Ferdiband Tonnies）的团结理念既与韦伯和涂尔干有相通之处，也有显然的区别。他提出的共同体与社会的概念对应两种不同的意志自由。

滕尼斯指出，"通过积极的关系而形成的族群，只要被理解为统一地对内和对外发挥作用的人或物，它就叫作一种结合（团结）。关系本身即结合，或者被理解为现实的和有机的生命——这就是共同体的本质；或者被理解为思想

---

① 韦伯.儒教与道教.王容芬译.北京：商务印书馆，1995：289，293.
② 梁漱溟.中国文化要义.上海：上海人民出版社，2005.
③ 罗素.中国问题.秦悦译.上海：学林出版社，1996：30-32，147，149，151.

的和机械的形态——这就是社会的概念"。滕尼斯理解的共同体大概是家庭、村庄、社区等初级的有着悠久历史延承的人际联结形式，而他理解的社会则是与现代的人类组织方式如与商品生产有关的市民社会、公团与国家。[①]

在滕尼斯看来，共同体是富有人情味的，而社会是机械的、冷冰冰的，是商业时代的产物。共同体应该被理解为一种生机勃勃的有机体，而社会则被理解为一种机械的聚合和人工制品。在这两种团结形式中，运行着两种不同的意志自由——前者是"本质意志"，后者是"选择意志"。本质意志即一种出于天性的思维动力，包括思维本身的存在、自然的欲望及其与活动的共存。[②]而选择意志是思想与人为的统一，是对未来状态的想象和规划，是具体的思维形式和过程，因而与现代社会的复杂的活动相应。

滕尼斯的社会观既有对黑格尔的团结形式的继认，也隐含对韦伯、涂尔干理论的回应。他的两种意志的划分大致对应着韦伯的价值理性与工具理性，而共同体与社会的区分更是隐含着对涂尔干两种团结形式的悖离。

滕尼斯的理念充溢着某种对传统的缅怀，而对现代社会尤其商业行为的工具性不乏一种深沉的反思。这些观念或多或少表示着与现代性进程的某种疏离。但是他对家庭、社区等初级形式的团结质性的发掘及其衍发出来的情感与价值的共鸣对于我们当代社会秩序的重构仍然富有珍贵的启示意义。

二、礼俗社会与差序格局

韦伯基于宗教伦理的文化解读以及涂尔干的道德主义范式，乃至滕尼斯的

---

① "公团"大致是指有着固定成员、组织架构以及权力机关的治理共同体，既包括以前的部落、领地，也指现代的城市、城邦。而国家是最高的团结形式，它的基础是法律（自然法或者政治的法）。滕尼斯.共同体与社会.北京：商务印书馆，1999：52，308-314，318-319.

② 滕尼斯.共同体与社会.北京：商务印书馆，1999：146-147.

社会观，可谓有关现代性解释的鼻祖。有意思的是，我国学者梁漱溟、费孝通的文化和社会述论在不同层面与之形成"道德对话"，对于理解我国的社会团结同样具有深刻的文化透视力。①

梁漱溟指出，礼俗社会以伦理为基础。"吾人亲切相关之情，发乎天伦骨肉。以至一切相与之人，随其相与的深浅久暂而莫不有其情分。因情而有义。父义当慈，子义当孝，兄之义友，弟之义恭。夫妇、朋友乃至一切相与之人，都有应尽之义务。""义"即伦理关系、情谊关系，也就是双方之间的一种义务关系。全社会之人因为各种相互不同的义务关系而联结起来，以伦理关系组织社会。②

可以看出，"义"的实质与承认有着深刻的相通性，因为，它们都顾及对方的存在。"义"规定了相互应该承担的义务，而强调主体间的一种对等，但是"义"相对而言有着更为明确的社会性内容。

梁氏同样指出社会失范是其时中国问题的要点，但是解决社会失范问题必须借鉴西方的团体精神而重构礼俗社会。因为，第一，中国与世界渐成沟通交往之势，如不吸收世界文化的长处，无法自立于世界民族之林；第二，中国社会又有自身不同的根基，对外来文化的借鉴必须立足于本土文化的根基，才有其生命力和可能性。

传统社会的特点是"伦理本位、职业分途"。伦理关系始于家庭而不止于家庭。何为伦理？伦即伦偶之意，也即人与人都在相互关系中。人一生下来就有与他相关系的人（父母、兄弟等），人将始终在与人的相互关系中生活，并由此而发生情谊。梁氏伦理观与黑格尔的伦理观有着显然的区别——前者立足

---

① 杨朝、高力克 . 文化反思与现代性：梁漱溟与经典学家的道德对话 . 河南社会科学，2021（3）.
② 梁漱溟 . 中国文化要义 . 上海：上海人民出版社，2005：72–73.

于宗亲社会的基础，而后者泛指所有的人际关系的黏合。但是二者共同含有一种承认的质性——一种以对方为主体的思考问题的出发点。

在梁氏看来，伦理关系即情谊关系，也即表示相互间的一种"义"。西方的团体生活讲求纪律而不讲人情，中国的伦理关系则重视情理而不重纪律。在伦理社会中，人们在情感中皆以对方为主（在欲望中则以自己为主），一个人似不为自己而存在，仿佛互为他人而存在，表现在社会、经济、政治中，都有各自的义务将每个人联结在一起。① 因此，可以说中国伦理的"义"虽然与黑格尔伦理的意义有所不同，但是有着一定的共质性——都与承认的主体间性有着相似的质性。

在费孝通看来，中国社会以"己"为中心，像石子一般投入水中，和别人联成社会关系，不像团体中的分子一般大家立在一个平面上，而像水的波纹一般，一圈圈推出去，愈推愈远，也愈推愈薄。中国社会的人伦，就是从自己推出去的、和自己发生社会关系的那一群人里的一轮轮波纹的差序。伦重分别，在《礼记》祭统里所讲的十伦：鬼神、君臣、父子、贵贱、亲疏、爵赏、夫妇、政事、长幼、上下，都是指差等。"不失其伦"在于别父子、远近、亲疏。孔子最注重的就是水纹波浪向外扩张的"推"字。他先承认一个"己"，"推己及人"的"己"，对于这"己"，得加以克服于礼，克己就是修身。顺着这同心圆的伦常，就可向外推了。在这种富于伸缩性的网络里，随时随地是有一个"己"做中心的。这不是个人主义，而是自我主义。② 中国社会的这种结构被

① 梁漱溟.乡村建设理论.北京：商务印书馆，2015：28-31.
② 费孝通认为，个人是对团体而言，是分子对全体。在个人主义下，一方面是平等观念，指在同一团体中各分子的地位平等，个人不能侵犯大家的权利；一方面是宪法观念，指团体不能抹杀个人，只能在人们所愿意交出的一份权利上控制个人。这些观念必须先假定团体的存在。在我们中国传统思想里没有这一套思维体系，而是自我主义，一切价值以"己"作为中心。费孝通.乡土中国　生育制度.北京：北京大学出版社，1998：28.

称为"差序格局"。①

差序格局既是中国社会的关系模式，也是中国社会以亲缘关系组织而成的原理。无论礼俗社会或差序格局，它们与黑格尔划定的社会团结——承认的三种形式，都有着一定的质性关联。

三、视域融合的可能

大体而言，中国伦理社会的团结亦可概纳为三个层面——家庭、宗亲等血缘、亲缘性社会联结，社区、职业、社团等地缘、业缘或价值共同体的社会认同，宏观社会结构的整合性团结。

相较于黑格尔、霍耐特，韦伯、涂尔干、梁漱溟、费孝通等经典学家标识的社会团结也深深含有伦理质性，而且这一质性以更加丰茂的文化异质性表现出来——在这里，伦理不仅仅是超然的精神因素，更是深深扎根于现实的社会事实之中。

那么，在一种特定的文化背景中——比如中国社会，伦理有着怎样的表达形式？对于社会团结而言，它们又有着怎样的意义？因为，社会团结不仅仅有着共俱的内在质性与结构，它也必然映显着不同文化背景中与社会构造相适的不同交往方式。

在一定的意义上，团结是社会的本质，没有团结的社会就像没有信任的社会一样只能是"一盘散沙"。但是社会团结有着伦理的异质性，不同社会有着不同的团结基础。不仅如此，正义与公平的实践也影响社会团结的效率。在一个充溢着正义与公平的社会里，团结的坚固性将得到大大提升。相反，一个非义与不公的社会将更有可能陷入原子化的裂解状态。福利将是决定两种可能取

---

① 费孝通.乡土中国 生育制度.北京：北京大学出版社，1998：24-30.

向的关键。因为它既可以缓解各种利益冲突带来的紧张，也使得相互认同有着更加紧固的基础。

虽然福利在形式上主要是一种物质性过程，但它本身深深涉入社会价值的权衡和重塑，涉及社会关系的调适，也涉及社会结构的再平衡。意识形态的反思是形成良好社会秩序的必需，也必然反映在福利的多重过程之中。社会秩序的观念基础与福利可能的契合点往往维系在这些价值观念的重塑过程之中。福利的完善必将促成良好的社会运行，也将有利于现代性问题症结的解决。

福利、价值的反思与秩序的重塑，看似三个独立而有着自身话语体系的领域，其实它们是紧密交织的。尤其现代正义的指涉，如果脱开一定的物质基础将是空泛而无根的。而福利问题如果失去一定的价值意指亦将迷失方向。就意识形态而言，正义本身即一种秩序价值——社会分配尤其福利过程决然离不开法、观念、惯例、习俗等构成的社会规范的基础。分配的正义性研究，尤其福利的正义性，必然是这三个领域的紧密交织。

社会分配的价值探讨，在 20 世纪 70 年代以来已成为政治哲学复兴的重要引擎。福利作为其中重要的核心组体，以正义性为指代的价值研究广涉诸多领域。因为，它既与公民的权利理念密切关联，也是个体自由实现的物质基础，更反映了一个社会共同体的文化与道德因素的特质，关系社会的和谐与稳定。福利既得益于社会环境促成的一切可行的实施条件的改善，亦将带来深刻的社会变革以及秩序本身的调适和完善。

福利的实现以及它更加充实的社会基础的完善是复合性的社会过程。其中，既要求我们深入剖析福利的具体内涵及其可能的实施边界，也要求有层次地明晰社会分配的价值意指的现实基础。而伦理、道德、规范与正义相互交织的秩序意义，也必定在福利的实现过程中有着不同的功能和指代。

大致可以这么说，公平与正义都可以视为秩序正当性的不同角度的体现，而且它们在秩序的优化与改良中起着至关重要的核心作用，只不过前者偏涉制度的同一与普惠，而后者偏涉缘由与结果之间的适得。此外，福利的正当还指涉一种扎实的法理基础的确立，它与公民的合法权益的保障密切相关。正当、公平与正义共同为构建一种优良的社会秩序发挥着不同的功用、承担着不同的角色。

　　从另一方面看，社会团结的机制是极其复杂的。它不仅有着价值诉求的表达，也必定深深涉入社会关系与结构的构建之中，体现着伦理、道德等规范体系的更深远的衍射力。

第二章　福利之正义性

福利的质性与它的正义特质紧密相关，而正义必定构成整个社会秩序的价值核心。从源头上看，它本身也在不断地衍变之中。而且这个过程与伦理、道德、权利、自由等秩序应然性交织而成纷繁多彩的社会生活的征象。

自从柏拉图提出"正义之问"以来，正义最初指"做其应做""为其应为"，之后亚里士多德将其引申为"得其应得"。经过中世纪"神性正义"和启蒙时代"契约正义""功利正义"的合法性演绎，现代正义理念逐渐沉淀为"分配正义"——权利、自由、资源等社会益品的分配应贯彻的正义性。

第一节　理念之源

一、德性、神性与契约性

正义（justice）的英文词根是 just，即"恰好如此""正好如此"之谓。正义即缘由与结果的合理与平衡，换言之，是一种公正、适当、恰如其分的质性。表现在个人层面，正义即"为其应为"（柏拉图）[①]、"得其应得"（亚里士多德）[②]的质性。在社会层面，即秩序的适当、公正、恰如其分。或者说，正义也就是社会行为、政策、制度的"应当如此"的效果。比如，法律的宗旨即矫正正义——"善"有善报、"恶"有恶报，尤其让坏的、恶劣行径受到惩罚。[③]

正义理念的衍变源远流长。柏拉图的城邦本体观赋予正义以"集体主义"的先驱性意蕴——事物是否具有正义性取决于其是否有利于人们生存其间的共同体（城邦）之安全，乃至一种良善秩序的可能。按照"金、银、铜、铁"的秉性分类，赋有"金"的品性的公民适合担任城邦的护卫者，不同秉性的人适合不同的职守。[④] 这可谓一种以"城邦之善"为基点的正义观。

---

① 柏拉图 . 理想国 . 郭斌和、张竹明译 . 北京：商务印书馆，1986.

② 亚里士多德 . 政治学 . 吴寿彭译 . 北京：商务印书馆，1965：151.

③ 赫勒 . 超越正义 . 文长春译 . 哈尔滨：黑龙江大学出版社，2011：165.

④ Plato. Republic, Translated by John Llewelyn Davies and David James Vaughan. Hertfordshire：Wordsworth Editions Ltd,1997，Book 3, 397c–398c; 413b–414a; 415a–e.

就"正义"的质性而言，亚里士多德不仅要求城邦之善，更赋予公民的个人美德更细致的内涵——公民美德不仅应相合于良善生活，而且是与"外物诸善""身体诸善"相合的"灵魂之善"。作为秩序的天然禀性，亚氏指出，勇敢、节制、智慧、正义等美德对于城邦的安全至关重要。"相等"的人应被分配"相等"的事物，政治权利的分配尤应如此。衡量"相等"的标准如以个体或一般的安全为指向，智慧、勇武等秉性就够了。但是一个好的城邦必须以文化和善德来评判，这才是优良生活的保证。①

奥古斯丁距柏、亚时代不远，其时的社会思想已然深深浸染着基督教义的神性光辉。他虽然没有抛却古希腊思想之于公民美德的称许，但是认为正义的最高判准已然由城邦之善转向上帝之法——只有"神"才具有评判人间善恶与人之外之秩序正当性的智慧和能力。②中世纪阿奎那的社会情境与古希腊时代已有本质的不同，但其时意大利的诸邦林立却与古希腊颇有几分相似。③或许正是这个因素导致阿奎那正义观带有浓厚的教权主义主导的德性伦理质色。

近代"思想启蒙"赋予正义质性更多的世俗合法性。这一情形随着地理大发现、新的生产方式的萌芽以及工商业体系的矗立而逐渐显现。新兴工商阶层愈趋要求摆脱王权与神权的双重束缚以追逐自由自在的生活，"社会契约"论于是应运而生。

社会契约是一种关于权力（主权）由来合法性的理论，它首先由霍布斯、洛克等人提出。虽然他们对于"契约"的内容和涵盖范围的理解有所不同，但是都设想了一种"自然状态"。在这种状态中，由于敌意、贪欲以及侵夺等恶念或"激情"的存在，每个人都面临着被侵犯的可能。由于个人的条件和能力

---

① 亚里士多德.政治学.吴寿彭译.北京：商务印书馆，1965：154.

② Augustine. The City of God Against the Pagans. Cambridge：The University Press,1998.

③ 施特劳斯、克罗波西.政治哲学史.李洪润译.北京：法律出版社，2009：251.

的不足，"自然法"赋予的防范权利有可能无法实行。于是需要订立一项"社会契约"，立约人将主权让渡给某个主权者，从而每个人安享自由、安全、财产等自然权利的保障，社会秩序因之可能。

卢梭继承了社会契约的理念，但是他将立约人享有的权利指向更为全面、广泛的自由。权利是天赋的。在卢梭看来，立约的目的在于由"公意"决定社会的秩序和安排，人们在共同体中充分地实现自我，自由在公共生活中才能获得充分的保障。卢梭对人性的理解远比霍布斯、洛克要乐观而积极。他认为人类在公共生活中可以达成一种善意的理解，一种有利于公共利益的共识。文明的进程说明，回到"自然状态"是不可能的，只有对社会重新依据"公意"原则来组织，秩序才是最优的，才有可能达到最好的状态。

如果说霍布斯、洛克都是为主权及其统治寻找合法性依据，那么卢梭则意在为人民的自由寻找合法的实现途径。尽管霍布斯、洛克、卢梭等的契约观各有不同，但其共同点是——人民将主权或治权让渡给主权者之后，政府因此具有保障公民合法权利的责任。[①] 在现代社会，这一契约合法性延伸为政府的福利义务——政府有责任保障民众的基本生活、满足民众的基本需要，公民享有自由、生存、安全的权利。这因之成为福利正义的法理渊源。

休谟是苏格兰启蒙运动当之无愧的先驱。他以"知性"与"情感"的二分说剖解了何谓"人性"，以及霍布斯的"激情心理学"存在哪些含糊而与现实不符之处。休谟认为人性是复杂的。人既有相互攻击的可能，更有合作的意愿。实际上，人只有相互团结才可能作为一个社会整体而保存下来，才有可能对自然取得优势。[②]

---

① 霍布斯.利维坦.黎思复、黎廷弼译.北京：商务印书馆，1985；洛克.政府论（下）.瞿菊农、叶启芳译.北京：商务印书馆，1964；卢梭.社会契约论.何兆武译.北京：商务印书馆，2003.

② 休谟.人性论.关文运译.北京：商务印书馆，1980：525.

但是人既有理性的一面，也有非理性的一面。针对某些非理性以及短视的行为，有必要订立一些基本的合约来保证秩序的运行。"正义三原则"就是维持秩序的基本契约，它不仅要求主权给予财产的获得与转让以基本保障，还要求民众履行相应的忠顺义务，由此享有自由、自主的秩序保证。①

斯密是苏格兰启蒙思想的集大成者。他既深受休谟的启发，同时其道德哲学隐含了对古希腊哲学思想的再思考，更直接指向康德的道德观。需要注意的，不仅是斯密所谓的"看不见的手"之于社会利益的促进②，不仅是社会分工与自由交换之于秩序的基础性③，尤为重要的是他对"人性"的深刻理解。

斯密认为，激情并非全是负面的，恰恰相反，它们是人类的自然情感，有着很多积极的作用，比如良心、同情、感激与报答等。④完美的谨慎有利于自身的幸福，严格的正义、合宜的仁慈事关他人的福祉。人的道德素养并非来自先验的理性，也非来自一种自律性的责任意识。它是社会性的存在，是在具体鲜活的社会事实中产生出来的。

如果说康德强调一种基于崇高的责任意识的自律，斯密更强调"正义"之于人际关系的导引。在斯密看来，正义即一种对等的报答或报偿，既有对恩德的回报，也有对不义行为的惩罚。与之相匹配的是"仁慈"，一种善良和良知的意识。⑤可以说，康德注重一种基于"先验"理性的道德感，一种似乎与他

① 休谟.人性论.关文运译.北京：商务印书馆，1980：566.
② 斯密.国民财富的性质和原因的研究.郭大力、王亚南译.北京：商务印书馆，1974：27；斯密.道德情操论.蒋自强等译.北京：商务印书馆，1997：232.
③ 斯密.国民财富的性质和原因的研究.郭大力、王亚南译.北京：商务印书馆，1974：5-7，12.
④ 斯密.道德情操论.蒋自强等译.北京：商务印书馆，1997：81，97，165.
⑤ 斯密.道德情操论.蒋自强等译.北京：商务印书馆，1997：309.

人无关的基于责任的高度自律。[①] 而斯密的道德感是社会性的存在，与他人的行为、自我的情感反应密切相关。他也承认人性中确有"天性"的成分，但这种天性唯有在真切的社会环境中才能发挥出来。

"苏格兰启蒙"是社会契约论的自然沿承，但是其思辨重心已由权力（主权）的由来合法性转向如何为民众更为充分、积极的自由准备条件，以及人们可以从社会契约中获致怎样自主的生活，但是对于社会救济等福利行为的态度是含混不清的。"启蒙者"虽然也主张对他人保持一种道义的同情和仁慈，但是缺乏主动的舍予与资助的同理心。或许这些行为已经包含在政府的有限职责之中，但是他们仍然倾向于劳动者通过自身的努力或自由交换来改善自身处境。这种略带消极的"自由"倾向甚至影响到 20 世纪的福利思想。

二、由契约到功利、伦理的转向

苏格兰启蒙的精髓在于以公民的自由作为秩序的基础以及一种自由的交换秩序，但是在一定程度上淡化了契约论者提出的权力与权利之间的互洽性。边沁等人重拾了对主权职责的"天然"要求，并赋予其更积极的意义——将国民幸福作为主权确立及其道德立法的目的。这意味着契约合法性由形式性到实质性的重大转向。

作为功利主义的先驱，边沁质疑契约说之历史实存性的同时，提出道德与立法的根本原则在于民众的幸福生活，即最大多数人的最大幸福。[②] 这无疑比消极的保护意义更进了一步。但是何谓"幸福"却存在诸多争议。边沁要求社会幸福总量的最大化——一种"快乐"指数的表达。而葛德文认为"真理、

①　Immanuel Kant.Critique of Practical Reason. Translated by Lewis White Beck,Macmillan Publishing Company,1993.

②　边沁 . 政府片论 . 沈叔平等译 . 北京：商务印书馆，1995：91.

德行与真诚"等社会交往的基础构成幸福社会的条件——幸福既包括物质富裕，也包括精神的崇高。[①] 密尔强调正义感源于人类本具的道德情感，如同情，对美德、良知的渴望等，人际共处及其共同的利益分配要求正义必然涵有天然的功利性——它应该增进社会全体的福祉。[②]

自从康德的道德观问世以来，所有有关"道德"的言说几乎都绕不开这座"大山"。什么是道德？它与理性是什么关系？经过中世纪漫长的神性正义时期，社会契约论的兴起似乎唤起人类一种乐观的前景——人类有能力经过一种理性的合约来形成有序的社会，人完全可以自己处理好自己的事。

康德并不质疑人类的理性能力，但他认为理性并不能纯粹基于自利和自由交换，理性的真义在于能够约束自己的行为。康德并不排斥幸福生活的美好，但他认为被赋予责任意识的道德法则才是行为的终极动力。人们为了更高的理想而生存，理性所固有的使命即实现这一理想。这一理想即道德。作为最高的目标，它的意义远在个人意图之上。[③] 因此，幸福不是至善，而德性才是。当然，理想的状态是德性与幸福的一致。

功利主义者大多融入了一定的康德式的道德倾向，要求赋予利益诉求以德性约束，以道德作为秩序的指归。但是以斯宾塞为代表的极端的自由主义者拒绝了这一道德声称，而以纯粹的自利与竞争作为秩序的宗旨。秩序于是脱离了斯密祈望的道德回归而以"社会有机体"的结构应力作为可能的个体利益冲突的制衡。[④] 葛德文、密尔等功利思想均试图赋予道德的理想性与社会的现实性以可能的交融，但是斯宾塞的社会竞争论以人对秩序的适应摒绝了康德的道德

---

① 葛德文.政治正义论（第一卷）.何慕李译.北京：商务印书馆，1980：90.

② 穆勒.功利主义.叶建新译.北京：九州出版社，2007：35-41、69、73、75.

③ 康德.道德形而上学原理.苗力田译.上海：上海世纪出版集团，2012：8-10、18-22.

④ 斯宾塞.社会静力学.张雄武译.北京：商务印书馆，1996：32-33、54.

内视。

黑格尔的主体间性是独树一帜的。他首次将自身与他人摆在平等的位置，而不是以自我为中心来衡量社会与人的关系、利益之得失，主体性取代了外在的道德约束或利益、权力的诱惑。人与人冲突的根源应归因于内心深处的主体间性张力，而不是一种利益的冲突和对立。"存在""主体""单一性"等概念在某种程度上代表了"绝对理性"的本质——这大概也可算存在主义最初的觉醒了。人的意识是一个自为存在，而它的外在存在则是一个因为"他者"的存在。每一个体都通过对方的存在才成为自为存在。他们相互承认对方，同时也就承认了自己。"承认"意味着自我意识作为一个统一体而发生双重的变化，首先表现为双方的不一致性，其次即双方作为主体的"平等"或"对等"。①

由于这种主体间性的张力，秩序的基础可归纳为三种基本的承认（伦理）形式：爱、法律和团结。家庭以及其他情感共同体之中充满着爱的承认。个体在其中获得了最初的自我意识以及对他人主体性的觉知，基本的生存需要也获得满足。但是，近代工商体系的发展给人类社会增添了新的不确定因素，由于财产关系的复杂化以及相应的法律体系的形成要求市民社会具有一种基于规范、规则的承认以构成新的团结基础。仅仅这些形式并不足以完全反映不同群体、不同阶层、不同共同体的伦理要求。国家——在黑格尔时代，结束诸邦分立状态以形成一个统一的主权变得日益急迫的时代，作为最高的伦理形式符合一种"绝对精神"的宗旨，并且能够将这些不同诉求予以整合。② 这个逐步递进的层次构成了完整的伦理体系。

黑格尔的伦理观既回应着"自然法"的假设，又对"社会契约"的秩序性

---

① 黑格尔.精神现象学.先刚译.北京：人民出版社，2015：119-120.
② 黑格尔.法哲学原理.范扬、张企泰译.北京：商务印书馆，2016：47.

提出异议。他认为，契约应被限定在个体之间可被让予的所有权关系之中，而国家并非建立在契约之上，而是建立在伦理之上。应将"伦理"——某种决定社会运行的绝对精神，与道德区分开来。由此，黑格尔以承认的主体间性消弭了主体间利益冲突的可能烈度——在他看来，秩序问题的要害并不在于"利益"的对立，而是一种相互认同的"承认"的确立与否。应将"伦理"而不是"契约"作为社会秩序的基础。

如果说康德意在阐明道德法则作为理性的最高的、唯一的法则的崇越性，那么黑格尔旨在阐明理性的现象学基础以及意识的主体间性——一种"承认"的质性。由于黑格尔充分顾及了外界环境的实存性，因此他的伦理共同体的假设较之康德的纯粹道德自律往前大踏了一步。

总的说来，由契约到功利乃至伦理的转向意味着秩序合法性的深刻变迁——由某种基础性的权利担保转向社会的道德与立法的秩序原则。秩序不再是一种被动的"物"，而是一种主动的选择，一种更加积极的自由——无论它是出自内心的自觉悟识还是实实在在的对外在幸福的追寻。

三、社会分配的实质承诺

关于社会分配有着三种不同的目标诉求：其一即有益于国民幸福的实现；其二即有益于人的全面发展；其三即有利于实现社会平等。

功利主义大致属于第一类目标，他们要求增加社会总的幸福量，并以此作为道德与立法的原则。但他们对每个人之间的利益差别却有显然的忽视。在功利主义者看来，只要社会总的幸福量增加了，秩序就可以说是正当的。但这可能导致这样一个结果——对贫弱者利益有意无意地漠视和淡化。或许社会总的财富增加了，却出现了一些贫困阶层和人群。那么，如何对待这些问题？如何更合理地分配社会资源？

　　社会分配的恰适与恰得性即分配正义——一种对于社会益品（social goods）、资源（resources）分配的切当、合理的秩序要求。如果往前溯及神性正义、契约正义、功利正义等，都是对秩序合理的"应然"期待，无非前者诉诸神启，而后者诉诸契约或者某种其他的世俗标准（如幸福的生活）。可以说，正义注重行为、政策、举措的社会后果，注重秩序的"正当性"评判。它虽然也必定涉及个人行为，但主要还是指涉一种秩序价值，尤其是衡量社会、经济、政治诸机制的运行效果的正当性的一个判准。分配正义不仅要求秩序的由来合法性，更要求一种社会所得的正当与平衡。

　　马克思主义分配观以实现人的全面发展为宗旨。基于资本主义生产带来的严重两极分化，马克思看到了"权利"（尤指产权）的合法性危机，提出按照人的需要以及在社会大生产中的劳动获取生活资料。马克思指出："在共产主义社会高级阶段，在迫使个人奴隶般地服从分工的情形已经消失，从而脑力劳动和体力劳动的对立也随之消失之后；在劳动已经不仅仅是谋生的手段，而且本身成了生活的第一需要之后；在随着个人的全面发展，他们的生产力也增长起来，而集体财富的一切源泉都充分涌流之后，——只有在那个时候，才能完全超出资产阶级权利的狭隘眼界，社会才能在自己的旗帜上写上：各尽所能，按需分配！"[①]

　　在现代政治哲学流派中，阿马蒂亚·森在一定程度上吸收了马克思的看法，他提出社会分配应有益于人的可行能力的提升，以使每一个体获得大致相当的社会实践能力。[②]

　　马克思主义分配观既是对以往社会思想批判的继承，也以更深刻的价值反

---

① 马克思恩格斯选集（第三卷）. 北京：人民出版社，2012：364-365.
② 阿玛蒂亚·森. 以自由看待发展. 任赜、于真译. 北京：中国人民大学出版社，2013：63.

思呼应着时代的秩序要求，至今仍有深远的启示意义。譬如，马克思、恩格斯指出了人的需要作为未来社会分配的首义性，强调劳动价值的社会应得，以及人作为"类的存在"的本质。这些分配要素的调适，最终体现为自由人的联合——"每个人全面而自由的实现"。①

按需分配社会财富的理想是现代福利最坚实的学理基础和来源。现代福利思想在不同层面、或多或少是对马克思主义分配观的回应和再解释。因为福利的本质就是超出"启蒙"以来形塑而成的财产权利的局限，对于困境或弱势中的人们的基本需求予以顾全，现代福利更是将人的发展也列为社会政策的重要目标。

自由竞争带来的社会无序与深重灾难饱受诟病。这一弊病不仅为社会主义者深切察悟，也为自由主义者逐渐认识。一些较为开明的持自由主义立场的学者看到了两极分化的潜在危险，他们要求社会分配尽可能实现一种社会平等。因为平等不仅是每个有着道德感的公民的天然良知，也是社会有序运行之必需。不过他们对何谓"平等"却存在诸多差异。

譬如，霍布豪斯可谓介于古典自由主义与现代自由主义之间的不可或缺的衔接，他对分配要素做了深入、细致的界定，虽然这些要素之间尚存一定的叠合性。他首次明确提出了社会（分配）正义的三个原则：平等、需要与应得。

平等并非意味着享有社会财富的平均或同等，而是意味着权利的平等。何谓"权利的平等"？在不同情境中含义大有不同。作为分配的原则，它有明确的社会所得的评价意味，自然也涉及应得性的评判。应得即按照"人们的一些品质、品格或成就的比例"来分配。此外，社会分配还应体现"各取所需"，比如"一种合理制度应顾及重工、轻工、男人、女人或小孩所需要的食物数量

---

① 马克思恩格斯选集（第一卷）．北京：人民出版社，2012：422．

的不同"等等。这三个原则虽然其内涵可能有一定模糊之处——在霍布豪斯看来，应得、需要从属于平等，但是二者对应的权利合法性是不同的，而平等与权利之间有待更为清晰的界定等。[①]

这些要素的界定有着奠基性意义。后世有关社会分配的正义性分析几乎都没有脱开这些内涵。如果说霍布豪斯的分配思想已经含有一定的过渡性质，那么这一性质在罗尔斯这里就已具有更强烈的综合气质。

相类于帕森斯宏大的社会结构理论，罗尔斯也尝试综合多种理论素养，以一种新的"社会契约"回应康德主义、功利主义以及马克思主义等理论有关社会分配的权利与道德关切，但是仍然保持着较为"温和"的自由主义立场。[②]

罗尔斯认为，基本自由相对于基本利益之所以有着优先性，是因为在已经取得一定物质进步，在普遍享有这些权利成为可能的社会里，其他利益（如财富）的获得，并不能补偿基本自由的缺失。在实现了相对富裕的前提下，第二条原则（即差别原则）适用于有关财富和权力的设计——倾向弱势者的安排。但是，只有在保证基本自由和公平的情形下，增加最贫穷阶层财富的要求才能成立。[③]

罗尔斯为何要强调社会财富（资源）向弱势者倾斜？一方面，这是一种基于理性的"道德感"——社会的苦难虽然或许仅仅涉及其中某些人群，但也应由社会全体来担责。或许，我们也可以将之视为"康德式"责任意识的体现。另一方面，这样的举措看似一种"差别化"，其实，就结果而言含有一种平等的实质。因为这种倾斜最终将导致弱势者获益而拉近社会距离，平等与差别从

① 霍布豪斯.社会正义要素.孔兆政译.长春：吉林人民出版社，2006：72-77.

② 罗尔斯著名的正义二原则。罗尔斯.正义论（修订版）.何怀宏等译.北京：中国社会科学出版社，2009：47.

③ 莱斯诺夫.二十世纪的政治哲学家.冯克利译.北京：商务印书馆，2015：338.

而得以兼顾。由于这种特性，罗尔斯正义论获得了多方位的回应。譬如，德沃金等主张更彻底的再分配以实现资源平等，阿玛蒂亚·森、沃尔泽、米勒等人虽然均持较为温和的分配立场，但都倾向于赞同一定程度、一定范围的必要的社会平等。

在自由主义阵营之外，或者说与之相交织的，还有更为多元的福利对话。批判性质浓厚的所谓"左派"——在理论上有法兰克福学派，关注实践意义的有考夫曼、奥菲等"工团主义"者，秉持"中间路线"的有马歇尔、蒂特玛斯以及吉登斯等社会政策学家，后现代主义者有丹尼尔·贝尔（Daniel Bell）等解构思想，社群主义者有泰勒（Charles Taylor）、桑德尔等团结理论，"复古主义"者有麦金太尔等对古典道德的现代解析。

对于"平等"的不同理解反映了"左""右"两种思潮的尖锐对立。有些人（譬如诺奇克、哈耶克等）认为平等就是制度对于每个人的公正，无论公共机构或个人都无权对所谓"自由秩序"进行干预。有些学者则持完全相反的看法。他们认为自由竞争有可能导致严重的社会失序，积极、理性、恰当的干预是必要的，尤其不应忽视处于底层的贫弱者的利益。社会分配应该致力于一种更加优良的秩序的树立。

第二节　正义质性的衍变

一、作为社会分配的福利

在秩序的契约性逐渐向分配的正当性过渡的过程中，不同的价值理念交相呈现。劳动、土地、资本这些经典要素在社会财富分配中的不同敬重，对个体能力、禀赋、智识等异质性的态度，对市场竞争中必然出现的贫富分化，催生了自由主义倾向与社会主义倾向的尖锐对立。当然这种对立并非完全不能调和，比如对待人类共同的苦难——疾病、贫穷、愚昧等，很少有人持完全回避的立场，无非介入的深度有所不同。这些问题启发了人们对需要、团结、社会协作等人类联结方式的深入思索。

马克思主义分配观深刻启发了现代福利思想，也赋予社会分配多重的价值维度。社会分配的价值指向——需要、应得、平等，在马克思主义分配观中已有丰富的意涵。"需要"既是福利合法性的渊薮，也体现着秩序的人性诉求以及社会的本质。在生产力尚未充分发展、社会财富尚未充分涌流的情形下，必须依据劳动者的社会劳动时间来衡量所得——这是基于劳动的"应得"。但是，自由人的联合体——秩序的最终目标是"每个人全面而自由的实现"，这是最高意义的平等，也是每个人自我充分实现的平等，从而也是社会所能实现的更为积极的平等。

社会分配的正义性界定，其实质就是旨在回答这些命题——在权利与价值之间，在个人与社会之间，在个体与其他个体之间，如何获得一种秩序的切当性。社会分配应然遵循的价值元素，在特定社会情境中，有着怎样具体的衍伸和内涵。

就福利而言，也就是如何体现一种合理性？又如何实现一种价值的综合与平衡？其现实可能性在哪里？

在分配领域，正义强调权利的伸张，要求获得"应得"的社会益品，隐含着对利益的认同，其最终目的是实现一种正当、合理的适得秩序。譬如，虽然平等在不同情境中有着不同指涉，但是在特定时空背景中，何为平等是可以达成共识的。

20世纪的福利实践一直伴随着现代权利理念的崛起与转型。从早期的权利论者如洛克阐明的基本自由、人身、财产的保障，经由功利主义的道德与立法诠释，再到人们对幸福命题的探索，对合理的生产与分配秩序的深切思索，对贫弱者命运的社会责任的反思，乃至教育与公共服务体系的塑形——在这一系列思想进程中，权利实现了由初期的契约性向实质性的社会权利的衍替，同时也赋予社会分配的正义性更有实质性的内涵。与传统权利论欹重财产权及其实现自由不同，现代权利更为注重社会大众的利益，要求社会进步的成果更加普遍地惠及全体社会成员。

20世纪是多种思潮竞相叠起的时代，以经济平等为目标的再分配一度是世界社会政策的主要内涵。但是随着国际形势的变化，社群主义、女性主义、文化多元主义等后现代思潮的崛起，以霍耐特为代表的法兰克福学派发掘了正义在当代社会的另一个内涵——"承认"。他从黑格尔的"主体间性"出发，创设了一套现代社会的承认概念体系，认为正义诉求已经由分配向承认过渡。

南希·弗雷泽并不同意这一判断，认为应将再分配和承认同时纳入一个二元的视野，以此重现现代正义的范域界别。①再分配反映着一种"利益共同体"假设，即正义的要涉在于利益的平衡；而承认范式代表着"伦理共同体"假设，即正义在于消除族群、种族、性别等各种歧视而以更深刻、全面的整合实现社会的和谐共处。这两种范式是否真的无法相容？

二、由形式到实质

正义理念有着历史的衍变历程，这些不同的基质或多或少仍在现代社会映显着。比如，公民美德有着更为多样的染重，而宗教的神性义释在不同社会不同程度地规引着人们的观念与行为。契约正义无论在中西社会均构成权利的合法性基础，也因之构成福利的正当性基础，无非依社会情境不同而有差异。功利正义将社会诉求指向幸福的追寻，正义的重心逐渐由形式转向实质。

这些理念都对社会分配与福利有着多层面的衍射。大体而言，美德正义、神性正义倾向于伦理支撑，契约正义具有更为强烈的权利伸张，功利正义有着显然的国民幸福的实质标向。现代分配的正义诠释，不仅体现着这些历史基质或多或少的延承，而且因为现代性因素的涉入而有着更加多维的价值质性。

无论美德正义、神性正义还是契约正义，其主旨均注重阐明主权的合法性由来，也就是政制秩序的根由之出处。它们都意在指出一种根本性的秩序价值，这种秩序确立了权力的合法性及其运行的规范。从功利正义开始，正义的意指即已开始转向对民众生活的实质承诺——社会运转将带给民众生活怎样的改善？可以为民众生活创造怎样的利益？

功利正义着眼于社会的道德与立法原则，指出应以最大限度地实现民众幸

① 弗雷泽·霍耐特.再分配，还是承认？——一个政治哲学对话.周穗明译.上海：上海人民出版社，2009.

福为宗旨。社会契约倘或仍然存在，但它的主旨已不仅仅在于为秩序寻找由来合法性，而是要为这种合法性寻找它与民众生活之间相契的桥梁——国民幸福何以成为秩序的应然价值？对幸福的诸种理解必然导致正义观的不同敧重。这些论思都已经注意到，如果不对民众生活的改善做出某种原则性的安排，正义的根基将是空泛的。

分配正义相对于功利正义具有天然的道德性——所有人的最大幸福的找寻，更立足于一种民众之间的利益协调，要求社会利益在民众之间公平合理的分配。因为它看到了一个潜在的冲突可能——社会财富有可能在总体上增长了，但是却出现了民众之间社会所得的失衡。最明显的问题是贫弱者的利益及其生存问题。因此，分配正义要求建立一种为社会成员接受的利益协调机制，使得社会分配不至于出现一种危及秩序的失衡，并尽可能实现一种最基本的平等。

正义由古典的主权合法性到民众生活的实质承诺的迁替，并没有迷失其本具的秩序意涵——只是说明，秩序的重心已由形式合法性到实质性承诺转变。作为一种基本的秩序价值，正义与权利、自由、道德等理念有着密切的络连。尤其在近代社会契约论出现以来，权利、自由——公民正当、合法的权益，成为正义的法理表现形式。

在功利性正义观中，道德也屡屡被提及。因为社会立法的幸福指向本身即意味着一种道德性，虽然这种外在于行动者自身的秩序探求与康德的道德自省之间存在某种距离，但是作为一种基本的秩序价值，正义需要甄别它与这些基本理念的关系。道德重在对利益的约束，注重社会过程的正当，质疑利益的合法性，主张"利""欲"的节制。正义注重分配的合理性，以益品为标的来衡量一种因果的正当。

秩序价值的多元，既是一种优势——可以覆盖社会生活的不同领域，有着极强的解释力，同时也遗留下价值冲突的空间。因为社会领域相互交织，不是那么泾渭分明。我们必须立足具体情境考虑具体的适用原则，而且往往是多重元素的重叠。在这种多元的取舍中，道德可以发挥超然于正义而又与之相衍的平衡功能。因为作为一种规范，它既可以抑制不良的利益动因，又可以抑制某些因素的"矫枉过正"。

道德有着文化异质性，融合在一个社会共同体内因成员之间的交流而形成的习俗、惯例与规则之中，在某种程度上与伦理是相衍的。虽然道德更多地指向一种内心的约束，而伦理是外在的关系规定性，但是二者的精神内核是一致的。从某种程度上看，道德与利益是相互排斥的。道德的天性内蕴着对利欲的节制，但是道德并不排斥幸福。无论康德抑或亚里士多德还是斯多亚派，道德都是幸福的必要条件——无德的生活谈不上幸福的生活。这些古典德性的强调对正义之于利益的分配正当性的索求无疑是一种制衡与补充。

社会分配的正义的实现也将带来实质性的社会改善。资源更合理的分配与流转，既有助于形成经济增长的物质基础，如道路、桥梁、生产技术、生产资金的投入；也有助于促成良好的社会氛围——良好的人际关系、生活的稳定感。同时，它也使得处于困境中的弱势群体足以维持生存，每一个体得到充分发展的机会和条件。实行更普及、更高水平的素质教育，使得民众不但获得必备的知识技能，还能培养出公民意识、职业伦理、社会公德。

人文氛围、社会风气的改善，将使得人们的生活更有安全感、价值感，进而实现更广泛的社会团结。以庇古看来，这些改善可以说处处充溢着福利的特质。那么，就福利而言，除了与社会分配其他因素共有的基质，正义还有哪些特定的含义？

三、福利正义的概念、内涵与外延

社会分配的正义性可以划为三个范域：①交互正义，即体现着对等原则的经济生活的自由交换、社会生活的互惠以及对不当行为的相应惩罚；① ②权职正义，即公民正当、合理地享有一系列政治权利和自由以及获得相应的公共职位；② ③教育、医疗、住房、养老、就业、救助、慈善、公益、社会服务等领域中相关社会益品的分配正义，即本文所称的福利正义。

三个范域之间既是平行关系，也是互补关系。交互正义体现着社会生活的衡等原则，因而构成秩序的社会基础，权职正义构成公共生活的政治基础，福利正义在某种意义上建立在前两者的基础之上，是社会分配的核心显质，体现着社会成员所得的合法性基础，一种益品或资源分配的公正、适当、恰如其分的质性。

---

① 交互正义的概念由来已久，最早可见之于亚里士多德的正义概念的界定。亚氏认为有着四种正义形态：一，分配正义，即荣誉、钱物或其他可析分的共同财富的分配，必须贯彻成比例对等原则；二，矫正正义，即社会交往中人们在善与恶、得与失之间的平衡；三，互惠正义（回报的公正），即社会交换中的互惠；四，政治正义，即统治秩序——治理者与被治者之间的公正。矫正正义和互惠正义都体现着社会生活的衡等原则——对等、平衡和补偿。矫正正义着重于对利益受损方的弥补，使受到侵犯的合法权利得以伸张；互惠正义着眼于从社会交换的角度对付出的回报。两者都强调衡等与平衡。基于这种共性，可以将两者合并为一个统一称谓：交互正义。亚里士多德.尼各马可伦理学.廖申白译注.北京：商务印书馆，2003：134-149.米勒.社会正义原则.应奇译.南京：江苏人民出版社，2005：23.

② 权职正义是指人们在公共政治领域中公正、合理地享有权利、自由以及公共职位。对于这一正义原则的质性，不同时代、不同学者有着不同的理解。柏拉图将人的禀性分为"金、银、铜、铁"四类，最高贵者——"金"享有治理城邦的权利。亚里士多德认为，相等的人就该被分配相等的事物，政治权利的分配也应如此——具有文化和善德是最正当的依据。中世纪的"君权神授"观念之上的王权与教权彼此结合，政治权利的分配依据是基于贵族血统与领主分封制之上的身份荣誉。近代思想启蒙者基于天赋人权的观念，主张人人平等享有政治权利，政权应按代议制原则组织起来，比如洛克、卢梭、孟德斯鸠、葛德文、约翰·穆勒等。在现代政治哲学家中，罗尔斯的正义二原则主张在基本自由得到满足的前提下，公共职位与经济利益一样，优先向处境最差者倾斜。其他政治哲学家如哈耶克、德沃金、以赛亚·柏林、阿玛蒂亚·森等学者，纵然侧重点都承认公民享有国家治权的平等权利，但这种平等必须建立在自由之上。

（一）四个元素

现代社会由"解放政治"向"生活政治"的转型[①]，使得福利的社会价值日益凸显。福利之正义即益品或资源的分配体现的公正、适当、恰如其分的质性，蕴含于四个元素——供体、受体、益品以及分配机制中。

国家（中央政府及各级政府）、市场、社会组织、个人构成福利供体，有着不同的角色和分工。工业革命以后，在福利的初创阶段，国家的角色往往是被动的。在英国的"圈地运动"中，大量无家可归者被强制性地纳入"习艺所"或类似的机构，而宗教、慈善组织承担了一定的救助义务。1601 年济贫法的颁行以及其后斯皮汉姆兰法案（1834）的修正，说明国家的福利角色一直处于摇摆之中。在俾斯麦的社会保险改革之后，政府的社会保障功能才逐渐成为有规可循的通例。

现代国家的福利角色不断强化，无论在西方世界还是发展中国家，以福利为主导的社会政策都成为政府的主要事责。由于现代经济形式的出现，也由于国家功能的部分让渡，市场主体、宗教和慈善组织、宗亲、宗族、社区、社团等亲缘或地缘性联结形式以及相关社会个体也承担了一定福利事责。它们要么作为自发的捐赠或帮扶，要么作为资源规划与协调的组织者发挥着重要的作用。但是国家的主导性从来没有缺位。而无论福利受众和行为的改变程度如何——由贫困民众逐步扩延到普通的社会大众，一般是指具有资格的社会成员，或者以个人身份，或者作为组织成员获得相应支持。

福利益品（资源）的范围也由一般的救济品扩延至养老金、住房补贴和实物、医疗保障、入学机会、教舍和教学设备、师资、困难救助、抚恤以及慈善、社会服务、就业等一系列有关民生的社会支持。在现代社会，一些发展中国家

---

① 吉登斯.现代性与自我认同.赵旭东、方文译.北京：生活·读书·新知三联书店，1998：7、20.

也以经济成长和社会的整体发展作为社会政策之目标。①

以一种合理、恰当、公正的机制将散在各处、可资利用的资源分配给需要的民众，涵括资源筹集、生计调查、资格登记和审查、实物发放、收入补助以及各项福利事业的建设、规划和协调，这些活动需要一定的社会政策、经济政策、财税政策等的协同，既要求政制行为的强势介入，也要求公益、慈善组织的参与，还暗含着社会关系的多重调节。

供体与受体是既对立又统一的矛盾体，而益品或资源成为联系二者的实质性内容。分配机制既涉及资源的流转，又涉及社会关系的调适，也在某种程度上反映着供体与受体的关系，体现着社会利益关系的协调。

在现代福利由最初的慈善、救济逐步延展到教育、医疗、住房、养老、就业扶持、失业保险、社会救助、慈善、抚恤、社会服务等几乎所有的民生领域之后，如何评价这些领域的正义性？

同情、良知等道义性的自觉与公正、公平等分配的秩序外在性有着质性的过渡，对这种过渡的解读自然不能脱开上述福利元素的分解。有两种经典视角可供参照——其一即不同益品适用不同的分配原则，主要关注第三个元素；其二即不同的关系适用不同的原则，主要关注第四个元素。前者以沃尔泽为代表，认为社会益品有着不同的性质，应该针对这些不同的性质实施不同的原则以实现"复合平等"。② 后者以戴维·米勒为代表，他认为决定分配属性的不是益品的性质，而是社会关系的性质，不同的关系模式适合于不同的分配原则。③

---

① 哈尔、梅志里.发展型社会政策.罗敏、范酉庆等译.北京：社会科学文献出版社，2006.

② 沃尔泽.正义诸领域：为多元主义与平等一辩.褚松燕译.南京：译林出版社，2009：22-28.

③ 米勒.社会正义原则.应奇译.南京：江苏人民出版社，2005：35.

（二）资源适得性

是否可以尝试提炼一种更具综合性的视角，既考虑益品的性质，也考虑社会关系的属性，还能够顾及供体与受体的关系？

它既能够容纳所有的福利元素，也能反映这些元素的性质——资源配置的视角似可担负起这一重责。因为资源是在不断地流动的。将福利视作动态的资源流动过程，它就是一个复合的社会过程，要求社会机制的共同参与和协同，也必然映涉着上述诸种不同的元素。

福利正义的这些特性是显然的——过程的再分配性、标的的物质性、价值的多元性、社会目标的幸福指向性等。如果依从资源配置的视角，这些特性还可以做更进一步的拓展。

首先，福利分配的内容是特定的资源或益品，它们有着由分散到蓄积再到分流的循环过程。资源或益品的种类及其流转的规模、范围与经济增长有着高度的相关性。以罗尔斯看来，只有在一个相对富裕的社会，增进所有人利益的举措才是可能的。

其次，福利虽然发源于一些基本的救济行为，但随着它外延的不断扩展，其目标愈加趋向国民幸福。因此福利有着天然的"功利性"——它即使不是为了最大多数人的最大幸福量，也旨在增进社会全体的福祉，尤其关注贫穷、疾苦等人类苦难。

此外，除了增进社会财富的总量这一必然要求，分配关系的和谐也极为重要。在资本的利得性之外，劳动、职业等经由市场交换实现的所得是显而易见的福利依据。还存在一些特有因素影响着福利的进程——如共同体的身份、公民的社会权利等。这些因素只是体现了福利的合法性由来，而没有深涉衡量福利的恰得与恰适性的价值标准。

霍布豪斯、米勒等指出了社会正义的几种要素，但是重在对宏观的社会分配做出某种解析，并非仅仅针对福利现象。如果将之凝聚在福利领域，这些要素意味着什么？

就如同弗雷泽一再强调的那样，社会再分配是显见的福利路径。但是，福利作为复合的社会过程，必然涉及更加宽泛、广阔的范围——比如人际关系的调适、亲缘或地缘性共同体的资源共享等。它们更强调一种规范和团结因素，而不仅仅是一种强制性的社会机制。

这些性质表明，福利作为社会分配的重要环节有着特定的社会质性、环境与之适应，它的更深刻的意义也必然深深渗入社会的发展进程以及价值秩序的重塑之中。但是，作为社会过程的一个凝结，福利既反映了社会进步的物质基础，也反映了秩序的人性诉求——人的需要以及社会化所要求的一个必然的显性目的。

但是福利并不能独自完成这些任务。因为，福利分配必然涉及益品或资源的产生、蓄积、存留、分流的过程，在现代社会，这些过程如果脱离社会交换的衡等与同应将无法运行。福利虽然是政策、制度将要实现的目标，但终归仍须付诸经济、社会机制的运行才能成为可能，无论是益品、资源的流通方式，还是决定这种运行的社会关系模式。

如果说交互正义之于福利的支撑主要在于资源流转必需的市场响应以及衡等、互惠等规范性基础的共享，而权职正义的支撑含有更强的制度性因素。权职正义涉及的益品有公民享有的权利、自由以及相应的公共职位。在不同时代这些内涵颇有不同，由较为简单的诸如选举、司法、行政等事权逐渐扩展到更为丰繁的经济、社会诸领域。福利可谓伴随着这些过程而出现——公共事务愈益涉入人们的日常生活，民众的保障诉求也日益强烈。福利的政治基础离不开公共治理所要求的制度设计。或者可以说，权职正义愈向社会生活延递，福利的边界和内涵也愈加扩展、愈加丰富。

纵然福利涵涉如此广泛，但是它的两个基本特质是可以提炼出来的——也就是它的价值标向与实现的可能性共同构成的体系。我们暂且先行讨论它的价值要素，因为它们不仅是评判福利得失的衡准，也不失为一个社会共同体共俱的价值基础。

第三节　价值与实现

正义与正当、公平、权利、自由、道德等理念有着广泛的联系，这些理念一起构成社会秩序的基础。但是正义也有其特定的内涵，代表一定的秩序价值，一种切当、恰然的因果适得。

福利在本质上属于社会分配，衡量福利的正义性也就必须从此入手。社会分配既指社会益品（social goods）的分配，也指有益于人们生活的社会资源（social resources）的分配——或者说，一切物质的和非物质的有益于人们生活的公共领域的事物的分配。它与人们的生活息息相关，与民众的生存、生命质量及其社会意义密切关联。

一、价值要素的质性

社会分配必然要求一种正当的依据。比如在密尔看来，劳动与土地、财产等其他因素一样，是社会分配的应然依据。但是，对于那些超出个体努力之外的因素却存在着诸多分歧，比如，先天的遗承、运气等。最容易引起分歧的是对"他人"所得的申索。比如，一个穷人是否有权要求社会、他人给予救济？在现代社会，仅凭一种社会成员的资格——公民身份，是否足以享有公共资源？

就如同霍布豪斯一样，米勒视应得、需要、平等作为社会分配的基本原则，但是做了更清晰的界定——它们对应着不同的关系模式，因此有了更明确的界别。但是，由于现代社会的高度通约，一种关系模式不可避免地会渗透着其他关系的影响，这些原则反映在福利分配的过程中，必然有着相互交织的映现。那么它们有着怎样确切的涵义？

（一）需要的基础性

需要（Welfare Need）不仅具有生理性，还具有社会性特征。衣食住行、健康、情感与爱，属于维持生存的基本需要。文化、教育、社交、道德、风俗的熏陶以及对制度、规范的理解和适用等社会化条件，已然由一般的生存功能延及更高质量的生命价值与意义。

人的需要随个体的社会经济特征异质性而变化。有些需要经由家庭、宗亲等亲缘、情感共同体来实现，有些则经由个体的职业活动或者公共的福利体系来表达。人的社会化过程既得益于国民教育体系的培育，也在长期的社会交往中滋成于风俗、文化、艺术、道德风尚等氛围的培育。

需要既然具有生理与社会双重属性，那它必然涉及普适性的人性与社会的本质。

何谓"人性"？霍布斯、休谟假设了一种"激情心理"，但是都偏向于一种利益性的行动导向，而没有深入人性的更深层次的本质。休谟虽然较之霍布斯更前进了一步，但他提纯的人的纯粹的心灵机制——知性与情感尚未将需要视作人性的一种实质来衡量。现代心理学的兴起在某种程度上弥补了这一缺陷。比如，马斯洛（Abraham H.Maslow）试图超越文化、道德、环境、人种、社会差别等因素，提炼基于人性之上的需要本质。他认为，人的需要可分为生存、安全、归属和爱、自尊、自我实现五个层次，相互之间由低级向高级递进，低层次的满足是高层次需求的前提。[1] 马斯洛的人本主义心理学不仅解释了人的

---

[1]　马斯洛.动机与人格.许金生等译.北京：华夏出版社，1987：40-54.

行为动因，还意在解释社会进步的基础，即立足于需要有序满足之上之人性完善的可能。

相较于心理学传统的精神因素的强调，马克思更为关注需要的物质与阶级基础。马克思指出，在阶级社会并不存在游离于阶级分化和生产方式之外的纯粹的需要。在资本主义生产关系中，劳动者的需要总是被剥夺的。他们只是被给予维持简单劳动力再生产所必需的生活资源，有时甚至连家庭生存也难以维系。资产者依靠对剩余价值的侵夺实现资本的无限增值，同时他们奢华的物欲也得到了满足。资本主义生产关系的需要在本质上是一种"商品拜物教"。只有实现了对剥夺者的剥夺，只有实现了对生产资料的社会占有，从而生产和消费合理地实现了平衡；只有在社会财富充分涌流之后，人们才可以在社会共同体的旗帜上写上"各尽所能，按需分配"，人的需要才能从根本上获得满足，人作为"类的存在"才能获得完美实现，从而实现真正意义的人的自由和发展。①

福利学派的需要观既重视其物质基础，也强调其实现的必要的政治、经济条件。于是需要的社会意义得到了充分的展现。譬如，多亚尔和高夫分析了现代社会人的生存必需的物质条件及其可能的社会基础，认为需要有着在一定社会条件制约下的具体内容，而且必须以一定的政治制度来保证。②

就福利而言，大概可以这么说：需要即为了个体的生存、发展与自我实现，以及更广远的社会目标，国家、社会或其他个体有责任提供一系列最基本的物质条件与心理支持，其满足往往建立在共识性的社会基础之上。这种共识既可能是心理性的，也可能是基于较强约束性的制度、规范所规约的内涵。因为，需要实现的结构性与层次性，既得益于这种共识性的心理基础的表达，也蕴含

---

① 马克思.德意志意识形态.哥达纲领批判.马克思恩格斯选集（第一、三卷）.北京：人民出版社，2012.

② 多亚尔、高夫.人的需要理论.汪淳波、张宝莹译.北京：商务印书馆，2008：104、242-279.

在各类社会制度构成的结构之中。

其一，微观或中观的家庭、亲友之爱，社区、社群以及宗教组织提供的基本生存资源、精神慰藉以及社会认同，这是初级的、基础性的共同体的需要形式。

其二，宏观层面的国家和社会机构赋予的福利认同，即基于公民身份要求的社会权利的共识，既包括因病弱或年老等原因导致的弱势群体的需求之满足，也包括健康需要、生存保障、教育、就业、困难救助等，其实质是更广泛的公民身份的团结诉求。

前者蕴藏于微观或中观的生活、价值共同体之中，后者蕴含于整体意义的社会共同体之中。马克思指出，需要的满足是人的本质乃至社会本质实现的基本前提。在马斯洛的需要层次中，生存需要的满足是更高层次需要实现的条件。人的生存性需要是基本、基础性的价值诉求。不同层次的需要在家庭、宗亲、社区、社团等形式中的满足方式或有不同，同时，不同的身份和职业群体、弱势群体的利益诉求得以有效表达成为需要更充分地实现的法理基础。

需要的满足既受物质资源的制约，也深受观念、文化等意识形态因素的影响。现代福利除了国家的"当然"主体，也要求企业、社会、个人的共同参与。福利义务除了法的规定性，还有基于美德的责任——比如慈善与公益、团结与爱、善良、同情与良知等。这些因素共同构成福利的德性基础。

不同文化有着不同的福利伦理——如果说"契约主义"更为强调国家因素，那么"社群主义"显然注重社区、宗亲等地缘或价值共同体的中间层次的团结，"法团主义"注重行会、职业协会等社团给予成员的支持，而宗教、慈善机构主张基于信仰的"泛爱"主义。

需要之实现既有待于行动者的自身努力，也有赖于社会机制的支持。其中既有法、制度等正式规范的保障，也涵有非正式的传统、习俗、惯例构成的伦理秩序的支撑——文化的异质性导向不同的福利实现方式。个人与国家、个人与社会、不同社会机制之间，在关系与结构的相融与相应中，福利在实现个体价值的同时，也展现着社会应有的秩序意涵。

（二）应得的资质性

应得（Welfare Desert）作为分配原则在交互正义中表现得最为显著。福利资源与益品的分配有时也经由市场来完成，比如职业福利、市场化的养老和教育资源、就业资源等。当然，应得并非仅仅体现在职业行为之中——在所有涉及社会交换的领域都深深含有这种质性，甚至在公共性的社会活动中，应得元素也是复杂而多元的。

诺齐克的赋权论虽然较为狭隘，但是较早点明了应得的几项原则——即财产所有权及其转让。哈耶克持论与之接近。相形之下，沃尔泽、米勒对分配的应得性做了更系统的阐述。前者将自由交换、应得与需要并列，共同构成复合平等观；[①] 后者认为努力、天赋、才能、运气、机会等因素共同构成社会分配的应得依据，这些因素是否具备正当效力完全取决于社会目标的功绩。[②]

在这些由于分工或社会交换形成的场域中[③]，人际关系渗透着一种"合约"的性质。人们在相互的约定和合意中——在制度层面即法律，获得相互的认可与认同。比如，雇佣者和受雇者一般会就工作内容、组织目标达成一种合意。作为回报，雇主或工作单位将为员工提供充足的工作报酬和待遇。双方互相认同对方的主体资格，各取所需，形成工作关系的"合意"。在此，人际的"关系合约"与市场的初次分配在某种程度上是叠合的，但是二者的实现机理有所不同。前者源于一种共性的身份资格，或言之，由于员工身份而分享"单位"、公司或其他法人的社会利益。后者单指员工与其所属法人之间的一种法定的"合

---

① 沃尔泽.正义诸领域：为多元主义与平等一辩.褚松燕译.南京：译林出版社，2009：22-28.
② 米勒.社会正义原则.应奇译.南京：江苏人民出版社，2005：35-42、321、342、380.
③ 布劳.社会生活中的交换和权力.李国武译.北京：华夏出版社，1988.

约"关系，但是两者是平等的，并不具有前述的"归属感"。

工作福利的社会基础仍然源自社会交换，也因此体现着高瑟指称的互益原则。[1] 除了雇佣与受雇关系，社会成员也往往在市场中购买服务，达成交换中的契约。职业福利的应得性区别于家庭、宗亲乃至宗教、社区、社团的源于亲缘、地缘或其他价值联结的共同体的需要指向，因为前者体现着一种基于职业行为的社会交换。

这些足以影响应得的因素是显然的——市场交换的互惠，组织目标实现的功绩，社会生活的荣誉和地位，共同体的身份，个人的禀性、天赋和能力，社会生活中有待实现的机会，能够带来社会改善的资源等。在一些特定的情境中，某种因素起着毋庸置疑的主导性作用，但是，在大多数条件下，是由几种因素综合而成的一种合力。

比如，职业福利的应得缺陷涵括行业、产业之间的报酬不衡和差异，以及与从业者身份挂钩的不同待遇。这些问题的解决需要市场、社会和国家的协同努力。诺齐克偏于产权的赋权应得，沃尔泽将自由交换与资格、能力和贡献等资质性的因素并置，而米勒主张的应得依据则是各种要素之于社会目标的"功绩"或功用。这些不同的强调可能有所偏敬，因而必以一种稳定的评价机制来平衡。

在政治哲学的悠久传统中，应得可视为一种本源性的分配价值。远在柏拉图的城邦时代，公民"金银铜铁"禀性的区异乃至亚氏"同等的人享有（分配）同等的事物"的权利观，均指向基于"美德"的应得性。现代政治哲学也不乏将应得视作原初性价值的观点——诸如诺齐克、沃尔泽、米勒等，纵然他们侧重各异，但是有着一个共同点——均将基于自由秩序之上的"应得"元素，一

---

① David Gauthier. Morals by Agreement. Oxford： Clarendon Press 1986：157-189.

种与自由交换相应的资质要素作为分配的应然参照。然而或如荣誉、地位，或如自由交换，或如禀赋、能力等质性的强调，这些要素均可能带来某种分配或福利的不均衡——资质的合法性未必带来一种均衡的社会效果。

需要立足于人性本质和社会认同——或者，以黑格尔的话，是一种"承认"因素，[①] 是福利的基础性价值。福利的本质就是超出财产权的局限，对社会成员的生存所需乃至建立其上的自我实现予以满足。同时，应得的资质性与社会成员的人口、经济、社会特质的异质性密切关联，立足于社会交换的衡等与互惠。这些因素都可能产生不均衡的后果。

（三）平等：调节与平衡

平等(Welfare Equality)是一种古老而更具权威性的分配价值,向来与自由、权利等理念之间有着丝连缕接般的交织。它虽然一直处于秩序价值的核心，但是在不同时代有着不同的指代。

在某种程度上，它是缓解社会冲突、平衡利益与矛盾的最重要途径。其渊源最早可见诸人类社会的萌初状态。

譬如，在原始初民社会的血亲或部族联结中，或是原始图腾、宗教仪轨等信仰体系中，一方面有着"神"之于人的崇越性，另一方面共同体生活的资源共享与共存深深含有平等的性质。"神对每个人的公道,每个人在神前的平等。"虽然就社会分工而言，各人有不同的职责，但在更具规范化的宗教形成以后，无论是教民、教众的身份认同，还是教义、神谕的宣示，都彰示着平等的意义，这几乎是几大宗教的共性。

现代政治哲学的实质即如何达成一种合宜的社会平等而进行的多重论思。无论罗尔斯、德沃金、沃尔泽还是阿马蒂亚·森等学者，不甘是就平等的内涵

---

① 对于黑格尔"承认"理念的解读，请容许在后文详述。

做不同角度的再解释。作为一种价值标识，平等在社会过程中有着多重的意义。比如在政治领域，平等大致可看成一种权利的平等。在经济领域，更多指向一种利益或机会的均衡。而社会平等既含有身份性的非歧视性待遇的解除，也含有实质性的共享资源的权益申张。

那么，究竟何谓"平等"？就福利而言，它有哪些维度？

这些维度的区分是显然的——如机会平等与结果平等之间、身份平等与实质平等之间。机会平等是指社会成员在获取福利支持时有着相同的机会和权利，结果平等是指由于个体的差异或制度性原因造成不同的福利受持，国家和社会有必要对此进行调节以达至基本的福利平衡。而身份平等是指社会成员作为福利受体有着相同或相似的身份资格和准入条件，在现代社会尤其表现为公民身份。实质平等不仅指社会成员享有法定的平等身份，还必须具备某种切实机制保证每位成员实际获得的福利支持也大致相当。

对于社会平等的实现，沃尔泽有着近乎完美的设计。他认为，在社会益品的分配中往往有一些独特因素起着主宰性作用，比如金钱和权力。如果仅仅将这些主宰性的因素平等地分配给社会成员，这只是单向度的简单平等。为了一种更加合理、公平的效果，应该在不同领域践行不同的分配原则以实现复合平等。[①]

在德沃金的"资源平等"与阿玛蒂亚·森的"可行能力平等"之间有着一种可以类比的共通性。前者是指社会应该给予每位成员同等的资源，使其能按自己的意愿和偏好实现自身的社会价值。[②]"可行能力"——一种实践能力的平等理念，是对罗尔斯的"结果平等"和德沃金的"初始平等"的回应。由于

---

① 沃尔泽.正义诸领域：为多元主义与平等一辩.褚松燕译.南京：译林出版社，2009.
② 德沃金.原则问题.张国清译.南京：江苏人民出版社，2012：237.

个体各自的禀性、文化程度、智力、体力、观念等基质存在较大差异，社会分配应有助于实现个体之间"可行能力"的平衡——一种实践能力的普及化。[①]

我们可以将这些不同维度的平等理念做进一步的提炼。尤其德沃金与阿玛蒂亚·森理念的共质，使得消极平等与积极平等的区分成为可能。[②] 前者主张把每位成员都当作"平等的人对待"，即无视个体差异而将大致相同的福利标准和规范施行于每位成员。后者是指"平等地对待"每位成员，即根据他们不同的禀性、能力和社会差异，以相应不同的福利方式和规则施行于不同社会成员。

在这些不同的维度中，可以看出，平等具有多重的价值张力。在不同的情境中，平等涵义大有不同。因此很难将一种平等理念作为一种通行的标准规范来实行。因为，其中涉及的取舍须依具体情境为转移。但是，社会利益的大致平衡，在一定的社会条件下，是可以有着共识性的价值基础的。虽然它有着实现方式、方法和角度的差异。

平等作为正义之核心，不仅具有自身的价值意义，还赋有对需要、应得的调节与平衡功能。不同情境的平等指涉因而不同——不同维度之间的平等张力，隐含于不同情境的相应的调节、维护与平衡过程之中。

这个功能有着历史的延承性。譬如，在古典时期，亚里士多德等学者指称的平等暗含着"不平等"的意味——按照美德、禀赋、文化、善德等来分配政治权利，只有"同等"的人才配享"同等"的权利。在近代契约论者看来，身份等标识性区隔应该被废除，每个人都应平等地享有"天赋"的权利，包括自由、合法地持存财产，自主的生活方式等。而功利主义的平等观旨在实现最大

---

① 阿玛蒂亚·森. 以自由看待发展. 任赜、于真译. 北京：中国人民大学出版社，2013：48-71、63.
② "积极""消极"维度的区分可谓直接受教于德沃金的《原则问题》。但是其渊源至少可追溯至柏林的积极、消极自由说，乃至再往前溯及葛德文、斯宾塞的积极、消极善行的区分。

多数人的幸福，社会利益在总量上的最大化是应然的目标，个体之间可能的不均衡就此被忽略。在当代社会，现代性因素的渗入使得价值诉求愈加多元，如个性的张扬、自由度的扩延、观念日新月异的更替等。

这些理念在不同领域的映涉，并没有累及现代公民的身份标识的平等，平等地共享文明社会的成果日益成为共识。社会异质性仍然可以被合法地保留，但是公共利益、资源的平等分配逐渐为更多的人所接受。这是价值多维的历史与现实原由决定的。

如果说，在福利的身份平等与实质平等之间，前者倾向于一种"资格"应得，后者要求分配的实质平衡，既可能基于生活、生存的需要，也可能是纯粹的秩序诉求，那么，机会平等与结果平等、积极平等与消极平等之间也有类似的价值权衡与取舍。但是这并不意味着平等就可以涵括所有的价值域——无论需要抑或应得都有着平等无法覆替的独具内涵，在特定情境中有着不同质性的社会关系与之适应。平等的涵容性能够在可能的价值冲突与偏欹中找到某种平衡因素，从而为社会分配赋予一种更深全的稳定性。

正义之实现，其实质即在社会关系与结构的应力中价值诸要素逐渐彰显的过程。无论其涉及的原理、原则以及实践意义有何具体意指，其实现均有赖于这些要素得以确立的社会立法和道德原则的逐步彰明。完整地再现福利的现实流程，付诸某些必备条件的满足和创造，以彰明蕴含其间的需要、平等、应得等价值，就成为接下来必须努力探寻的方向。

二、抗争与团结：两种义释

（一）社会抗争与正义

在批判理论的视野中，再分配和承认是现代正义的核心诉求。尤其在弗雷泽的形式二元论中，现代福利政策属于再分配意域。① 为了正义的充分实现，社会改革必须同时兼顾承认维度，这是霍耐特强调的当代社会团结的核心特质。② 二者的相合为我们提供了一把钥匙，以此得以发掘正义实现的现代意涵。

弗雷泽反对以"承认"为唯一形式概览现代社会的斗争声称——再分配和承认被理解为相互排斥的替代选择。在弗雷泽看来，旨在废除阶级差别的再分配政治，抑或寻求赞美和解构群体差异的承认政治，都不能单独地成为现代正义的唯一核心。为了整合这两种范式，必须超越文化主义和经济主义，采取一种超越肯定战略和改造战略的非改革主义的改革。③

弗雷泽的贡献在于阐明了再分配和承认作为正义的形式二元论的对立与统一。首先，再分配倾向于经济性的抗争，要求消除阶级之间的社会、经济特征的差别；其次，承认属于文化性的团结，要求社会异质性获得必要的认同，不同群体能够和谐地共存于一个社会共同体之中。这两者作为现代正义的形式其实并不矛盾，不是非此即彼的关系，而是可以并行不悖的两个过程。

针对现代社会的正义困境，弗雷泽提出一个包容性的解决框架。在道德层面，以承认的身份模式和参与平等的规范原则为中心构建一个二维的正义概念；在社会层面，再分配和承认的"形式二元论"表达了不同的社会关系诉求；在政治层面，以"非改革主义"的改革战略为思考制度变化的方法，同时也确立了能够同时矫正分配不公和错误建构的一些反思态度。④

---

① 弗雷泽、霍耐特.再分配，还是承认？——一个政治哲学对话.周穗明译.上海：上海人民出版社，2009：105–114.

② 霍耐特.为承认而斗争.胡继华译.上海：上海人民出版社，2005：100–135.

③ 弗雷泽、霍耐特.再分配，还是承认？——一个政治哲学对话.周穗明译.上海：上海人民出版社，2009：59、63.

④ 弗雷泽、霍耐特.再分配，还是承认？——一个政治哲学对话.周穗明译.上海：上海人民出版社，2009：74.

弗雷泽的正义理念在 21 世纪之初的政治哲学界引起了巨大的反响。因为其既回应一定的时代特质，也含有对以往理念的深刻解构。在她看来，20 世纪之末以来"左派"的意识形态危机，面临着"后社会主义"批判性反思的难题。有感于福山提出的"历史终结"论，弗雷泽也敏锐地察觉到世界共产主义运动受到的严峻挑战，从而试图找到维系"左派"立场的对现代体制的批判武器。

弗雷泽看到了承认理论（尤以霍耐特为代表）回应现代危机的巨大潜力，但是同时也指出，对传统工业社会的弱点——财富分配的不均衡，不应就此被忽略。因此她坚持在法兰克福学派以及其他对工业社会的批判性反思中汲取营养，认为应建立再分配与承认的二元的批判视野。不仅如此，她还借鉴了奥尔森等人的建议，在此框架之中增加了"政治"维度，将正义视角扩充至经济、文化、政治三重领域。①

客观地看，弗雷泽的正义体系既有深刻的一面，也有着概念稍显随性的一面。比如，正义本身即包含了政治维度，再分配与承认也天然含有政治的质性，二者大体已可以概括现代正义的社会征象。但是她敏锐地察觉到现代社会的危机所在，尝试融合哈贝马斯、霍耐特、福柯、德里达等后现代理论的批判因素，建构一种全新的能够容纳经济、社会、文化与政治范域的多元的正义视角，以解决工业革命以来长期存在的分配矛盾以及现代社会愈趋严重的族群、性别、身份等歧视问题。甚而，她试图将这些问题的解决跳脱民族国家的范域，延伸至全球化的视野。② 就此而论，弗雷泽的眼界是开阔的，她站在了前人尚未企及的高度。

---

① 奥尔森.伤害＋侮辱.高静宇译.上海：上海人民出版社，2009.

② 弗雷泽.正义的尺度——全球化世界中政治空间的再认识.欧阳英译.上海：上海人民出版社，2009.

批判理论虽然着眼于对资本主义体制的意识形态解构，但仍然为正义、平等的实现提供了一个极其深刻的视角。以此观之，再分配实现的是经济平等，而承认实现的是身份标识的平等，两者的结合将为实质的社会平等铺平道路。但是，社会平等应还有更加多重的维度。比如，由于天性的禀赋或能力以及后天的努力、勤奋或机遇造成的差别，是否也应该予以适当的调整？平等是否可以概览所有的正义维度？在社会平等的实现中，再分配和承认应以何种更为重要的担当？

以弗雷泽为代表的批判理论确立的全新的正义理念，为考察福利的正义性提供了弥足珍贵的视域。虽然弗雷泽对罗尔斯、德沃金、阿马蒂亚·森的解读有显偏颇——她可能认为这些理念因为集中于平等的经济性因素或者一种传统意义的"自由"而偏于狭隘，但是毕竟"承认"了社会平等作为一种终极的社会价值的意义所在。而且，再分配和承认的双重性，包含了经济斗争的抗争性与身份认同的文化调和性，因而既是社会正义之当然，也无疑为福利正义的实现提供了一种富有启迪的切实可行的思路。

（二）伦理共同体

相对于弗雷泽的正义二重性，霍耐特更注重正义的伦理维度。像黑格尔一样，霍耐特也将家庭和情感关系视作爱得以培育的最初场域，视之为承认作为主体间性介质向其他形式扩散的社会基础。但是，二者之于伦理共同体的原初设想，及其于社会团结的阶次的不同理解，对于法律和团结的关系及其存在境域的不同看法，这些差别的存在对于福利关系的解析都有着深远的影响和重大的启示价值。

黑格尔认为，作为法律形式的承认生发于由各种权利关系和契约关系构成的市民社会，而社会团结是浸透着"绝对伦理"精神的民族国家的特质。"绝对伦理"——"绝对精神"是超然于其他精神现象的世界的本质。①

如果说黑格尔意在为其时并不稳定的德意志确立一种政治整合的意识依据，那么霍耐特面临的时代诉求就是注重种种个体性身份歧视的消除。他认为法律关系中的承认不只存在于规范着各种利益的市民社会，也同样蕴藏在与民族国家相应的、蕴含着各种权利和义务的现代社会之中。而社会团结终将各色各异的人们联结在一起，它应被视为一种纯粹的心灵机制，或是一种价值共同体的灵魂。② 当然，价值共同体不仅具有精神现象学的意义，也必然为福利等生活资源共享的合法和合规铺平道路。

不过，黑格尔的承认立足于主体间性，更确切一点——立足于确立主体之间的爱与认同的心理基础。在市民社会以及更高阶次的国家形式中，伦理共同体的团结的实质由权利、义务等法律关系递延至一种超然的"绝对精神"。这种"绝对精神"是什么？不由得令人联想到斯多亚式的"理性"甚或奥古斯丁的"上帝之法"。它们之间有着一种若隐若现的联系。霍耐特的承认显然要现实一些，因而更有实质性的内涵。承认不仅体现于家庭、情感等初级形式之中，同样也蕴含于契约性的法律关系中，甚而也体现于不同族群、不同社群构成的社会共同体之中。在霍耐特看来，无论市民社会还是国家，承认都是社会联结的必备基础，或者可以说，承认是实实在在的社会共同体的要件。

因为不同的承认形式对应着不同的人格维度——爱对应着需要与情感，法律对应着道德义务，社会团结对应着特性和能力。③ 这种归类值得商榷。

家庭、情感共同体中无疑体现着爱与承认。在法律关系中，人际交往的基础是由各类权利、义务关系构成的规范体系，其中当然有最基本的道德要求，

① 黑格尔. 精神现象学. 先刚译. 北京：人民出版社，2015：273.

② 霍耐特. 为承认而斗争. 胡继华译. 上海：上海人民出版社，2005：56-68.

③ 霍耐特. 为承认而斗争. 胡继华译. 上海：上海人民出版社，2005：135.

但其立法基础是某种合乎规约的社会应得，既可能由于享有某种权利、具有某种资格，亦可能缘于某种贡献，或是一种荣誉和身份。而对于整合整个社会具有不同文化、不同资源背景和不同身份要求的人际群落，无疑将贯彻着一种共识性的社会平等原则，无论是一种建立在文化多元之上的复合平等，还是某种基于公民身份的权利平等，或是一种实质的资源平等。

由此看来，批判理论虽然主要着眼于现代体制的意识形态解构，但确立了再分配和承认作为正义实现的基本路径，因而是理解福利正义之实现的一把弥足珍贵的钥匙。同时，其正义的二元论争也提出了一个事实问题——如果将正义的视野凝聚在福利领域，再分配和承认将有哪些有待挖掘的现实意涵？

或者，我们也可以换个角度思考它们的涵义。因为，就批判理论而言，正义是一种解构性的力量，它要对现实的不公正进行某种批判性反思。就福利的实现而言，这种解构性需要一定的调整。因为，福利本质上是建设性的，是对现实的一种优化和改良。如何将这种"解构性"的剖解导向一种"建构性"的立意与优化，必须在理论与实践上进行更深层次的淬炼。

三、必由之路

（一）再分配、承认与资源

再分配，即一些特定的社会性力量，政府、市场、社会组织以及个人，对市场主导的初次分配进行调节和干预，在社会成员之间进行资源的重置和重组。

再分配有着三种层次：①就正式再分配而言，福利资源在区域、城乡之间的分布、流转和配置是宏观的政策举措。②各类公益组织、社会团体依据各自宗旨，就个体利益、社会利益的调节和平衡做了微观补充。③就福利体系而论，各项社会保险和公积金制度——养老、医疗、住房、就业以及教育、社会救助、社会服务等制度性的支持更为直接而显性。

　　三种不同的层次对应的资源融汇方式和范围也是不同的。在第一个层次，政治、经济、社会资源在国家政制的主导下的重组和分置融汇为宏观的资源要素的整合与流动。在第二个层次，资源流动主要基于社区、社团、慈善、公益等中观性组织的团结与协调能力，它们有时与道德、伦理规范的发扬有着重叠。第三个层次体现着直观的再分配，也是一般意义的再分配——资源的流转隐含于公共积储的运转之中。每个人似乎并不与其他人发生直接的联系，而与公共福利体制发生收与支的关系。公民之间的资源性的利益调节因此隐藏在公共福利体系的运转之中。其中，享有一定的共性身份是福利运转的要件。

　　宏观的资源再分配有着更强的政策性，而体系给予个体的制度性支持也正是基于其所处的资源环境。再分配可谓兼有宏观的资源配置与微观的社会调节两种功能。就社会个体所承受的福利效应而言，也须兼顾这两种不同视角来衡量。

　　简言之，再分配作为资源配置的重要手段有着这些特性：

　　其一，它着重于经济性的利益调节。也就是说，它主要体现于经济秩序中对市场的初次分配进行一种资源再平衡。无论是宏观的资源配置还是微观的利益平衡，都属于某种经济性的范畴——或者说，注重调节经济性的资源。其他的社会益品，比如涉及文化的、道德的、风尚的、情感的、社会化的资源，一般不在再分配的调节范围之内。

　　其二，它有着制度的规范性。资源配置有不同的规范基础。有些基于市场的自由交换，有些基于惯例、习俗、乡土规约等惯习，有些基于亲缘关系的共享，而有些基于信任、合作等人际交往的团结与互惠。再分配遵循的明文规则涵括国家层面的法律、政策，或者公益性团体的规章制度等正式的成文"法"。不成文的关系规约没有足够的实施规范性，而大致与承认的团结机制密切关联。

　　那么，再分配的社会机制是什么？宏观的资源配置与微观的福利平衡，何者更为基础？

一般而言，宏观再分配涉及国民经济计划、社会发展规划的制订与实施，公共政制对区域与城乡资源的协调与平衡，财政、金融、投资等宏观政策对经济发展的导引等公共政策行为。而微观的再分配就是一般意义的福利再分配，即通过各种体系设置对个体的社会应得进行必要的干预，也就是狭义的再分配。宏观的资源再分配对于整体的社会运转更为基础，而微观的福利再分配对于个体基本生活的改善更为直接、显性。

如何区别非正式再分配与福利承认？因为它们有着某种程度的相似，都涉及一些非正式的人际关系，非制度性、非强制性的规范。对其做出清晰的界定是必要的。此外，再分配与制度、环境、社会关系模式的构建，以及流转于这些机制之中的资源，有着显然的结构适应性。对这些关系进行必要的厘清是理顺资源流来龙去脉的关键。

在回答这些问题之前，让我们先来看看何谓福利意义的承认。

再分配展现了福利正义的制度性规范基础，但是人际交往与福利流转之间还存在独特的道德、情感、社会联结基础。承认是主体间意识，是对他人的人格认同，也是自我经由他人镜像得以呈现的自我认同。[①]这种主体间性人格认同和行动的意义互构，是福利资源基于情感和心理规约实现的流转形式。比如亲缘关系、情感关系、初级社会联结中的抚养、互助，某些地缘或业缘共同体基于身份的福利资格，宗教、社区、社团、爱心机构、宗亲组织对贫弱成员、困难群体的帮扶和救济等。

家庭以及由此延伸的宗亲结构是基础性的承认形式，这在黑格尔伦理体系中是初级的社会化联结。以黑格尔看来，自我意识的形成使得自我觉察到与他

---

① 承认作为一种精神现象尤其着重他人的主体与自我主体的等同性，强调以他人为指向，关注他人的实现，认可对方的主体人格、需要和价值。同时，通过与他人的主体间性交往，自我也得以呈现。黑格尔.精神现象学.先刚译.北京：人民出版社，2015：119-120.

人的区别而与他人对立，同时也意识到他人主体的共在而与他人和解。主体间的这种辩证性即是承认。从社会关系的角度来看，承认的形成可以看作一种交往行为的塑成。

哈贝马斯指出，人际交往行为中蕴含着一种天然的"沟通理性"要求，这是不同于韦伯所称的工具理性与价值理性的分野，而是内在于交往中的被理解与被认识的必然要求。通过语言的言说，以及对言说背后意义的熟识——就像舒茨等指出的那样，沟通者的动机、想法与目的成为可理解和觉察的。因此，沟通行为的基础同样是主体间性，它的最终结果也是承认。

作为主体自觉以及意识培育的首要场所，个体的自性觉知和主体间的承认即是生发于家庭等初级联结形式之中。进而，通过与他人的交往，个体的人格以及家庭成员的主体间性意识得以扩延，并以之构成更广阔的人际联系基础。家庭之爱的承认形式即以长者、幼者的生存需要和资源的共享以及精神的抚慰与满足为典型。

譬如，在人类初民社会，家庭成员（或者说血族）之间的生存资源共享以及生活风险分担成为社会联结的必要基础，而且，这种亲缘性的资源共享机制进一步扩散到部落和部族。在现代社会，家庭仍然是重要的福利载体，资源的共享是家庭成员尤其老幼等弱势成员主要的生存支撑。家庭的福利功能即缘于某种本能性的主体承认，[1] 即每个人都意识到共同生活的特定范围，意识到这种生活的亲缘性质，意识到相互帮助和依靠的必要，一种"顺理成章"的天然的合乎理性的利他动机。

---

[1] 家庭的承认形式往往被视为一种初级的社会联结，无论在黑格尔的承认体系中（黑格尔：《法哲学原理》），或是在滕尼斯的共同体的生活中（滕尼斯：《共同体与社会》）。由于现代社会的结构分化，职业等业缘关系成为生活资源获得的主要途径，家庭的功能尤其在现代西方社会在一定程度上被削弱。但是在我国社会（尤其农村社会），家庭的生存保障功能依然是至关重要的。

人际认同首先源于天然的血亲关系以及共同生活的情感联系，相互的关爱和生活资料的近似均匀的分布在初民社会即已形成。这大概可以算是生物社会的本能。因为，几乎所有的群居性动物，如蚂蚁、猴群、猩猩、象群、狮群等都有分享食物的习性。人类与之的区别在于更加复杂的道德体系的确立，使得资源的共享与分配有着与之相应的社会机制来协调。现代社会的复杂化并没有消弭类似的初级共同体的分配本能，除非人类的繁衍方式彻底改变，但这种可能性几乎为零。人类社会的生物性本能被黑格尔凝练为有着伦理性质的需要，既有基本的生理需要，又有更高级的情感、道德的需要。人的社会本能虽然在滕尼斯看来可能更具"生活共同体"的初级性质，但是这种提纯在现代社会无疑也含有因结构分化带来的复合特质。

如果说家庭、亲缘关系所实现的价值主要是需要，那么还有一种更具"现代性"的承认形式——职业福利以及市场交换中的福利，其体现的价值主要是应得。譬如企业法人与员工之间就工作与福利之间达成的合意，既含有社会交换的互惠性，也含有对员工作为组织成员——一种职业性共同体的身份承认因素。员工认可自身的归属意识，参与组织的活动与建设，也因此共享集体性的利益与荣誉。这种业缘性承认因素是企业、社团等法人组织凝聚力的重要来源。

就宏观社会结构而论，更为复杂的承认形式是现代社会共同体以及与之相应的福利国家。在黑格尔看来，随着作为政制形式的国家以及作为价值规范的伦理精神的确立——在这样的政治联结和价值约制下，公民的主体承认将获得终极的意义升华，由此达致整体层面的社会团结。[1] 在霍耐特看来，当代欧美社会的困境，即各种少数族裔、亚文化群体、女性主义等群体要求反歧视、获

---

[1]　黑格尔全集（第 6 卷·耶拿体系草稿）. 郭大为、梁志学译. 北京：商务印书馆，2017.

得同等公民身份的权利诉求①，这是一种群体性的承认要求，与历史、文化、现代价值的衍变等多种因素交织在一起。

中国社会的阶层、群体等集体性区隔并无类似西方社会的尖锐对立，虽然仍然存在一些受到歧视的弱势者，如股份制改制早期的"下岗工人"、一直没能妥善解决的"农民工"群体，一些由于病弱、失能等各种原因处于社会底层的人。与国外不一样的是，受歧视者的经济与社会地位并非完全同构。

因为在我们的意识形态中，这些受歧视者并没有失去应该有的政治地位——他们是劳动者，以前甚至被当作"主人翁"，现在也是被关注的需要帮扶的社会成员。毋庸讳言，中国社会也存在"穷人"与"富人"、社会精英与大众之间的身份识别，但是并无明显的阶层区隔。"富人"也有"穷亲戚""穷家乡"，他们照样会寻亲访旧而相互交往。社会精英与大众在社会标识上的最大区别与其说在于身份上的高低贵贱之分，不如说是公共话语权的差异。同样，中国社会的身份标识的差别并不在于阶层标志，或许问题的关键在于福利身份的不同。因为不同职业、人群分属不同的福利体系、享受不同的福利待遇，反射着不同的身份标识与归属。

如果说城市的市民社会的融合日益反映着多元的价值分化，那么在农村社会，人际的团结与交往仍然有着强烈的宗亲性因素，地缘与血缘联结经常是交织在一起的。作为更广延的社会联结形式，公民身份的团结要求着一种社会性的主体间承认。因为社会团结要求不同群体、不同亚文化联结之间维持最基本的公道与平等，获得基本的身份标识和"一体化"待遇，以及基本生存条件的保证。由此，社会化的共性身份获得认同，团结也因此具有更广泛的合法性基础。在宏观的社会共同体意义上，承认不同于前述之个体承认——它是群体性

---

① 霍耐特．为承认而斗争．胡继华译．上海：上海人民出版社，2005.

承认——不同群体作为承认的主体参与社会价值的共建与认同。

因此，就主体而言，有着两种不同性质的承认——个体承认与群体承认。前者是指在或大或小的共同体中，个体获得的主体间性的相互认同与意义互构。后者是指某种群体在社会团结的层面获得价值与身份的公众认可，以至于消除所受的歧视，获得公平、公正的待遇，如中国的"农民工"群体，国外的有色种族、少数族裔、同性恋群体，甚至所谓"女性主义者"等。因此个体承认主要分布在微观和中观的层面，而群体承认涉及宏观的社会结构或者更多地涉入一些政治性的公共领域的诉求。而"农民工"——异地户籍从业者与其说受着某种身份歧视，不如说最迫切的问题在于一体化的国民福利待遇。生存的境迫并不意味着身份的低下，而是"待遇"的类差。但是这种差别却有可能形成不同的自我意识与社会认同。

霍耐特乃至泰勒指称的承认均为群体性承认，尤其某种价值、身份或伦理的群体，如何在现代社会共同体之中获得为公众接纳、认可的主体地位。各种弱势、被歧视群体也有着这类承认窘境。但是，福利承认并不限于群体性的社会利益——因为，在或大或小的共同体中，如家庭、宗亲、社区，或宗教、社团的价值性联结中，也有着与社会异质性有关的形形色色的团结因素。而福利在其中的表达，既得益于这种团结与联合、不同层面的人际交往与联结，又使得福利资源的流转充溢着情感与道德的质色。在这些多重的关系与结构组成的社会构成中，福利发挥着怎样的基础性作用？

再分配和承认遵循着不同的路径——前者并没有福利对象的身份限制，着意于公众利益的调节与平衡；后者的条件是共同体成员的身份——无论小的、微观的生活共同体，还是中观层面的团结形式如宗教、社区以及相关社团。作为实现之途径，承认表征着微观、中观层面的福利分配与资源流转。在公民身份层面，生存需要、福利平等、社会保障、公共服务等社会诉求，通过再分配和承认的双重机制而实现了一种资源流转。

在不同福利关系的资源流转中，再分配与承认有着多重的交织，也有着不同的侧重。

在国家与个人之间，资源流动与补偿有着"取之于民，用之于民"的性质。个人或直接或间接（通过企业、其他实体）向公共积累注资，其后享有相应的福利待遇——资源实现了个体与公共体系之间的循环。同时，个体之间通过公共积累的缴偿关系来调节，因此虽然可能有人多缴、有人少缴，但是总的收支趋向维持一种平衡。差异并不是意味着不满足或者失去感，相反，公共积储的参与可以通过隐形的调节有效消除某种社会"不平等"的不良感觉。

就我国而言，维持一定的社会结余——养老基金与医疗基金的适当余额，有着一定的积极意义。因为，这既有余力实施更强有力的再分配政策，也给予投资人必需的信心，当然也稳定了大众心理。但是，过大或过小的结余都将带来不利的影响。前者抑制了公共投资与私人消费，后者将失去应有的社会稳定器功能。目前这两项结余的总和占到 GDP 的 10% 左右，这似乎已足以采取一些必要的措施来缓解社会贫弱者的缴费压力。

尤其应注意的是宏观的、多重的资源互补性。再分配实现的平衡首先体现为资源在区域、城乡的宏观重置，其次即个体之间的微观平衡。宏观再分配体现着我国的体制性优势，比如教育、医疗资源在地域之间的规划和配置[1]，以各种补贴和财政手段对欠发达地区的基础设施、民生改善的扶持，城乡资源的整合与平衡等。这些基于公民身份的平等也通过扶贫开发、"五保户"赡养等举措兼顾着弱势者的需要与应得诉求。

微观的资源平衡注重体系之内个体所得的调节，也涉及个体生命周期之间

---

① 江求川.中国福利不平等的演化及其分解.经济学（季刊），2015（7）.

的补偿，其中既有社会成员之间收入、补贴和实物的调节，也以所得税等货币化形式表现出来，如对富裕人群征收累进税额、贫弱阶层的"低保"等生活补助。争议是永远存在的，比如每个人对社会责任的担负就不会获得同样的认同与内心的感悟。公共政策既立足于大众的"同等"心理，也需要培养必备的公共精神，共同体内涵天然的互助意识也有待于通过这些政策更好地生发出来。

由于关系的性质不同，承认功能有着迥然相异的承载形式。譬如，家庭是老幼成员赖以生存的首要途径，不仅有着生活资源的供予，还有情感慰藉、日常照护等功能。社区资源的共享体现着地缘性团结，这种因素在农村要强于城市地区。尤其一些经济较发达的城市近郊农村或"城中村"，由于集体积累的丰厚，可支配的资源更为多样，如集体产业的经营或是地租收入等。社团成员的互助、宗亲关系中的帮扶、宗教团体的舍予与抚慰等，均蕴涵着精神与物质的关爱，成员的需要在相互承认中形成资源的流转。其中既有共享性的价值因素，也有关系性的交往与支持，因此既有观念因素，也有结构因素。

再分配有着显然的制度性、趋同性。承认则意味着爱与团结，顾及每位成员的合理需要，尊重每位成员的合法权益，两者都涉及适当的资源配置与共享。就此而言，承认有着显然的道德性、特殊性，它实现的价值主要是需要，但也兼顾平等与应得。与制度性再分配不同，福利承认形式多样，分配标的属于共享、共有的资源，其要件是共具的身份识别。

在之前所述的再分配的三个层面中，宏观的资源再分配是当前尤需借重和拓实的福利举措。诸如资源在地域之间的规划和调配，对欠发达地区基础设施、民生改善的各种补贴和转移支付，城乡资源的整合与平衡等。这些举措需要政府与公共财政的强力介入，要求多部门的共同参与。

承认的实现功能较为"隐性"，但却是社会和谐关系的"润滑剂"和"缓冲堤"。无论家庭、情感关系、初级社会联结等承认形式中生活资源的共享和共有，还是中观的社区、社团、宗教、宗亲等共同体的救济、救助、援助、帮扶等行为，都不仅使得基本生存、生活的需要获得满足和保障，也体现着一种团结性的社会交往的形成。在公民身份层面，生存需要与福利平等表现为各项社会权利的诉求，具有再分配和承认的双重义涵。这属于群体性的身份认同，而作为社会承认的一个特质，早在黑格尔的"市民社会"中已有所体现。[①]

二者的背后隐含着深层次的合法性基础，一种确保人们认可资源在地域、成员之间分配和流转的强制力——这种因素使得分配、流转达致可衡量、恰当、合理的状态。一种担保性的力量隐隐浮现出来。这种力量是什么？其实，在福利的正当性基础上，在有关契约理论的表述中，在主权合法性的由来中，一种致使社会秩序得以确立的因素已然显现。公民权利，对于福利分配的制度性规范手段——再分配，以及与此相关的心理基础和价值性规范形式——承认，起着显然的保障、规约和指引作用。

（二）何谓公民权利？

权利有着三种不同的属性——自然性、神性、契约性，大体反映了权利史的衍变过程。

亚里士多德的公民观与社会契约论之间存在某种一致——前者将公民权利设想为一种顺乎社会本性的原则，后者将其当作一种天然的权利。两者都具有"自然"的性质。不过在古希腊时代，由于城邦相对狭小，公民出于自然原则享有他们的权利并自行保卫着这种权利。而基于社会契约，公民权利受到主权或政府的保护，这是现代社会尤其福利权利的显著特色。

就西方社会而言，在基督教成为罗马帝国的国教之后，更延之欧洲封建时代"君权神授"制的确立，漫长的中世纪充溢着神性色彩，民众享有的权利亦

---

① 黑格尔.法哲学原理.范扬、张企泰译.北京：商务印书馆，2016：235.

不例外。无论君权抑或教民的受洗或者庄农享有的封建荫庇，均深深浸染着神性的光辉。伊斯兰世界、东方世界的政制秩序均含有神性与君权的"合一"，世俗生活或多或少受着"天意""神意"等超脱人类力量的崇越性的影响。

近代思想启蒙致力于"自然"的回归——一种"天赋人权"的观念，当然这种自然性是以人的理性能力为基础的。在霍布斯和洛克看来，"福利"——某种受到保障的公民生活，被理解为与天然权利相伴随的公民利益。立约人一致同意将主权让渡给主权者或政府，后者于是拥有了统治的合法性。出于对等互惠的原则，主权者必须保障立约人享有安全、自由以及合法拥有财产的经济、生活、政治权利。在洛克时代，王权的合法性受到不断扩张的资产阶级利益的挑战，这些有产者希望自由地追逐财富、自由地生活，而这唯有彻底摆脱封建束缚才有可能。

社会契约论虽然有着"自然"的回归，但是其契约性已远远超越亚氏之立足于德性的自然观。"契约性"意味着主权必须与公民的权利相符合，这也是现代福利合法性的基本前提。契约论虽然并没有直接指称公民有权从国家得到基本的生活保障，但其权利的核心——公民享有政治权利以构建一个权力体系，享有经济权利以持存其财产，享有自由以出于他们自身的愿望去追求安全、快乐的生活方式，乃至所有权利应该被公民平等地享有并合法地被政府保证，是社会分配的正义性乃至"福利国家"理念的法理基础。

二战以后，社会秩序的重建要求一种更精确地代表民众利益的权利观，马歇尔的三个权利要素于是应运而生。尤其社会权利的现代意义的彰显——"从某种程度的经济福利与安全到充分享有社会遗产并依据社会通行标准享受文明生活的权利"等一系列权利，紧密呼应着教育体制、公共服务体系等现代社会的文明成果的诸种形式。①

权利本身即一种合法性。但是在不同时代，决定这种合法性的有着不同的社会与政治基础。古希腊的自然权利主要基于公民的德行——公民的美德赋予权利以正当的依据。神性时代的权利依据来源于"神"的意旨、教谕与布道。近代思想启蒙以后，人的权利既强调"天赋"的自然性，也经由社会契约而获得政制的担保。大致说来，权利的依据有天赋、身份、美德、荣誉、契约等不同要素，不同时代有着不同的侧重。

在权利的诸多合法性缘由中，我们不应忽视两种既相关又相异的因素——道德与责任，抑或可称之为美德与义务。源于道德或美德，公民得以享有相关的权益和利益，这在亚氏公民观中已有充分阐述。而公民的责任和义务作为享用权利的条件，其性质往往比较模糊。

西塞罗较早论述了公民义务对于国家政制的重要性，但他的义务与公民美德之间并没有明显剖离。② 在社会契约论中，公民的义务主要体现于对主权的授予，休谟虽然指出公民有着"忠顺"的义务，但其内涵也不清晰。③ 现代公民的权利义务关系是在资本主义生产方式确立之后才逐渐明晰的。由于国家政制的逐渐规范化，政权的设立和运转也日渐清晰，公民在公共生活中享有的权利和必须承担的事则也逐渐明晰而条文化。譬如，涂尔干明确指出现代社会有必要确立规范化的职业伦理和公民道德，以重建集体意识、避免社会失范。④

秩序的"道义论"或"义务论"不同程度地反映在权利的合法性之中。源于一种道德感或责任意识，优秀的公民自觉承担起维护公共秩序的义务，承担

① 郭忠华、刘训练. 公民身份与社会阶级. 南京：江苏人民出版社，2007：7-8.
② 西塞罗. 论义务. 张竹明、龙莉译. 南京：译林出版社，2015：7.
③ 休谟. 人性论. 关文运译. 北京：商务印书馆，1980：591.
④ 涂尔干. 职业伦理与公民道德. 渠东、付德根译. 上海：上海人民出版社，2001：7、74、101-102.

作为一个公民应当承担的社会责任。与之相应，他也必享与责任相当的权利，否则其义务将无法履行。这是就政治权利而言。作为现代的社会权利，与之相应的也有作为公民必须承担的一系列事责，如守法、纳税、服兵役、必需的公德意识等。当然，从另一个角度来看，我们也可以说权利的设立有着一种"目的论"的意味。尤其社会权利的确立，其目的旨在实现一种普惠性、共享性的利益——以此，公民的基本生活获得改善，自身的价值得以实现，社会文明得以前进。

回顾权利的演变史，可以看出，公民权利首先是指政治权利，后来逐渐衍及一系列法律权利以及维持现代文明生活的社会权利，其内涵逐渐多样。作为现代公民权利而言，与福利密切相关的是确保公民共享教育、卫生、健康、文化资源以及基本生存保障的社会文明成果的一系列社会权利。

权利已成为福利的合法性支撑，此处应无疑义。但其保障原理的运行还应做更细致的考察。

（三）担保与承诺

以马歇尔的观点，在公民权利的三个要素中，前两个要素大致对应着交互正义与权职正义，第三个要素即社会权利衍接着福利正义，建立在前二者实现的基础之上。马歇尔的通过公民身份的平等，尤其社会权利的实现，来缓解乃至消除社会阶级不平等的构想，与再分配和承认的实现机理是兼容的。

三种权利要素有着不同的价值偏涉。公民要素的基本自由以及自由订立契约的权利，对合约的遵守及其实际效果，大致可视为一种应得原则。人们依据某项行动的社会贡献，通过自由交换和让渡，获取某种权益和互惠性的利益。政治要素体现着一种平等——不仅是身份的平等，也包含着共享资源的权利的平等。两者作为社会与政治前提共同为第三种要素——社会权利的实现，夯实其合法性基础。

社会再分配以及主体间基于情感、规范、道德、伦理的承认，实现着不同层次的资源流转与社会团结，同时也实现着需要、应得和平等这些价值。这些过程的背后都有着正式的"法"的保障性，或者非正式的惯例、习俗、乡规民约，或者某种基于本能的亲缘因素给予的情感支撑。法、规范或惯习构成多层次的保障体系。如此，再分配、承认和权利共同构成了福利正义的实现体系——再分配和承认可以视为福利正义实现的基本路径，而公民权利成为两者的法理基础和合法保障。

在现代社会政策中，再分配机制是最重要、最为显性的资源分配方式。它既有由国家、地方政府形成的公权力通过财政、税收、经济政策和社会政策对社会资源进行重组和配置，也有由各类慈善、公益机构形成的非正式再分配机制的资源流动。当然，社会保障层面的公共福利体系也体现着公民身份的调节和平衡。再分配既是微观的也是宏观的。前者主要基于各类福利体系对个体利益的调节，如养老金制度、医疗保障、住房保障、教育学制以及慈善、公益等社会服务。后者主要表现为国家、社会力量对宏观资源的重组和调拨，涉及地域、区域的资源平衡。无论何种层次的再分配，其背后都有明文规定的法律体系做支撑，体现了国家或社会的契约性义务。

相对于再分配的制度性显质，承认是心理、文化、社会层面的正义实现途径。在黑格尔和霍耐特看来，承认有着主体间性特质，分布于爱、法律和社会团结三个层面，是对他人主体地位的认可和认同，从而自我也在他人的承认中得以实现。弗雷泽进一步将承认质性融入当代社会的身份诉求、族群意识、种族平等等歧视性因素的消除等社会诉求，强调社会异质的合法性，以一种宽容性的文化建构来形成社会团结。

如果说再分配的权利支撑更多得益于一种正式的"法"，那么，我们可以说，承认的实现功能更多地源于一种非正式的交往惯例，如亲情、爱、习俗、乡规、民约等。它们作为一个社会共同体所共同遵循的非正式的"法"，是一种"自然法"的认同。在现代社会，正式的法也日益渗入这些领域，如婚姻法对抚养、赡养、夫妻之间权利与义务的规约性，一些社区组织、社团组织的正式组织条例等。这些愈趋正式的规范为承认确立了更加明晰的法理基础。

承认的意义首先建立在身份差异、群体差异的认同之上，但是其实现义涵并不限于此。承认关注不同的身份群体或者共同体之内的相互认可和认同，即一种"由异趋同"的过程，有着两个层面的义涵——就宏观的公民身份而言，指涉着消除群体性身份歧视，如农民工、女性就业者、老年人、贫弱者等；就微观、中观的社会结构而言，分布在诸如家庭、宗亲、社区、宗教等共同体之中。

承认不仅体现为不同身份群体的各具特色的"主体间性"，比如农民工群体、特殊困难群体，受歧视群体因户口、身份、文化程度、健康、个人际遇等社会、经济异质性而形成差异，另一方面还体现为因家庭关系、雇佣关系、经济合约而形成的宏观的社会整合。而将这些差异或多或少地清除，需要爱、法律、合约、伦理这些社会团结机制赋予承认在福利实现中稳定而可靠的运转保证。

再分配、承认与权利在福利的实现机制中有着不同的角色和功能。再分配和承认可视为福利正义实现的必由路径。它们使得资源在不同地域、不同群体、不同个体之间有规律而合理地配置和流转，应得、需要、平等价值也由此得以展现并延及社会生活的各个层面。权利是蕴涵在这些过程背后的保障和担保，不仅确立了再分配和承认的法理之基，同时，需要、应得、平等价值的实现又成为衡量权利彰显的标尺。或言之，公民权利在现代社会是否得到彰显及其程度如何，可以也应该通过平等、应得和需要这些价值要素在社会分配的呈现而透达和权衡。当然，在具体的福利领域，这种体现应有所不同，因具体的社会事实、社会过程而异。

马歇尔坚持对三种权利要素的递延发展赋予一种历史的规定性——随着社会权利的实现，公民身份的平等应该足以抵消因经济地位和阶层形成的差别。但是，批判理论对现实世界更多地坚持一种怀疑和否定的态度。在他们看来，由于再分配以及承认诉求远远没有实现其应有的目标，社会正义因而距之遥远。必须对政治、经济、社会秩序进行必要的干预，正义才有可能实现。

在黑格尔的法哲学思想中，家庭、市民社会、国家构成伦理共同体的三个层面，而承认——一种主体间性意识同时存在于这三者之中，无非形式有所不同。在弗雷泽看来，再分配是消除经济、阶级不平等的必需手段，但是承认——对少数族群、弱势群体、价值共同体、被歧视者的社会认同亦然成为正义之不可或缺。无论古典或现代的承认理念有着怎样的进步或不同，承认成为正义实现的要质已是不可撼动的。在福利过程中，两者的功能既相区别又相交织，它们是有待逐步明晰的过程。这些功能的发挥必然建立在权利的担保与承诺之上。

在现代经济政治体制下，正义的实现已不仅仅是意识层面的抗争和平等的诉求，也必然要求更坚实的物质基础和文明成果的共享。福利在社会生活的广泛渗延，使其不仅成为现代正义的显著表征，也要求再分配、承认与权利有机协同，以形成资源得以有序流转、共享的社会基础。

第三章　福利与资源流

如果说到目前为止，我们只是注重于阐明福利的价值基础及其实现的可能机制，那么这种探讨无疑尚且停留在理论层面。如要更深入地剖解福利的社会意义，经验材料的检验就是十分必要的。唯有如此，唯有将这些理论架构置于真切的社会现实，才有可能验证其确当抑或谬误之处。那么，最合适的切入点在哪里？

首先，让我们回过头来看，福利分配的标的是什么？一般的看法，它指向一种社会益品（social goods），一种有益于人们生活的事物。但是就本质而言，它同时也是资源要素（elements of resources）的流动、分配的过程。

因此，福利的分配对象既可以说是一种益品，也可以说是一种资源。相对而言，前者表现为一种静态的形式，而后者是动态、流动的。资源流动是复合的社会过程，涉及政治、经济、文化、社会诸机制的协同与参与。

第一节 "资源流"的涵义

一、资源与分配

（一）资源的类属

福利的益品性质在社会分配中是不言而喻的。因为它既可以改善个人生活，同时，它又是一种改善社会绩效的资源。它一方面不断地在流动，另一方面又有着积极的基础性意义——比如，它保证了每个人基本的生存条件，保障了社会秩序的运转，维护了民众的健康状态，给予因年龄、疾病、能力、身份等原因形成的弱势者以必要的社会支持。更重要的是，它通过社会整体性的物质和精神条件的改善促进了公众的幸福。

资源有着自然资源与人为资源之分。自然资源包括土地、水、矿产、森林、草场、生物性资源以及优质的空气、阳光、气候、景观等。就人类而言，自然资源是自在的，如果脱开人类的活动将是无意义的。因为资源的运转总是与人的行为、社会活动紧紧联系在一起。

后者可分为经济资源、社会资源、政治资源、文化资源等，这是就资源对应的各个领域而言。每个领域都可以做更多的细分，如经济资源就包括资金、产业、设备与技术、产权等。政治资源包括政治机构与组织、权力与职位以及与政制有关的所有的体制性资能。文化资源包括以文字、语言、书籍、行为艺术、传统建筑、服饰、娱乐等形式为载体的可以习得和传承的知识、艺术、技艺和其他遗承。这是狭义的概念。广义的文化资源与社会资源有着高度的重叠，尤其在伦理、宗教与道德等方面。社会资源的内容最为广涵、复杂，涉及社会的组织结构、网络结构的各种有益的社会维系和发展因素，如人际交往的物质与精神力量，生产的基础、条件以及生活方式，伦理、道德等德性规约等。可以这么说，资源是可以促成人类生活和生产有序运转的一切基础性的物质与意识条件。

由于各个领域总是相互交织和渗透在一起，各类资源也有着相互之间的融通与通透性。我们不能将一种资源与其他资源截然割裂开来。但是，这并不意味着一种特定的资源形式就没有自身的运行逻辑。尤其社会资源与其他领域有着更强的融汇、交流性质，因而有着更为突出的衍射性。从广义角度看，社会资源可以包括政治、经济、文化、道德诸领域的要素。而狭义的"社会"特指人际交往的结构以及与此有关的人们的生活方式与联结形式，如家庭、宗亲、社区、社团、宗教、慈善等机构乃至宏观社会共同体。

如果不得不做一个界定，那么，福利大体属于社会资源。因为，无论是养老、健康、就业等维持生存的基本条件的获得，还是教育、艺术、文化、道德风尚等更高层次的生命价值的提升，都是社会秩序良性运行的结果。脱开社会的体制性支持，分散的资源不可能形成一种必要的凝聚力，也无从谈起以合理、公正的方式在人际分配和流转。

（二）资源的分配

随着社会的进步，福利资源必然由原初的物质性的生活资料、经济财富、公共服务等基本支持，递延至更高质量的生命价值所必需的艺术、文化、智识等文明成果的共塑和共享。沃尔泽的益品观内涵较为广泛，包括经济生活、自由交换、贫困救济、公共服务以及政治生活的权利，他也因此提倡一种多元的分配观。^①罗尔斯概括的益品有着高度的抽象性，大体可分为基本自由以及实质性的公共职位与经济财富。^②而马克思分配观的标的是社会公有制之上的所有生活资料，其最终目的是人的全面而自由的实现。可见，福利分配有两个层次——从微观的个体生活的改善到宏观的社会总体进步，由个体生活资源的配置到宏观的社会资源的共享。

无论是沃尔泽的益品视角还是米勒的关系性质视角，都倾向于以个体为分析本位。政治、经济、文化、社会诸体系的协同，决定着必须将福利资源置于宏观的社会过程中考察，才能对它的得失平衡、切当性做出更加贴合实际的判断。但是，这并不意味着微观、中观视角就可以束之高阁了。因为体系的完善以及由此形成的公正、恰当的分配模式，乃至人际关系的协调，社区、宗亲等亲缘、地缘性团结的坚固，都将赋予资源流转以一种外在的或强制或道德的因素，使之成为国家政制主导性的必要补充。

大致说来，权职正义侧重于政治资源的分配，交互正义侧重于经济资源的分配，而福利正义侧重于社会资源的分配。但是后者的成功与适得性的确立有赖于前两者构成的基础。因为福利的本质就是通过一系列社会政策与经济政策的协同，着力于发掘社会资源在整合性的资源体系中应有的弥合与发散功能，当然也可以看作一种由充盈到稀缺的"滴漏"效应。

罗尔斯分配观虽然着重于权职正义的分析，但其平等性与差别性的"二重奏"恰好可以为福利分配提供一种原则性的参照。因为贫弱者的利益无论在政治上还是在经济、社会领域都不应成为可被忽视的阴影。沃尔泽的多元性留给福利的余地是有限的——或许与密尔一样，因为对自由交换的重视，需要原则

---

① 沃尔泽.正义诸领域：为多元主义与平等一辩.褚松燕译.南京：译林出版社，2009：22-28.
② 罗尔斯"正义论"的两条正义原则。

仅限定在贫困、救济等底层情境之中。米勒的关系性质的类分使得福利益品既分布在中观的社群之内，也分布在宏观的公共生活之中，后者不乏社会平等的强烈意识。[①] 德沃金明确提出，福利不仅是益品，而且是资源。但是它主要局限于个体的意义，是实现个体目标的初始性的社会条件，虽然这些条件仍然由公共机构来承载。

在个体与社会之间有必要确立一种更加有效的沟通机制。它既能反映有益于人们生活的物质与精神条件之于生存质量的意义和价值，还能反映这些物品在诸种社会体系之内、在宏观结构与微观关系的调适过程中相应的流转规则。因而，这种沟通既是结构性的，也是关系性的。反映在不同层次的资源流转中，即一种含有社会性、经济性、政治性因素的相适的协调机制。

二、资源要素与流动

（一）资源平等与"资源流"

资源的不均衡性显然不能仅仅以静态的分布态势来解释。无论在怎样的经济增长方式中，我们都可以看到显然的资源流动——就像涓涓溪流汇成江河、湖泊乃至最终汇入海洋一样，各类资源要素的流动、融汇与整合，汇聚成一股一股愈来愈强的社会生产力，构成社会化的生产、分配、消费、储存等物质过程的基础。市场与再分配作为"资源流"的动力机制，启动、促进了各类要素的流动。

不同形式的社会交往以及文化、观念、惯习、传统等价值与规范体系——在团结意义上即一种资源的共享——或规范性或情感性，既可以改善、润滑这种动力基础，使其更高效地运行——如社会的信任、团结与合作，也可以赋予

---

① 米勒.社会正义原则.应奇译.南京：江苏人民出版社，2005：35−42.

"利益"以规范性约束，当然也有可能产生某种阻滞与偏移。"资源流"的构成要素侧重不同，动力基础各有倚重，社会机制的润滑效应也各有不同。各地相异的市场导向，不同的再分配机制，不同的交往方式、人际关系模式，与当地亚文化关联的价值、规范基础，这些因素组合成各具特色的资源流，也深深影响着丰茂多彩的经济增长方式。

合理流动、运转的"资源流"具备这些要素——比如，它的动力机制、流转机制，干流与支流的分支与汇合等。福利将要实现的平等或平衡有两种选择性——一种即如同德沃金指出的那样，旨在实现个体在社会过程的初始阶段的资源平等，或是总体层面的资源流转中实现一种动态的平衡。在"资源流"中，福利有着资源的分流、蓄积与回流功能——经由一定的社会过程，一部分资源进入福利领域，在其中积淀与蓄积，而后又通过消费等形式重新进入生产与流通。

社会生产中实现的劳动价值之一部分通过公共积累的形式进入福利领域，融汇成公共保障基金。它既在保值与增值的沉淀中赋予经济运转以某种稳定因素，最终又以养老金、补贴或实物等形式重新进入消费、投资、健康或其他领域，重新汇入资源的流转过程。福利资源与其他资源一样，总是有着类似的分流、沉淀与回流过程。

福利资源的平衡既离不开整体性的"资源流"，也定然在总和的"资源流"中实现一种平衡。因此福利平衡总是动态的——它总是由不平衡到平衡，或者缘于某种因素产生新的循环过程。就个体、群体或不同的地域而言，或许资源存在某种初始意义上的不平等，但这可以通过"资源流"将不同要素由充盈导向稀缺，从而实现一种动态的补充。除了经济增长的动力基础，各种法定的或习俗的规范、惯例、人际交往以及社会网络等机制的引导、疏解与衍通功能，也是至关重要的。其中不仅有利益冲突的张力，也体现着社会团结本应具备的价值要求。

此外，福利资源深受自然资源、产业资源、社会资源等约制。它们的分布及其社会、经济效应制约了前者的形成过程与流转的可能方式。

资源流的特性以及在地区之间的吸纳能力的异质性决定了有些地方资源会越聚越多，而有些地方难以形成类似的积聚效应。大体而言，资源配置有着三种途径：市场、再分配、社会网络（社会资本）。①以计划调拨为主的资源配置，在经济体制改革以后已转向以市场配置、交换为主导——就经济资源而言，这是当前最为基础的分配方式。作为市场机制的弥补和调节，政府以及公益、慈善机构对资源进行重组、重置，从而形成再分配机制。同时，在微观层面，合作、团结与信任等交往行为也促进了资源的流转效率——此即社会资本的协同力。以此视之，三种资源配置方式的不同组合和侧重导向不同的发展方式，也因此造成相应不同的福利局面。

（二）资源的分流与汇流

在自然资源、产业资源、社会资源共同汇聚而成的"资源流"中，国家、市场与社会分别承担着不同的角色、发挥着不同的作用。市场是初次分配的主导，再分配主要体现在国家的政策、制度层面，而资源在人际关系的流转体现在家庭、宗亲、社区、社团等社会联结形式之中。

在宏观"资源流"中，市场以及再分配机制是基本的动力，社会整合助之以润滑、牵引和改善的效应。福利资源可谓总体"资源流"的分支——有时合并其中，有时表现为资源要素的分流与回流。即便在微观或中观的福利过程中，再分配仍然起着基础性作用，比如各类体系对个人得失平衡的调节。同时，由

---

① 社会学意义的社会资本（social capital）一般是指各种社会关系形成的人际网络，因之可以改善资源的流转、提高社会运转的效率而称其为"社会性"资本。

于亲缘、地缘或其他价值共同体内蕴的合作、沟通与信任等交往因素的存在，以及文化、观念等意识形态对这种动力的牵引、润滑或偏移、阻滞，使得资源的流转途径和方式充满着或关系性或结构性的影响。但是市场的驱动力仍然构成资源要素流动的基础。

在经济资源、社会资源、政治资源、文化资源构成的整体性的资源体系中——或者说，在宏观的秩序性的资源流中，福利资源总是扮演着从属性、分支性的角色。它虽然有着自身的运行逻辑，但总是作为某个因素参与社会的生产、消费、分配的总体运行过程中来，与整体的资源流分分合合，难以割裂，也因此必然相合于结构性的秩序要求。

个人、组织、社会、国家之间的权利与义务的规约性为资源流转赋予了必要的规则和参照，但是这些关系是错综复杂的。福利总是在宏观、中观、微观的多重应力中完成资源的流转并实现其自身的价值。

基础性的社会结构与分配机制以及资源布局之间，有着紧密的交融态势。福利秩序既涵有市场的交互正义性质，也必然映显着权职正义的政制性质。因为，以国家为主导的再分配既须法律、制度的法定规约，也必然涉及治权范域的界定乃至判明福利政策的实施边界。我国的人民主权基础赋予人民福祉以崇高的价值地位，也为福利的实现夯实其坚实的政策、制度基础。当然，福利的合法性并不限于权利的形式以及过程的程序正当，还在于权利赋予它的更厚重的法理基础以及建立在生存与发展意义上的合法保障。

宏观资源流与微观资源要素的流动并非截然割裂的两个过程，前者总是由后者的不同形式变化、衍变而成的。如果说市场强调经济绩效的应得，再分配更注重社会平等，那么，人际交往的信任、认同形成的关系模式更注重人的需要。但是，这种分异并非绝对的——再分配在实现着居民收入、民生保障的同时，也将为经济的良性运行夯实基础——不仅是秩序的保证，教育、医疗、养老、住房、服务等领域的资源要素的流转与积淀也将为经济增长注入强劲动力。

社会团结既有微观、中观的意义，也有宏观的社会群体意涵，尤以两种形式——经济性的商业网络与情感性的亲熟认同为表征。比如，有些地方尤其在改革初期，农村地区非农产业的形成过程就含有强烈的亲缘性或地缘性的团结成分。① 亲熟规范的运转促进了资源的绩效，但须赋予其更高层次的道德约束。而后者——亲熟认同更为普遍，通过情感联结实现着生活资源的共享以及社会关系的调适——这更应看成一种微观的资源循环。

在资源的宏观与微观的流转与循环中，在蕴含于体系性或结构性的分配机制中，或者一种人际交往形成的主体间认同与信任等关系模式之中，如何衡量其中的共有或共享因素的适得性？它们的社会基础与心理基础是什么？这些问题的解答必然需要一些实证的经验数据来检验。

---

① 王思斌.经济体制改革对农村社会关系的影响.社会科学研究，1987（6）；史晋川等.制度变迁与经济发展：温州模式研究.杭州：浙江大学出版社，2002.

第二节　不平衡的实质是什么？

一、城乡与区域

（一）资源的分布：由"自在"到"人为"

就自然资源而言，中西部地区要胜于东部地区。[①] 自然资源是一个地区的先天禀赋，是亿万年地球形成过程中地壳运动、地质活动与生物活动等有机过程相互影响的产物。从某种意义上讲，它既是自然的，也是自在的。但这种自在状态并不意味着它对人类就没有意义。恰恰相反，自然资源是人类活动的物质基础，人类的生产、生活均建立在对这些资源的有效利用之上。但是，自然资源能否达到实实在在的经济增长，能否改善一个社会的面貌，还取决于物质生产方式以及树立其上的社会机制的协调与组织，取决于其能否与其他资源一起形成一股合力。当前社会资源的分布集中反映了经济、政治力量对初始资源的"搬运"，也反映了社会结构的变迁对资源要素的调节。经济发展得益于自

---

① 表 3-2-1　几种主要自然资源分布的前五名

次序	石油（亿吨）	天然气（亿m³）	煤炭（亿吨）	铁（亿吨）	铜（万吨）	水（亿m³）
1	新（5.8）	川（11874）	晋（906.8）	辽（56.25）	赣（597.1）	藏（4415.7）
2	黑（4.73）	新（9053）	蒙（460.1）	川（26.60）	蒙（400.27）	川（2470.7）
3	鲁（3.38）	蒙（8042）	新（156.53）	冀（23.97）	滇（296.9）	粤（2263.2）
4	陕（3.37）	陕（6231）	陕（104.38）	蒙（20.99）	藏（274.36）	桂（2057.3）
5	冀（2.67）	渝（2473）	豫（89.55）	晋（12.70）	皖（168.12）	赣（1424.0）

资料来源：2014 中国区域经济统计年鉴 . 北京：中国统计出版社，2015：55—61.

然的资源禀赋的支持是显而易见的，但是一个地区的经济增长与自然的资源条件往往并不同步。原因何在？经济增长要求不同的资源要素的汇聚，也要求不同的资源"搬运"和调节方式与之适应。资源要素汇聚的可能性及其范围决定了经济增长的幅度。

我们暂且将经济增长涉及的资源原理留待稍后讨论，先行观察与百姓日常生活更加显性相关的社会资源的分布情况。可以看出，它的现实分布同样反映了动态的要素不断积聚与沉淀的过程。从卫生与健康资源来看，地区、城乡之间的差异甚为明显。2019 年全国有各类医疗卫生机构共计 1007579 个，其中城市为 212045 个，乡村为 795534 个。乡村卫生机构中，村卫生室为 616094 个，乡卫生院 25593 个，中心卫生院 10519 个。[①] 在乡村卫生机构中，村卫生室的数量占据了绝大的比重。它们的医护质量与农村居民的生存质量有着密切的关系。但是大部分村卫生室配备的医护人员平均不到 1 人，有时乡镇卫生院的人员兼着村卫生室的事务，医疗设施也并不齐备。

截至 2019 年，全国医疗卫生人员总数 12928335 人，其中执业医师（含助理）3866916 人，注册护士 4445047 人。[②] 在公立医院的数量上，东、中、西部差距并不悬殊，但是东部地区的三级医院数量要超过中、西部地区。[③] 总的看来，

---

① 在这些数值中，城市包括直辖市市区、地级市市区；农村包括县和县级市、农村乡镇卫生院和村卫生室。中国卫生健康统计年鉴（2020）. 北京：中国协和医科大学出版社，2020.

② 其中含获得"卫生监督员"证书的公务员 1 万人，乡村医生和卫生员 842302 人。中国卫生健康统计年鉴（2020）. 北京：中国协和医科大学出版社，2020：26.

③ 表 3-2-2　　2019 年公立医院数　　（单位：所）

地区	三级	二级	一级	未定级
东部地区	1097	1933	986	504
中部地区	602	1930	745	311
西部地区	705	2049	607	461

东部地区包括：京、津、冀、辽、沪、苏、浙、闽、鲁、粤、琼 11 个省市；中部地区包括晋、吉、黑、皖、赣、豫、鄂、湘 8 个省；西部地区包括蒙、渝、桂、川、黔、滇、藏、陕、甘、青、宁、新 12 个省区市。资料来源：中国卫生健康统计年鉴（2020）. 北京：中国协和医科大学出版社，2020：11.

医疗资源分布的城乡差距要强于区域差异，城乡居民每千人口拥有的医护技术人员对比非常明显。①

健康资源的分布是在长期的历史过程中逐渐形成的。即便在发达国家，医疗资源在城乡之间也存在一定的差异，这与人口密度的分布有着密切的关联。但是，人口学的指标相对而言属于被动的自然变迁性质，而政制行为的引导与促动是更为主动的显性过程。中西社会的乡村医护资源的最大区别可能在于全科医生的素质差异以及一些必备的技术设备的配备。这反映了政府对乡村基层医护网点的重视程度。如果仅仅是量量血压、身体的手诊、感冒发烧等常规检查恐怕是远远不够的。乡村卫生室不能只是形式，还应发挥更加积极的功用。基层医护力量的加强应该纳入公共卫生发展的规划之中，需要政策性的引导以吸引优质医疗资源进乡入村，拓展更多途径以实现健康资源的共享。

就区位分布而论，农村资源积聚的动力基础是多样的。由于本身地位的弱

---

① 表 3-2-3　　执业医师和护士在医院和基层卫生机构的大致分布　　（单位：人）

	执业医师（含助理）	护士
医　院	2174264	3237987
基层卫生机构	1436619	960374
其中：1. 社区服务中心	220271	202408
2. 街道卫生院	5359	4290
3. 乡镇卫生院	502912（执业：297091）	391384
4. 村卫生室	213592（执业：55740）	27841

资料来源：中国卫生健康统计年鉴（2020）.北京：中国协和医科大学出版社，2020：26.

表 3-2-4　　2019 年全国每千人口拥有卫生技术人员数　　（单位：人）

	卫生技术人员		医师		护士	
	城市	乡村	城市	乡村	城市	乡村
东部	11.5	5.4	4.4	2.3	5.3	2.1
中部	11.0	4.4	4.0	1.8	5.4	1.8
西部	10.4	5.2	3.7	1.8	5.0	2.1

资料来源：中国卫生健康统计年鉴（2020）.北京：中国协和医科大学出版社，2020：37.

势，外在的干预如政策性的协调以及社会群体的互助性可以双头并进，尤其发挥公益、慈善、社会工作的"草根"优势，弥补制度性角色稍显硬性的缺位，以形成良性的资源互补。

教育资源的区域差异也甚明显。2018年全国普通小学16.18万所，初中约5.20万所。高等教育在校生总规模3833万人，毛入学率达48.1%。这些成就是可观的，但是地区、城乡之间的差异亦然明显，尤其表现在校舍、师资、经费等方面。以浙、粤、赣、川、甘等省份为例，大致反映了这种差异性。[1]

比如，这些省份的在校高中生人均拥有校舍面积分别为：102.02，80.07，63.19，66.33，48.56（依该表次序由上至下排列，单位：m²）。区域之间差距显然。相对而言，浙江等地的小学数量要远远少于江西、四川、甘肃等中西部地区。由于乡镇交通的便捷、社会服务的改善、城乡一体化的完善等因素，教育资源的集中成为可能。

适当的办学规模既有利于资源更有效的利用，也有益于学习环境的改善，办学质量也会因之提升。但是这必须以一定的经济发展和财政实力做基础，当然也受限于自然地理条件，交通、服务体系的完善。对于中西部地区的初级教育而言，尚且存在相当数量的师资、设施并不齐备的教学点，这也与自然条件、

[1] 表3-2-5 　2018年部分省份普通高中校舍情况

省份	人口数（万人）	在校学生数（人）	校舍面积（m²）	
			合计	乡村
浙	5737	253335	25846036	1407564
粤	11346	646488	51767180	3036279
赣	4648	304483	19238819	592958
川	8341	479939	31833284	933353
甘	2637	201083	9765084	367203

本表的校舍包括教室、实验室、图书室、微机室、语音室、体育馆等。资料来源：中国教育统计年鉴2018. 北京：中国统计出版社，2019：306、334、344.

人口分布有着较大关系。"新农村"建设要求农村人口的适当居住规模，交通、服务等基础设施的完善，需要外在资源的投入，既要求政府财政的支持，也有待更多社会力量的参与，如此方能形成合理、高效的资源合力。

在这些省份，小学生人均师资比例为（按该表次序由上到下排列）：①研究生师资比为（万分之）11∶7∶1.4∶3.7∶3.8。②本科生师资比为（百分之）4.6∶3.4∶2.8∶2.7∶4.7。③专科生师资比为（百分之）1.1∶1.8∶5.6∶5.9∶7.5。这些数据大致说明，小学师资中，东部地区的高学历老师比例要高于中西部地区，较低学历的师资分布与之相反。①

人均教育经费也存在明显的区域差距。2018年全国教育经费约为4.2万亿元，其中公共预算安排大约3.3万亿元。教育经费在区域之间并不平衡，这与地域的经济社会发展程度、公共财政有着较大关系。同时也可以看出，在教育经费等公共支出方面，国家已经对财力较弱的地区实行了较大力度的转移支付

---

① 表 3-2-6　　2018年部分省份小学师资情况

省份	小学数量	教学点	小学生人数（在校生）	研究生师资	本科师资	专科师资
浙	3301	118	3605686	3912	166584	40407
粤	10308	5919	9883724	6980	336677	176782
赣	7578	8899	4212208	603	119610	234662
川	5730	7847	5554589	2030	152509	329927
甘	5785	5251	1896471	717	88673	143260

资料来源：中国教育统计年鉴 2018. 北京：中国统计出版社，2019：520、532、556、557.

政策。①

在东、中、西部地区之间，在校学生的人均校舍面积、师资、经费均存在不同程度的差距。这与经济社会发展的程度是高度相关的。近些年来国家对欠发达地区的教育经费的转移支付力度非常明显。这些举措对师资的改善、办学条件的促进起着积极作用。

如果将视界稍微拓宽一些，社会发展指标以及福利资源的分布在地域间也存在较明显的差距，主要表现在人均社会服务经费、养老设施、养老金水平、低保、失业待遇等方面，而各地住宅的社会投资也参差不齐。②

自然资源与教育、健康、养老、服务等社会资源之间有着显然的不同步。中西部地区的自然资源明显占优，而表征着经济社会发展程度的教育、健康、

---

① 表 3-2-7　　2018 年部分省份教育经费情况　　（单位：亿元）

	人口数（万人）	经费合计（亿元）	公共预算安排（亿元）	人均经费（元）	人均预算安排（元）
浙	5737	2235.65	1595.78	3896.90	2783.30
粤	11346	3996.40	2937.56	3522.30	2589.07
赣	4648	1174.40	982.28	2526.68	2113.33
川	8341	2102.74	1650.76	2520.97	1979.09
甘	2637	747.10	661.14	2833.14	2507.17

资料来源：中国教育经费统计年鉴 2018.北京：中国统计出版社，2019：94、96、314.

② 表 3-2-8　　2017 年部分地区社会服务、养老、低保情况

省份	社会服务经费（亿元）	养老床位（每千人口）	社区服务覆盖率（%）	低保待遇（元/月）
浙	210.02	57.10	50.20	670
粤	372.35	33.60	90.20	528
赣	186.88	29.20	7.20	312
川	366.36	31.50	21.70	314
甘	149.01	32.40	16.10	314

资料来源：2018 中国省市经济发展年鉴（上）.北京：中国财政经济出版社，2019：81、945、947-949、954-955.

养老、服务等社会资源明显处于劣势。各地的经济社会发展以及福利事业的进展存在显然的差距。发展不同步、不对称的深层次原因在哪里？我们需要从资源流视角对此进行一些可能的反思和梳理。

这些因素是显然的——历史的、自然的以及综合性的社会变迁的选择性差异。社会变迁往往受制于市场、政制与亚文化的差异，其中既有客观条件的制约，也有主观的意识形态因素。资源流的形成需要一种协同。如果只是某种因素的强势尚难以形成可观的资源流。相对而言，社会资源的组合能力具有独有的优势，它有一种将自然资源、经济资源、政治资源等要素整合成有效生产力的禀赋。就像恩格斯指出的那样，社会发展总是多种因素共同形成的"合力"，自然的物质基础与人文环境、意识形态的交织形成各地各具特色的资源流。

比如，在同一个国家，在同一个时代，发展的地域选择性不仅仅受制于地理条件、气候、位置等自然条件的影响，经商传统、交往方式等人文因素以及习俗、民约、价值观等亚文化形态也会对该地区的发展产生强烈的牵引或阻滞。不同的精神特质等意识形态作用于相似的地理环境、资源基础完全可能导致不同的效果。这是资源流形成过程的千姿百态的质色所在。

（二）资源流的效能

社会分工体系的不同酬报以及社会结构的现代性分化导致"三农"在国民分配中处于弱势地位。工业革命使得工业要素处于主导地位，但是随着产业体系的深度融合，各种资源要素的流动会渐趋一种融洽性平衡。这个过程或早或晚，因经济社会变迁的进程而异。我国早期国民经济的板块结构以及相应的体制限制在一定程度上错失了应有的融合进程。经济发展的"惯性"导致"三农"弱势仍在延续，这尤其表现在各类资源的不同聚合效力上。

产业资源的吸聚效应诱导社会资源向城市而不是向农村积聚。经济资源在城市地区的浓聚是较为普遍的现象，但是其他资源应有更为多元的吸纳导向。

如果所有资源的流向都倾向于经济性动力，由此可能导致的不均衡将是不言而喻的。类似趋利动机的单一性必然导致处于弱势的分配效素被一再边缘化。

在某些地区，人口分布与福利资源有着显然的失衡。人口是重要的人力资源，它的数量的积聚、素质的提升也要求经济、社会、政治资源的协同来滋成。农村公共服务、福利配置与人口素质之间有着某种"双向弱性循环"——服务体系、资源的薄弱导致农村人口得不到充分的社会化基础，人口素质的弱势又不利于社会资源的吸聚力。

除了宏观的资源分布因素，体系区隔也导致资源向农村地区流动的渠道受到限制，由此导致必要的调适与平衡的缺乏。譬如，相对于城镇居民医疗保险以及职工医疗保障，农村医保设置虽然缴费率较低，但是保障力度也弱——有些地方（尤其异地就医）"小病不能报，大病有限额"。户口在住房政策上划了一道鸿沟——城市有单位保障制、公积金制度以及低收入人群保障体制，农村则由居民自建。职工养老保险、机关事业单位养老保险等多重设置基本可以确保一个城市居民在年至退休以后过上较为宽裕的生活。农村低缴费、低受偿的"新农保"，如果不追加缴费额，只能起到辅助性的功用。

这些区隔导致劳动者创造的价值不能以一种同一性的"普惠"公平、流畅地汇入公共资源的蓄积之中，以形成社会、经济、福利资源的合理流动与互补。

经济、社会资源的协同性在很大程度上决定了不同地区的资源流的特征。经济增长虽然要求诸种资源要素的共同参与，但是在不同的阶段，它们所起的作用和主导性是不同的。

譬如，在经济起飞阶段，资金、技术、市场等要素有着举足轻重的作用。在进入高速增长阶段以后，智识、环境、技术更新以及资源的融合能力变得尤其重要。在改革初期，虽然东部地区的自然资源如矿产、能源等并无优势，但是那里的经济腾飞，一则得益于良好的商业基础，二则汇聚了多层次的优质社会资源如管理、智识、人力等。加之改革初期外资的优先投入，这些因素的合力促成了东南地区轻工业、制造业等产业资源的勃兴。[①]

资源流得力于市场、再分配以及社会网络（社会资本）三者的协同。就市场效应而言，初期的资金投入——各类固定或流动性资金的投入可谓"牵一发而动全身"，以此推动劳动就业，自然资源、产业资源的整合，促成一种适宜的生产力。[②] 从地域经济增长的差距来看，资金支持、规模以上企业的数量和产值大致表示着社会生产力的发展程度，以此带动的就业也影响着居民的消费水平。[③]

经济增长既得益于资金的支持，企业等市场主体的运转也必然促进就业的

[①]　表 3-2-9-1　　　　2017 年部分地区生产与投资情况

省份	户籍人口（万人）	GRP（亿元）	固定资产投资（亿元）	港澳台投资（亿元）	外商投资（亿元）	信息技术投资（亿元）
浙	4958	51768.26	31696	1131.4	603.9	336.9
粤	9317	89705.23	37761	2457.8	1646.4	541.9
赣	4992	20006.31	22085	341.2	159.0	204.8
川	9113	36980.22	31902	293.1	344.6	286.7
甘	2770	7459.90	5827	3.5	4.8	53.1

资料来源：2018 中国省市经济发展年鉴（上）.北京：中国财政经济出版社，2019：10、59、81、89、96.

[②]　刘易斯指出，"（经济增长）真正难题是资本和自然资源，而且我们可以假设，只要得到这两者，也就可以获得必要的熟练工人，虽然也许会有一段时间的碍滞"。刘易斯.二元经济论.施炜等译.北京：经济学院出版社，1989：6.

[③]　表 3-2-9-2　　　　2017 年部分地区金融信贷、规模以上企业数及居民消费水平

省份	短期贷款余额（亿元）	中长期贷款余额（亿元）	规模企业数（个）	消费水平（元）	城市居民（元）	乡村居民（元）
浙	38921.81	47449.74	39949	33851	38730	23717
粤	35833.83	81976.72	47203	30762	37257	15943
赣	8216.70	16652.10	10889	17290	21815	12009
川	10416.57	37087.96	13904	17920	22983	12856
甘	5141.11	11441.62	1905	14203	22344	7395

资料来源：2018 中国省市经济发展年鉴（上）.北京：中国财政经济出版社，2019：73-74、389、712.

增加，提高居民收入的同时，也促进消费。生活用品需求的增加又要求市场规模的扩大。资金、技术、人力、物资等资源要素在这些过程中不断完成再生和循环。但是，由于资源流的动力机制及其要素流动有所偏敧，经济增长承受着资源要素的牵引与制衡，形成不同的资源分布与流动格局，同时也形成各自面临的不同福利问题。

以广东等南部省份为例，经济驱动力对宏观资源流的促发与积聚的"发动机"作用无法忽视。可观的"来料加工"需求刺激了人员、技术、设备的"外向型"资源流的集中。[①] 但是经济资源与社会资源之间存在某些脱节或不协调性，劳动保障的相对滞后引发了不少劳资纠纷，初期的职工福利及其与社会保障的衔接均显不足。再分配的政策性倾斜着重于对企业法人的税收减免以及鼓励出口的补助性回馈，并没有充分回流到劳工的职业福利以及与之相衔接的社会福利中。随着劳工权益意识的增强以及国家政策性介入的力度加大，规范化的社会保障较之以前不仅在观念上日益获得共识，其积极、良性的社会效果也愈发显现。

但是经济因素未必是影响资源流形成的唯一动因。在特定的环境中，规范、信任和团结所起的作用同样影响着资源流的聚合。譬如改革初期，江浙一带的资源流的形成更多地含有民间自发的逐渐积聚成形的特点，尤其汽摩、五金、机械等产业链下游的大量小型"家庭作坊"式业体成为资源流的"毛细血管"和末梢。不同的资源流形式面临的福利问题大有不同。因为这些产业群落大部分是自雇者或只雇用少量工人，从业人员要么是当地村民要么是外地民工，并无相应的职业保障体系。在这种"小而散"的非农就业中，延续农民身份的福利保障抑或纳入更具"国民待遇"性质的福利体系成为一个两难的选择。

---

① 比如深圳、广州、佛山、东莞四地的 GDP 大约占到广东省域经济的 7 成左右。

　　这些业体的再分配因素较为泛弱，而亲熟规范、熟识信任、责任和义务意识有着更为深厚的社会基础，不仅构筑了良好的协作基础，也为可能的新型集体福利创设了条件——一些村、镇、乡的财政积累与公共性福利投入，如老年人的生活津贴、当地学校的建设乃至村民的医保补助、农居贴补等，有着可靠的财力基础。[①]

　　经济因素与社会因素的不同欹重既决定了资源流的特点，也形成了相应不同的福利模式。同样，政治因素的导引也不可忽视，尤其社会政策、投资与融资政策的制定，影响区域、城乡资源流动的发展规划等政制行为，深刻制约了经济、社会诸因素的效力。就社会发展而言，这是中国政治的优势和长处。

　　内陆省份既受着"打工经济"带来的人口与资源流的双重影响，近些年来，随着资本的"溢出"效应以及产业的区域性积聚效应的形成，逐渐显现了一些新的发展态势。在一般内地农村，"打工经济"回馈家乡的贡献已经超越务农收入，成为其更重要的生活来源，而资本、产业、技术、观念的扩散与更新几乎是与之同步的。一些当地"能人"的创业，加之发达地域产业的辐射，使得中西部某些地域逐渐形成"区域中心"，汇聚了大量人口，也形成一定规模的产业群。[②]经济的辐射、扩散既改变资源要素的流向，也带来观念的更替。

　　内地与沿海、沿江的社会交换有着双重的性质。一是生产性的资源要素如劳力实现的价值转化为生活性的资源——日常生活的物资、住宅建设、教育支出以及通信、交通设施的完善。二是区域间的资源交换——初级性的资源要素与较高阶次的资源要素实现了流通，如劳力、农产品、矿产、能源与技术含量较高的工业品之间的流通。社会交换既带来商业的繁荣，也促进技术、智识、

①　2016 年 3 月湖州埭溪调研。

②　国务院.《关于建立更加有效的区域协调发展新机制的意见》.中华人民共和国中央人民政府网站，http://www.gov.cn/zhengce/2018−11/29/content_5344537.htm。

人力、信息等资源要素的流转。但是处于较低阶次的中西部地区仍然处于弱势、被动的状态。因为，资源交换的实现在很大程度上取决于较发达地区的人力、材料、能源等市场需求，这与国际经济贸易的原理几乎是相同的。

内陆"非中心"区域的再分配具有一定的"转移支付"性质——有些地方如"老、少、边"地区的养老、医疗乃至基本的公用、社会事业在一定程度上有赖于国家的财政扶持。经济增长呈现出某种"内源性"动力的不足——如资本、资金的缺乏，产业布局的弱势，人才的外流，以及缺乏必要的技术更新。充足的外部资源的汇入更有助于强有力的经济起飞。"资源流"的充盈既得益于"中心"与"次中心"的经济辐射力，资源要素的流转也含有关系性的微观调适与结构性的宏观调整的双重影响。资源流转总是趋向一种平衡——总是由浓聚、饱和向相对薄弱、稀缺的地方渗延。

经由社会交换和理性选择，资源要素的流转形成特定的应得秩序。资金投入之目的固然出于利润，但它会不自觉地带动就业和消费。后者要求教育投入的同时，也带来产业群落的人口集聚效应。这又刺激生活资料的生产、供应、流通，既产生新的资金需求，也产生与人口相关的社会服务——医疗、卫生、饮食、居住等需求。一种适当的资源开发、弥补、平衡的促发与整合力是必需的。

社会发展与经济增长是多种资源要素相互整合的长期过程。我们大致可以这样设想：当一个地区的资源要素开始积聚起来以后，投资的增加逐渐积累，人才汇聚、技术进步开始出现，土地、原料、厂房、设备等物质条件成熟，经济增长就会开始"起飞"。与此同时，居民收入、消费水平也开始大幅增长，公共财政与支出也相应上升，福利等社会事业迅疾发展。在这一系列过程中，市场的主导作用毋庸置疑，但是政府、社会性的资源再分配也会逐渐发挥愈趋重要的引导作用。社会环境、人文氛围、福利基础的改善，既反映了文明的进程和社会风尚的改善，由此人际关系更加和谐，合作、信任等"社会资本"在改善资源配置的同时，也带来更加坚固的社会团结。

发展的地域选择性意味着区域差异并非仅仅取决于资金、市场等显性的经济因素，一些基础性的社会因素也必然浮出海面。比如，更加平衡的资源布局的引导，要求政治性、社会性、文化性因素的共同参与和介入。这种协同性反射了资源要素的同应与融合的本能，也反映了福利过程的复杂和多样。

二、个体与社会

社会分工的差别致使不同职业有着不同的酬得——实现的价值因能力、技术、知识、努力等效能的社会转化率不同而有差异。不同的性质和要求使得职业含有不同应得元素的积累。智识、能力、机运、禀赋、资质等各种效素的综合与集聚形成"社会阶层"不同分布的主要因素，当然也不限于此。

不同的职业群体，或者说，不同的社会群体必定共存于一个共同体之中。由于历史原因形成的"条条""块块"的职业布局，薪资、待遇也有着类似的"板块"结构。与职业或身份相应的福利体系，既有着历史因素，也有某种基于分工的"应得"效应。

这种应得设计是否是正当的、积极的？就某种意义而言，有着一定的合理性——因为它建立在社会交换的基础之上。其预设是，劳动者既往实现的社会价值通过公共积累的沉淀成为以后年老或病弱时的支付依据，类似蒂特马斯所称的"成就模型"。个体创造的价值与公共资源之间实现了循环，当然这种平衡是总体意义的而非个体性的。对于个体之间的不合理差异就有必要进行适当的调整。

工资、福利、待遇与职业贡献、成就之间也可视为一种互惠、互益的资源交换。互惠作为古老的规范很早就为人们所知。当然，西太平洋群岛的"库拉"

行为① 以及莫斯等人类学家描述的初民社会的"礼物"流动与现代社会的市场交换的互惠性有着质的不同——前者是交往延续性的一种形式，而后者含有实质性的利益标向。市场中的经济行为也深深赋有这种特质，比如在法人之间或法人与其员工之间的经济或社会关系的实现。就后者而言，经济法人与员工之间就劳动达成的权益与酬得的合约有着衡等基础，既可能源于某种期待，也可能是实际的社会效果。

但是互惠不应纯粹基于利益，还应体现着权利与合作，既能增进生产协作，也能产生社会团结。在欧文"新拉纳克"的实验中，劳动者组成协作小组或者与资本联合管理经营，有利于增进生产、经营的绩效。② 恩格斯曾经将其视为新的生产方式的实验。在 20 世纪中期，帕特南（Robert D. Putnam）对意大利长达数十年的研究发现，信任、互惠等社会资本可以提高制度绩效而促进经济增长。③

社会交换如果只是存在于个体与就业法人之间，尚且不能称得上公共性的资源流动。只有国家、社会的充分参与，资源交换才可能从私域过渡到公域。互联网网店、城市的小摊小贩等自雇业体以及为数众多的灵活就业形式吸纳了数以千万计的从业者，但是相当数量的人员游离于正式的福利体系之外。目前适合这些群体的保障形式大致有城市的个体工商户模式——"城保"或农村的"新农保"。前者因为没有单位分担缴费额而自身承担的费用比例较高④，而后者的保障力度偏低。这与有单位的从业者有着显然的区别——后者除了养老、

① 马林诺夫斯基 . 西太平洋上的航海者（第一卷）. 张云江译 . 北京：九州出版社，2007.
② 欧文选集（第一卷）. 柯象峰等译 . 北京：商务印书馆，1979：276-279；欧文选集（第二卷）. 柯象峰等译 . 北京：商务印书馆，1981：80-106.
③ 帕特南 . 使民主运转起来 . 王列、赖海榕译 . 南昌：江西人民出版社，2001.
④ 如 2018 年在杭州最低为每月 1200 元左右。2020 年杭州市有公司挂靠的个体从业者基本养老与医疗保险合并缴费的最低额度已降至 1000 元以下。

医疗等基本保障，有些还参与了失业、工伤、生育、住房等保障体系。

　　相对于单位受雇者，自雇者所适用的福利体系有待于更积极的优化。对于他们而言，存在两个困境：一即保障面相对狭窄，二即自身承担的费用比例较大。权利与义务关系有着显然的缺陷——因为他们承担了雇佣者和劳动者的双重义务。基于积极平等的原则，应该施行更合理的设计，国家或社会有责任为其分担一定的份额。小微业体是资源流的末梢，是经济循环的"毛细血管"，它们的通畅关系社会整体运行的活力。

　　无论是积聚性的劳动用工，还是分散的零工、散工，他们共同面临的问题是，劳动创造的价值能否以恰当的形式进入公共资源积累，以形成共享国民福利待遇的基础。在有着正式法人资格的雇佣单位上班的"民工"纳入国民福利体系有着良好的制度基础，大量的自雇者、小微业体等"民工""自雇者"的社会保障更加取决于一种合法的福利身份的获得。体系的革新既要体现非歧视性的身份资格，又要实行更加贴合实际的社会政策。

三、不平衡的实质

　　福利不平衡的实质即资源流不平衡。或者说，福利要素并未在社会大生产中充分融入资源流的生发、蓄积、分流、融汇的过程，找到合适、切当的节奏与方式。这些不平衡尤其表现在三个方面——动力机制、资源要素的流转以及宏观资源流的汇流与分流过程。

　　在不同地域、不同形式的资源流中，有些动力机制偏强，有些偏弱。有些受市场驱动的影响明显，有些受再分配的牵制明显，而有些则饱含着人情、世故、亲情、地缘等关系模式中的道德、信任、习俗等观念因素的潜移默化的影响。不同的资源流有着不同的动力选择性，经济性、社会性、政治性机制均有可能产生不同的资源动因。[①]

资源要素的构成是复杂的，既有人力、智识、技能、文化等社会性要素，也有资金、技术、能源、矿产资源等经济性要素，还有环境、土地、气候、水资源等自然要素等。[②]诸种要素共同参与资源流的形成过程之中。有些要素的流转受限于宏观的社会规划，有些则受制于市场的经济动力，有些要素的流动则深深渗有个体性的情感、道德等价值、伦理规范的影响。这些要素的积淀、蓄积、流转融汇成诸多层次、不同质色的资源流形式。

无论宏观还是微观的资源流，都不是单一的要素流转过程，而是复杂的复合性的社会循环。经济、政治、社会、自然环境诸种资源要素的汇合，构成宏观资源流的整合过程，虽然也可能存在某种脱节、断流、截流现象。这也并不意味着，作为整体资源流的分支就不能是一个相对系统化的循环。它们都有着自身的运行逻辑和机制，不同的支流构成整体性的资源流。后者总是由不同性质、种类的资源要素构成，它也会以适当的方式向不同的领域和方向弥散和分流。

因此可以说，资源流的不平衡既可能源于动力机制的先天性缺失与偏欹，也可能由于要素流转的不等值、不畅通，还可能是资源的汇流与分流过程的失调而缺乏必要的"共济"功能。

---

① 有些区域性差别在根源上深植于决定社会分配的不同经济效力的积聚。在一些地方（尤其经济发达地区的近郊农村），土地的增值因素成为集体积累的主要来源。这大致相类于个人的禀赋或其他社会遗承的先天性，而不同于劳动、努力、市场能力等后天因素。不同的经济增长赋予福利发展不同的资源禀赋条件。一些经济较发达的乡镇、社队为农村居民提供了不菲的补充养老、医疗贴补、民居安置等福利待遇，与大部分内陆农村形成强烈对比。内陆农村如何加以借鉴？国家再分配有着显然的弥补和调节，而更为积极的平衡恐怕在于经济、社会更为全面、协调、均衡的发展。

② 刘易斯认为影响经济增长的因素大致有节约、对商品的欲望、经济制度、知识、资本、人口与资源以及政府行为等几个方面。W. Arthur Lewis. The Theory of Economic Growth. Geoge Allen and Unwin Ltd.,1955.

　　这既有经济基础的结构性影响，如经济增长、发展方式、产业结构等基础性条件为福利实现赋予的物质的现实可能；也有某些规范性的制约因素，如亲缘、地缘、业缘共同体的关系模式构成的惯例、习俗、规约等习惯性交往规则的潜在约制。这些因素的涉入使得资源流的"受力"是多方位、多角度的，而福利恰好构成其中诸多因素、力量交织的一个浓聚。

　　一方面，福利资源具有物质性特点；另一方面，分配本质上是社会关系的调适与平衡。不同经济成分、资源要素的互补、流转，产业结构的合理化等因素不仅使得经济增长成为可能，而后者又夯实了福利实现的基础和条件。现代社会的需要内涵日益丰富，由基本的生存保障逐渐衍及更高质量的生命价值、人的本质的实现以及更充分的发展，要求的经济支撑也日渐多样化。

　　如果说区域之间的福利平衡有待于在初始意义的资源"平等"与"资源流"的动态平衡之间实现一种价值选择性，那么城乡福利平衡既有待于这种资源流的实现，也有赖于多种价值的融合及其更为充分的显透，而福利的职业或者身份差异更多指涉着不同应得要素之间的合理与制衡——一种综合的社会评价体系。

第三节　资源与价值

资源流的缺陷是造成福利不平衡的显性的表达形式，固然不失为解读福利得失的根本因素，但是，其背后更为隐性的原因是什么？

不平衡的层次性既显示了更为切当的资源流转之重塑的必要，也显示了一种更为合理的价值重整的必要。譬如，何以衡量农村福利的恰当地位？如何划定区域再分配的适当范围？如何在个体的需要与社会应得之间找到一种契合？进而，就资源流而言，社会平等意味着什么？这些问题都必然涉及我们之前讨论的正义诸原则与要素。

一、农村福利弱势

（一）并不足备的条件

在不同时代、不同国家和地区，在不同的社会、政治、文化环境中，城乡不平衡有着不同的演变历程。在中世纪，西方诸国的城乡差距并不明显，但在工业革命以后急剧放大，随后又经过大约100年的时间，几个发达国家如英、法、德、美等国，除了产业形态的差异，在公民素质、社会服务、社会保障、居民收入、生活品质等诸多方面城乡差别大为缩减。这些社会变迁的原因值得深思。

农村福利弱势首先表现为物质、制度、意识形态等条件不充分。作为基础性价值，需要反映了人本主义的秩序要求，其满足建立在必备的社会、经济、政治、文化基础之上——物质生产、人口繁衍和社会化、文化传播和延递、政治体制的保证，一定的道义基础——权利与义务的互惠平衡以及基于美德的责任。[①]

更高的生存质量——人际关系的和谐，基本生活无忧，丰实的文化、艺术活动，这些目标已由基本的生存过渡到人的全面发展。但是，它们的现实基础还有不够扎实的地方。诸如，对老幼人口的关怀不足，基础养老金偏低，影响了人们的生存状态。教育、医疗网点稀薄，师资、医护资源薄弱，也对人们的生活、健康、社会化等活动产生了制约。此外，产业结构的简单、青壮年人口的外迁、家庭结构的疏离化、城乡"户口"差异带来的福利区隔，这些都是结构性的弱势所在。福利观念的落后、权利与义务不清晰等，都是导致农村福利弱势的意识形态因素。

经济较发达地区的城市近郊农村的福利发展在很大程度上得益于厚实的经济后盾。[②]在经济资源与福利资源之间有着分流与汇流的协同性，前者的厚实支撑起后者的积累。在大部分内陆农村，农业未能实现产业化，务农回报不足，资源流的弱势制约了农村福利的基础。

在传统农耕社会向现代产业社会的转型过程中，宗亲结构的弱化、青壮年人口的疏离等因素导致亲缘保障的基础弱化，社会化福利观念有待于在新农村建设的实践中逐步确立。与权利的正当性相对应的是义务的适当和应然。福利平衡的基础既取决于更为契合的体系整合，也要求资源要素在城乡之间更为合理的流动。农村居民更为积极、广泛的参与成为其后享有福利待遇的前提。宏

[①]　多亚尔、高夫．人的需要理论．汪淳波、张宝莹译．北京：商务印书馆，2008：104.

[②]　譬如杭州近郊、湖州埭溪等地的农村福利。

观的区域性、地域性差别与体制性的户口、职业、社会阶层等因素的影响是双重的。

非农收入向农村的汇流不同程度改善了农民生活，无论在内地还是沿海、沿江均是如此。东南沿海的非农产业不仅改变了农民的身份性质，也改变了其收入结构。内地的"打工经济"虽然殷实了农村生活，但是季节性的人口迁移以及"候鸟"人群会形成家庭、亲情等社会问题或产生某种不稳定感，尤其老幼人口的关怀、小孩的教育、老人的照护等问题。因地制宜发展适合自身特色的农村产业——无论农业还是非农，都可以有效改善这些问题。

（二）"相对贫困"的结构性原因

工业革命以来，农村地区的资源流就不是一个封闭的体系。它的原材料、农产品不仅是基本的生活资料，而且是初级的工业原料，农村社会自身的运转也得益于外部工业产品的输入。再之，现代农村的产业转型也取决于工商、管理等资源的注入。但是在现代化产业融合中，农村的弱势地位一直未能摆脱，这必然制约着福利的进程与社会的全面进步。

"相对贫困"源于马克思提出的概念。原意是无产者与资产者的贫富差距因资本主义生产方式的剥夺性而不断扩大。[①] 今天看待农村福利，似乎也有某种"相对贫困"的倾向——在社会总体收入稳步提升的前提下，农村福利始终处于弱势。而发达地区与欠发达地区的发展差距仍然明显。农村福利的需要不彰隐含着某些结构性因素的调整要求。

如何解决这些贫弱问题？直觉上，家庭责无旁贷——在情感慰藉、关爱、深层次的人际沟通与靠望等生活上的支持不可或缺。而原先的集体资源有着区

---

① "相对贫困"与"相对剥夺"的概念有着密切的关联，都指称着由于缺乏应有的资源而无法满足正常的社会生活。韦伯斯特.发展社会学.北京：华夏出版社，1987：5.

域性差异。此外，较发达地域有着深厚的非农产业基础，如中小型加工业、商贸，有些乡镇还有上市公司。较为丰裕的财力是集体福利丰实的积累来源。[①]

内陆农村不一定要重走工业化或半工业化的老路，而且，因为不同的经济社会基础，也不一定走得通。农业的产业化、产业的多元化似乎是必然的选择。比如网络、新技术的应用就起着"奇兵"的作用。不同地域有不同的资源优势，关键在于扬长避短，探寻适合自身的发展道路。除了因地制宜的资源流的整合，国家、社会的多层次介入也是关键的外在因素。

比如，观念、习俗、乡规民约等社会规范随社会的变迁而有一定程度的模糊和弱化。有时是这些社会联结中本身就缺乏相应的农业资源形态，譬如集体积累的缺失；有时是蕴涵其间的交往惯例的认同因人口迁移、生产方式、宗亲结构的变化而弥失其效力，譬如关系疏离化、乡土联结的弱化，或是价值、观念的改变而导致亲缘、地缘共同体的交往规范的弥散。这些因素影响到福利资源的有效筹措与蓄积。

体系的设置尚且存在某种制度性缺陷，尤其表现为各种区隔和制度碍滞，比如户口、身份以及保障归属地域的分异等。身份性碍滞与福利待遇高度相关，农村福利缺乏获得应有的资源支持的合适渠道也使得个体需要得不到合理表达。

农村社会关系出现某些新的不协调、不和谐因素。如利益冲突、阶层分化等因素形成的群体性利益悖离。由于务工、务商人员逐渐增多，以及或多或少的非农产业的发展，农村社会逐渐呈现出某种结构性变化。原来相对均衡、紧密的整合形态多多少少被打破，人员的社会异质性逐渐增强。利益诉求也逐渐多元化。集体性利益与个体利益的悖离不同程度地存在着，如集体土地经营权

---

① 湖州调研（2016）。

属的转让、征用、规划等，存在着矛盾与冲突的可能。而外在的市场或政治性因素的介入也使得以资源表达的利益分化愈加明显。

观念、习俗、惯例等亚文化因素与现代社会结构之间的张力既制约了资源的汇聚与充实，也形成了较之传统形式更加多元的团结诉求。制度性因素的缺陷要求体制的革新，为更有力的资源再分配铺平道路。某些关系性的不协和因素要求更加多元的价值相融、更加多维的社会整合来完善。

由于生产力发展的阶段性限制，也由于经济社会发展的不均衡，福利的实现不仅有赖于经济性、社会性、政治性的整体资源流的优化，也要求处于相对割裂状态的区域性、地域性资源流的融合。此外，户口、职业、阶层等身份因素造成的资源区隔也要求某种体系设置的相互通透。社会进步的逐步积累，既亟待生产力的提升充实福利的资源基础，也要求相关的制度改革与社会结构新的融合以形成更为调适的分配关系。

（三）社会应得

制约农村福利发展的因素是多方位的，既有历史性，也有现实性；既有硬性的结构性缺陷，也有观念意识层面的不协和。其中一个根本性因素，一个更深层的缘由乃是社会交换的应得效素彰显不均衡。

工农业交换的不等值导致劳力、土地等资源要素的价值被低估，首先体现在所谓"剪刀差"的残留上。它既有原先计划体制的残存影响，也有市场交换中农业弱势地位的引制，同时也受着国际市场中某些产品的集约化经营带来的价值低廉，或者一些产品本身的基础价格过低带来的双重冲击。

资源结构本身存在较大缺陷。由于非农就业的转移，家庭承包经营的小生产方式日益衰弱，而集约化经营存在诸多障碍。例如，有时难以就集体土地经营权的转让达成一致意见，有时缺乏合适的"能人"来组织，有时缺乏合适的资源流转渠道。江浙一带较为普遍的经济性作物、渔业、养殖等产业形态在内陆农村因地理环境、农作方式、观念以及技术、市场等客观因素的制约而面临诸多困难。资源流的良性循环与积聚受到制约，某些资源开发过度与不足双重显现。比如耕地的过度利用有可能导致土地肥力的减弱或者盐碱化，同时，一些地方又出现严重的土地撂荒现象。农田水利也存在这一情形。

现代社会保障理念的普及化呈现区域性差异。传统伦理规范有着双重性，一方面坚固了亲缘性的团结，另一方面与现代的保障理念存在一定的距离。观念的更替应该契合时代的节奏。在一些中西部地区，农村"新农保"缴费率很低，[①] 同时由于青壮年人口的疏离以及家庭人口结构的变化等原因，亲缘性保障弱化，而公共保障的缺位又未能及时弥补余留的空白。

农村福利弱势透显出的多层次的价值缺陷反映着深刻的社会性、经济性隐忧。分配秩序的优化受到经济社会发展程度的强烈牵制，夯实福利立足其上的社会经济基础以形成更加充盈的资源流已是势所必然。

二、资源与社会交换

（一）宏观资源流

宏观的整体性的资源流的分布及其要素在社会大生产中的汇聚、流转深刻影响了社会分配的效果，也深刻影响了社会发展的形态。

福利过程融合在"资源流"的整体趋势之中，在市场机制的作用下，必然受到种种经济因素的牵制，同时又深深受着多元的政治、文化、社会等因素的渗入。譬如，有些基础性资源如人力、原材料、初级产品在产业链中处于低端，它们汇入"资源流"时没有获得恰如其分的价值补偿，社会积累缺乏足够的储

---

① 这是基于 2016 年永新农村调查的情形。近些年来（2019 年、2020 年），内地有些省份如河南等地，在外务工、务商人员在家乡参加"新农保"或"城保"的人数激增，说明一些年轻农民日益接受新的社会保障观念。

备。再分配可以从地域性资源循环之外汇入资金、技术、人才等要素，或是引导这些要素流入的动因。这是基于社会均衡发展的平衡性，因此也可视为"补偿"性应得。当然它不仅仅有着补偿性，还具备更高的社会发展意义。

因为一种均衡的发展状态不仅符合稳定的社会秩序的需要，也与社会共同体的成员所必享的文明成果的权利相吻合。发展总是趋向一种平衡性。欠发达地区总是逐渐向文明社会的较充裕的物质、精神状态趋近——足以维持人格、尊严、得体的生活条件是其重要的标志。现代社会的主导性的价值要素首先是身份性歧视的消除——对族群、少数族裔、弱势者的政治、社会权利和地位的认可，一种共性的国民身份的实现。

但是，如果再分配仅限于贫弱地区的民生补偿，将无法实现区域之间更高水平的资源良性循环。发展的平衡还将注重社会应得的公平体现。区域社会的品质提升——不仅是经济形态与结构的完善，也包括人口素质、教育、就业等资源的充实和完善——这是理想社会必备的构成基础。

可以设想，一个地方如果经济活跃、地方财力充足，就有更多资源投入民生改善、提升福利水平。这既是交互性也是"效益性"的应得——从宏观层面看，社会分配欹重经济绩效而市场作用明显。[①] 但是就产出回报来看，农业投入获得的回报显然不如工业、商业，况且有些地区农业资源本来就很薄弱。社会发展需要诸多资源要素的协同。

自然资源是基础性的。但是它需要与经济、社会、政治资源的共同整合，尤其资金、技术、知识、管理等因素的介入，才可能促发一种良性循环的资源流。譬如，中、西部地区的金属矿产、能源、石油开采等较良好的产业基础，

---

① 派克、罗德里格斯－珀斯、托梅尼.地方和区域发展.王学峰等译.上海：格致出版社、上海人民出版社，2011.

如果不同与之相关的精加工、制造业、重工业等布局相整合，就难以避免处于产业链下游而附加值不高的弱点。自然资源的优势如要充分整合成相应的资源流的优势，既需要资金、技术、人才等因素的介入，也需要宏观的产业布局的调整。如此方可形成经济增长的持续动力，也将夯实社会发展的进度。

社会分配的评价体系也亟待多元化，以容纳更多效素如知识、技能以及努力、禀赋等。

比如，近代工业因素的渗入并没有促使农村获得社会改善的原发性动力。资源向城市的集聚反倒使农村地区愈趋成为从属性的而形成某种不对称的要素流动。"剪刀差"、户口区隔等因素在某种程度上加深了这一裂隙。改革之初的市场机制并不完善，社会分配过于倾向于资本性要素。能力、禀赋、绩效等要素的社会所得时有失衡，务农收入、农业投入的回报不足，资源要素流动不等值，诸种因素导致应得彰显不充分在市场效应中不断放大。政治因素的影响是巨大的。它的合理引导将改变资源的流向，促成更有效率的市场秩序。建立更为调适的市场与再分配关系也是资源要素更加高效、有序流转的必要条件。

（二）个人认同与社会认同

环境的系统性支持是个人的先天禀赋或后天努力、才能发挥作用的外部条件。由于现代社会的高度通约，个体的努力、禀赋等异质性必然"镶嵌"于一定社会情境之中，个人行为无法"脱嵌"社会机制的规约与支持。所以福利之实现必然是一个复合的社会性过程。

中观与微观的应得评价涉及强烈的社会认同因素，关系个体的能力、资格、禀赋、荣誉等资质因素能否获得承认，是否存在一种合理、公正的机制对相关效素进行有效的评价。

不同体系的并存有着历史情境的惯性。经济转型后，多种业态的进发以及行政、事业机构的改革要求社会分配必须统合不同的资源要素。新的时代因素以及与之相应的资源配置的市场化方式也要求做出某些适度的调整，比如，在顾及人口、职业、经济成分、劳动异质性等情形下，体系的尽可能的简化、整合。[①]劳动的应得性仍然是分配的价值基础，但需就各种资源效素做出系统平衡。

当然，就某种意义而言，产权和劳动贡献的应得依据是并置的。行业之间的分配中既有贡献因素，也含有市场机遇以及供求平衡的调节。农民工的社会保障以及劳动酬得受制于一种共性的公民身份（citizenship）没有获得适足的认同。在"农保"与"城保"之间或许有着一种选择性，但是后者的资格要求未必是他们能够轻易达到的。更加积极的、更富有正义性的福利政策、社会政策的实施，"同工同酬""同需同福"原则的调整和完善，资源交换与社会应得的适当性的确立，将在市场的互惠性之外建立一种更合理的平衡性。

在个体不同的生命阶段，有着受得、积蓄、存留、再受得的微观的资源循环过程，而以养老、救济、生活补助、津贴等生活资源的获得为典型。享有公共福利的前提是参与公共积储——比如幼年时来自家庭和社会的帮扶，成年以后参与公共储备以防年老、病弱或出现其他失能情况。这是微观的个体性的资源循环，这一过程与公共政策的实施是分不开的。

譬如，社会赋有对劳动能力缺失者、病弱者的救济与救助职责，这一原则早在密尔的 19 世纪中叶即已受到重视，虽然那时的慈善立法还只是作为一个"道德"社会较为勉强的必要的良知与同情，而尚未意识到社会认同之必需。在沃尔泽、米勒等现代政治哲学思想中，后者逐渐趋重而不局限于个体的道德自觉。共享的公民身份作为一种权利标识逐渐成为共识，尤其受益于 T.H. 马歇尔为之赋予的更确切的含义。

福利的实现并不意味着个体能够独自完成这些循环，而是必须与国家、社

---

① 景天魁等.普遍整合的福利体系.北京：中国社会科学出版社，2014.

会、个人的协同和努力紧紧交织在一起，尤其国家的再平衡角色不可替代。公共行为意味着个体与其他个体之间实现了一种资源的衍合——除了社会应得因素，更延至逐渐成为现代社会主流价值的平等意义。

身份平等问题还存在于所谓"白领"与"蓝领"等职业之间。在社会分层研究中，存在这样一个事实，即职业相对稳定的所谓"白领"阶层的受教育水平、言谈举止、社交范围、人际关系、社会认同等特征较之流动性强的"蓝领"阶层要略胜一筹。其实，单就经济收入而言，"蓝领"的经济收入不一定就低，尤其某些行业如家庭装修从业人员、有店面的个体经营者等人员的收入要略高于或者至少不低于普通的工薪族。[1] 在个人的劳动所得与合法的社会积累之间存在资源流动与补偿障碍，一个显见的因素即缺乏适当的保障身份。因为他们既不是纯粹意义的农民，也不是具有城市户籍的市民。

一来他们的流动性强，二来缺乏在所在城市（尤其大城市）的合适的市民身份，由此导致的社会识别较为模糊。这不仅仅是"鸡先于蛋"或"蛋先于鸡"的问题，心理落差也是显然的——一些不当行为与自我认同、社会认同的缺失有关。社会不平等不仅仅是经济地位的不平等，还表现为某种心理距离或社会距离。为弥合这些距离，宏观或中观资源流的再分配调节，社会关系的调谐与更积极的社会融入，如公共领域的文化、艺术活动的参与有着同等的意义，在某些方面后者或许更为重要。

在个体与个体之间，在个体的生命周期之间，难免会遇到因时空环境的不同而呈现的异质性。这既体现着资源要素的不同的交换效率，也透现出历史与现实的过渡中的一种价值张力。比如，劳动、技能与市场机遇，付出与回报，公平与效率，乃至个体所得与社会平等之间，都可能发生某种冲突与失衡现象。

---

[1] 在杭务工人员访谈（2018）。

因此，社会应得的平衡性既要求市场机制的完善，也要求再分配与社会关系的更加深刻的整合与协同。

三、平等诸维度的张力

资源流的平衡除了要求外在情境的协调与有序，也要求一种内在的价值维度的协和。正义的彰显既有着自身的价值逻辑，有着历史情境的延应，也深深涉有社会发展的结构性诉求。在经济、社会、政治、文化诸种机制更为协调的平衡中，发展才有可能获得历史、结构的双重意义的更完善的资源基础。这既有待于宏观"资源流"的各种要素的更充分的汇聚与融合，也必需微观社会关系的沟通与调适，要求一种更加协调的价值关系的设立。

存在两种不同的平等视野——个体之间大致相当的平等资源的获得，或是宏观的区域或城乡之间资源流的平衡。这两种层次体现了平等维度的不同张力。

福利资源的平衡注重一种"结果平等"，而以社会应得的平衡为基础。结果平等、实质平等、资源平等、积极平等，看似取向不同，但其中涵有不同的资源因素，或微观要素的流动，或结构性的社会交换，都以实现一种平衡的分配效果为宗旨。不过，在特定情境中它们有着一定的特指含义。

就竞争性环境而言，机会平等与结果平等的价值冲突是时时存在的。市场在赋予"成员"同等地位的同时，由于资源分布的不均匀，不同主体之于市场机制有着选择性回应。一些市场主体有着良好机缘和适应力而容易获得竞争优势，有些地区、主体因缺乏资源或必要的组合效力而难免处于经济增长的边缘。这种情形既存在于区域资源的分配之中，也存在于城乡资源要素的流动之中。

机会平等有时会对结果平等产生障滞。罗尔斯正义观兼有平等、自由两种指向，但本质上即一种结果平等。他首先要求权利、机会实现着基本的平等，如若不然则要求社会资源向"弱势者"倾斜，最终仍然旨在缩小社会差距。[①]
如何为"弱势者"提高其市场适应性与竞争力？除了市场机制本身的完善，一种更加合理的资源流的形成至关重要，这取决于经济、社会、政治因素与政策的协同。微观个体的平等诉求，含有身份平等与实质平等的张力，关键在于国民待遇之"同一"，以及消除户口、职业等身份差异导致的资源不对称。体系区隔造成的阶层、职业、群体的福利类属不同，这一繁杂情形应该逐步简化。

由于分工不同可能创造不同的社会价值，一定的职业所得及其相应的工作福利的某种程度的差别是允许的。但是，一些基于共性身份的职业福利，如年金、补充养老、补充医疗等以及公共的社会保障待遇，应尽可能维系基本的平等。这样既有利于发挥劳动者的积极性，又能彰显社会资源的共享功能。身份性的平等以及实质性的公共性调节，既彰显了职业、劳动、能力、禀赋等异质性的必有的应得效能，又可以矫正过大级差。

资源因素因个体社会经济特征的异质性而异——既涵有初始意义的资源平等意义——生存、生活等基本资源的"底线"平等；此外，还在于依据个体不同的特性和禀赋，为积极意义的自我实现的升华提供条件，或许后者更接近于德沃金的资源平等的原义。消极平等是福利完善的初步目标，在具备成熟条件以后，更为积极的平等——以有利于每个人"全面而自由的实现"是更高层次的目标。

平等既有以往的理念承继，也涵有深刻的现实应力。户口、职业、阶层等身份因素导致的资源差异应当通过公民身份的平等逐步改善。现代社会的"公民身份"（citizenship）有着特定的涵义，指谓公民有着共享文明成果的平等的社会、经济、政治权利。福利作为这些权利的显性表达，既立足于一定的政

---

① 罗尔斯.正义论（修订版）.何怀宏等译.北京：中国社会科学出版社，2009：47.

治基础，又深受着人际交往、社会规约的相互认同的牵引。

身份平等有助于实现一种社会识别的平等，以此公民获得更强的社会认同感。社会经济特征的差别倘或仍然存在，但其歧视性因素在很大程度上已被抵消。① 由于不同地域、群体的社会异质性，福利的实质平衡也迫在眉睫。从资源流的视角看，平等维度广泛存在的张力要求同样广泛的资源准备来应对。

其一，应赋予个体大致相当的基础性资源。这是一种起点的平等，而不仅仅是一种机会平等。因为，它已超出对于个体在社会过程的起点的先在性，而给予每个人大致相当的条件和资源。在此意义上，它是更为积极的平等。

其二，基于不同禀性和天赋，培育适合不同个性的社会实践能力和资源。随着现代性元素的广泛渗入，社会价值愈加多元化，个体的异质性也愈加明显，每个人的实践能力也有差异。资源的配置宜趋向给予较弱者的实践能力以恰当的弥补，为个体的自我实现提供支持。

其三，注重智识、信息、禀赋、能力等要素的社会回馈，努力实现资源的"复合平等"。随着时代变迁，社会分配的格局正在发生深刻的变化。知识性、技术性要素愈益融入社会价值的重塑，也成为综合的资源平衡不可或缺的引擎。决定社会所得的因素涵涉甚广，如能力、禀赋、机遇、荣誉、功绩、贡献、信息等，个体异质所致的资源差异要求更加多维的平等视野。

其四，给予"弱势者"一定的政策优待。给予一体化福利待遇的同时，也应给予"弱者"恰当的政策倾斜。在区域、城乡的协同发展上给予欠发达地区、农村地区适度的政策倾斜，以积极的"转移支付""农业贴补"等举措提高这些地区的资源再生与循环能力。社会规划、资源布局应进一步向农村地区、欠发达地区倾斜，以形成资源由充盈到稀缺的合理流动。就微观个体而言，既要

---

① T.H.Marshall. Citizenship and Social Class and Other Essays. Cambridge： The University Press,1950.

发扬个性以促进其创造社会价值，又要发挥社会机构的灵活机动性，针对不同人群、不同个体设计贴合的社会支持，发挥社会工作的"草根"优势，以发掘贫弱者的潜力。

其五，就人的本质的实现而言，发展平等是至关重要的。阿马蒂亚·森的"可行能力"平等的本质即发展平等。人的全面而自由的实现是最高层次的需要实现的平等，因其已经超出人的基本的生存而上升到人的本质实现。马克思指出，唯有社会生产力获得充分解放之后、社会财富充分涌流之后，人的"类"本质才能完全实现。在这个意义上，发展平等是人性的更高层次的实现，是基于每个人的天赋、能力、机遇等或先天或后天不平衡因素的调节。

多维的平等张力既有宏观的资源流因素，也涉及个体的社会经济特征的异质性。当前已经取得的较为发达的社会生产力，使得对于大多数人来说温饱已不成问题，人的全面发展以及更充分的实现已成为社会政策的应然目标。个体的发展资源包括知识、技能以及社会化必需的道德、风尚、艺术、文化等。教育平等是首要的——在九年制义务教育的基础上，让更多人上得起大学，发展更为普及的继续教育、终生教育体系，是人的全面发展的重要条件。为所有人提供更多的实践机会，消除各类职业、就业、行业的进入门槛，消除年龄、性别、身份等歧视，也是人的全面发展的更充分的社会、制度基础。

第四章　结构与关系

正义的实践既有赖于再分配、承认与权利的协同，也要求资源流由不平衡走向平衡。这是同一个问题的两面——前者是正义的价值意义及其实现过程，后者是这种意义的负载及其社会实质的展现。作为复合的社会过程，福利之实现必将涉及社会结构的调整与完善，也必然涉及社会关系的调适与平衡。同样，资源流的平衡也需要诸种社会机制的共同参与。

问题在于如何将价值的彰显更紧密地"契入"资源流的更合理、平衡的流动之中。这取决于两个前提：第一，福利资源的流动与补偿并非孤立的过程，它总是在与其他资源的融汇与交流中实现；第二，资源流深深嵌入经济、社会、政治体系之中，只有找到资源流转与这些机制的洽接点，才有可能发掘福利价值完整、确切的实现方式。

第一节　双重的资源配置

一、资源与再分配

现代意义的再分配主要是指由政府或其他异于市场的力量（如慈善、公益组织等）对社会的初次分配进行干预，以达到资源的重置和重组。它既可能发生在社会成员之间，也可能发生在城乡、区域等地域之间。在此意义上，福利的制度、法等正式的规约性设置就是再分配的结构性表现形式。

以往的研究较注重再分配作为财政手段对个人收入的调节，福利再分配已远远超出这种义涵。在我国现行社会主义体制下，再分配应有更广阔的涵义——它应该包括政府和社会力量对区域、城乡之间的资源的宏观不平衡进行干预。

（一）教育与健康资源

农村教育资源的优化涉及教舍、师资、设备等基础条件，公共预算的主导性是显而易见的。加之，一些志愿者组织、民间慈善机构对于贫弱山区、村庄的支教和援助活动不仅给予这些地区直接的帮助，也使更多的人认识到这种差距而进行力所能及的资助。这属于两类不同的性质——前者较为依靠公共预算的财力支持，后者要求更广泛的社会责任的培育。前者是正式的，涉及宏观的资源平衡；后者是非正式的，注重零星、分散的社会资源的汇聚。

教育经费属于社会事业开支而被纳入政府财政预算，一般是省级统筹，由国家视情况对老少贫弱地区进行转移支付，或者在地区之间进行必要的调剂。

师资、教舍与经费的不平衡既体现在发达与欠发达地区之间，也体现在城乡之间，其中既有体制性因素，也有人口密度的分布因素，更有不同地域的公共服务的成熟程度、财政实力的差异等因素形成的对师资、生源的不同吸纳力。

健康资源也有着类似的分布敬重。不仅农村医疗资源匮乏，即便中小城市的医疗服务也无法与大城市相比，差距主要体现为医疗设备、医务人员素质参差不齐。[1] 其中既有市场原因，也有制度因素。[2] 健康资源大致可以分为两类：①积极的前置性的健身设施与服务更加依赖市场导向，城市有着显然的优势，再分配的平衡功能较为泛弱。②消极的后置性的医疗保障，大部分费用由公共卫生体系以及社会汇缴系统来承担。[3]

城乡、区域性的资源平衡依赖于总体性的社会建设和规划的调节，尤其医护资源的平衡布局，必须兼顾人口的积聚效应，技术、设备、人力的获致性等诸多因素。健康资源的共享要求在区域、城乡之间建立有效的一体化的结算体系以及合理的资源流动协调机制。同时，基层医护网点的日常照护功能的开发、市场的交互性应得，也反映了健康需要与公共服务体系的必要衍合。

早在密尔时代，公共教育体系与卫生服务体系的发展与普及已逐渐体现在政府的公共职能之中。但是这些事项与公益、慈善及宗教事务之间的界限并不清晰。作为政府的公共职责，随着代议制民主的发展逐步被列入政策议程，而

---

[1]　李晓燕.经济发达地区城乡卫生资源配置均等化研究.社会保障研究 2014（1）.北京：中国劳动社会保障出版社，2014：135.

[2]　"医改"以后，不同级别的医疗机构出现不同程度的分化。有些设备好、技术强的医护机构发展愈快、吸引的人才愈多，同时，基层机构尤其乡镇卫生院、村卫生室的设施简单、人员匮乏。医疗资源的共享是一个紧迫的现实问题。在有条件、有适度人口规模的县城、乡镇充实医疗资金、设备、技术、人才的同时，在省域内或区域内完善就诊一体化建设，简化费用结算手续，消除不必要的障碍。

[3]　当前国家和社会汇缴系统承付的医疗费用大概占到卫生总支出的 7 成以上.中华人民共和国年鉴（2018）.北京：中国年鉴社，2018：1004.

作为这些事项的合法性所在，马歇尔等权利论者也尝试为其划出历史的演变进程。这些权利在二战以后获得突破性进展，但是由于其后"石油危机"的爆发，这些事项又有向社会回流之意，社会团体与非营利机构主动承担了政府让渡的部分职责。

教育与卫生体制的发展一直属于重要的民生事务，是人民主权之表征。由于一些大型的、正规的非营利机构（NPO）一直受到官方或半官方的支持，政府机构有着浓厚的福利主导性，这也是社会主义体制优越性的体现。此外，社会公众广泛而积极的参与以及由此导致的公共意识的日渐发显，尤其近些年网络公益平台的蓬勃发展，在实质上充实了一些政制行为难以企及的"薄弱地带"，而有利于更加朝气蓬勃和更加富有同情、良知的社会风气的形成。

教育与健康资源的生成和调度不仅体现着社会承认的意蕴，它们经由公共预算在省际和地区、城乡之间的流动与平衡，在根本上属于再分配问题。二者都是基本需要，不过健康作为生存需要的基础性更为明显。资源布局既需考虑人口的分布与密度，还需考虑基本的社会平等。因为"效率"并非资源分布与流动的唯一依据，每一个体的全面发展才是社会发展的应然目标。为此，必须在社会平等与现实基础之间找到一种可能的契合性。

社会变迁仍然制约着福利的进程，"二元结构"是其中一个重要因素。农村社会服务和福利设施的薄弱，既有人口分布的密度因素，也有体制性的再分配因由。适度的人口集中与适度的资源集中是相辅相成的，但是前者需要一定的经济、社会发展作为前提。稳定的就业渠道的拓展，务农与非农产业的有机结合，尤其"电商"等现代混合型产业的形成，既会改变农村面貌，也能提高农民的生活质量。

国家的转移支付政策需要因地制宜地开拓更加多元的途径。资源向经济处于中下游的内陆农村或是西部更贫弱的山区倾斜，鼓励社会力量如慈善组织、社会团体参与贫弱地区的福利改善，优质的技术力量、师资、医护资源下乡、进村，这都有待于更为积极的社会政策、经济政策的引导。而这些是福利改观的必要前提。

（二）再分配的主体与范围

宏观、微观的再分配的层次差异决定其举措方向有所不同。身份差异既需借助"公民身份"之承认，也需关注成员之间在体系之内的资源再分配。在公共权益的平等呼求、身份性非歧视待遇等社会承认基础上，更加注重宏观资源流的拓实和完善，对于区域与城乡差异的缓解尤为重要。

譬如，在福利改善的动力机制上，个体生计的努力应与集体扶持有机、有序地结合。勤劳是我国大多数劳动者的优点，这是获得世界公认的事实。因此，既不宜削弱劳动积极性与社会创造性，也宜发扬集体帮扶的力量，给予贫弱者必需的支持。市场的应得机制反射了劳动者的能力、技能以及机遇。但是不同个体在禀赋、知识以及市场机遇的把握能力上存在差异，集体的有针对性的帮扶既可以看作对个体实践能力的提升，也可以看作一种资源的普惠——每个人有条件、有机会获得实现自身价值、目标的适当、必备的资源条件。

如果说集体帮扶含有更多的承认因素，那么，区域之间的资源协调就有更浓重的再分配的成分。一般来看，地方财力是一个地区的福利支柱。但是，在一些重大项目的建设上，应该在区域间实行适度的再平衡，以此体现社会应得与发展公平之间的必要调适。对于"老、少、贫、弱"地区，国家的转移支付、资源调拨仍是不可或缺的。

尤其农村社会的发展需要社会再分配的强力介入。在鼓励更多社会力量参与福利建设的同时，公共安排的财政支持也不应缺位。随着电商、网络营销手段的普及，农产品的推广愈加依赖网络资源等新的营销方式。新农村建设的推进也使得一些有着较高文化素质的年轻人将目光投向农村产业。同样，由于国家政制的引导，一些高素质人员来到农村担任"第一书记"等职务，发挥着新农村建设的引领作用。

资金、技术、技能、知识以及政治资源的介入，促进了市场与再分配的洽融，也相应促成了农村产业的升级。农村发展与所属地区的经济社会发展是正相关的关系。由于城市经济的自然辐射力以及农业产业的更新换代，也由于就业、居民消费水平的带动，农村面貌正在发生着深刻的变迁。

区域再分配的重心在于调动弱势地区的资源整合能力。例如，中西部地区的石油、矿产、水力、电力、自然环境等自然资源较为丰茂，缺的是资金、市场、智识、工商业精神等"资源流"的促动因素。再分配的方向不应仅停留在维持基本民生的运转上，还应考虑资金投入如何激发当地经济社会发展的动力基础。

除了养老、住房、医疗、教育等直接的福利投入，改善投资环境和人文基础有着更为长远的价值和意义。因为，良好的社会氛围本身就是"福利益品"——它可以陶冶人的道德、情操，使得生活愉悦、舒适、便利，这是一种共享性的社会财富。[1] 教育可以培育民众的智识基础，师资力量的提升也引导高素质人员的回流。道路、桥梁、铁路等交通、通信方面硬性的基础设施的投入，文化、艺术活动的拓展等软性环境的改善，既便利了资源的流动，也可以培育良好的知识和德行。以这些"益品"为标的的再分配在公共领域实现的国民资源的共享与每个人的生存、生活质量息息相关，体现着社会的文明和进步。

对于"老、少、贫、弱"地区，国家实施的转移支付政策有着明显的社会效果。[2] 但是这种扶助性的民生保障的维系功能在目前尚且强于发展功能。积

---

[1] 庇古认为存在两种福利：经济性福利以及非经济性福利，后者大致是指一种使人愉悦、舒适的社会环境的改善以及道德素质的提升，这些都有助于获得一种幸福感。

[2] 永新调研资料（2016）。

极的社会政策、经济政策、投融资政策的引导，既可以提升更强的生产力，通过自身发展获得"自我造血"功能，也有助于社会秩序的良性运行，使得人民生活更有幸福感，形成更加谐调、可持续、整体性的资源优化。

福利再分配从属于社会再分配，福利资源的涵盖范围也由生存必需的最基本的物质条件，扩延至更高质量的生活所需的所有物质与精神支持，实际上已涵括个体与社会发展的一切由国家、社会或其他主体提供的必要的社会条件。

如果将沃尔泽的"益品"视角与米勒的"关系"视角予以必要的整合，就可以更有效地理解当前资源分配的复合性。因为，城乡分配与区域分配既涉及资源要素的性质，也涉及社会关系的调适，就本质而言，是一种结构性的资源平衡。由于这种宏观性，在社会结构内部有着多重的价值重叠，比如公平与正义的兼取、国家的契约性义务与公民的社会责任的交织等。此外，在具体的福利体系内部也有这种多元性，但是不影响在一种社会情境之中某种价值要素占据主导地位。

无论是沃尔泽的益品观，还是罗尔斯的向弱势者倾斜原则，或者米勒的关系性质的主导性，乃至马克思的人的"全面而自由"的发展，都寓含着一个根本性的导向——始终意味着由微观的个体生活递延到集体性的公共秩序的改善。这种改善既涉及微观的资源共享，如家庭、宗亲、社区等亲缘性、地缘性团结的坚固，也涉及社会、政治、经济、文化诸体系的协同，而国家的主导性愈趋显现。福利的这种多层次的稳步推进在个体生活与社会进步之间架设了有效的桥梁，分配的意义也由微观的个体生活过渡到宏观的资源共享。

二、平等与平衡

（一）农村福利的实现

现代社会以来，公平与正义逐渐成为社会发展的应然价值，也成为一切社会政策不应忽视的秩序关怀。欧洲封建制的解体催生了新的资本主义生产方式，但是自由竞争带来生产力进步的同时，也带来底层民众的贫困和两极分化。随着权利尤其社会权利的现代演绎，贵族和庄园主对农民的荫庇功能逐渐为国家、社会的公共保障所取代。在维系产权合法性的同时，民众也获得了享有社会发展成果的正当权益。

价值的实现与资源流的平衡总是相互契合在同一个过程之中。这个过程既可能是纯粹经济性的，也可能带有浓重的政治意味，涉及权利的合法性的实现方式。资源再分配以平等为显著的价值标向。切实的城乡规划以及更为积极的财政、经济政策，可以促成资源在城乡之间更加高效、合理的流动，从而有利于经济社会更加有序的发展。

其一，由于不同设置导致的福利区隔，应通过体系的进一步整合予以完善；

其二，由于城乡不同的资源分布，应通过再分配机制来调整。

因为生活资料相当程度的自给，农村福利的社会化成分不足。随着农业产业化的推行，其应得缺陷也会逐步纠正。平等意识随着城乡融合以及观念、价值的潜替而会逐步强化。[①]

---

① 我国福利进程有着与西欧诸国不同的路径。新中国成立以前，我国农村是自给自足的小生产模式，家庭自给是农民生计的主要来源。新中国成立以后，集体福利虽然水平较低，但仍然给予农村贫弱、孤寡人群有效的生存支撑。改革开放以后，农村福利因各地不同的经济发展水平、方式而有较大分化。在现行城乡保障体系中，病弱等劳力缺失人员被纳入"低保"体系，基本生存已有保障，亟待加强之处即加大农村基本养老的保障力度。如果加入新型城乡居民养老保险，每年数百元至千元左右的缴费，农村居民在年满60周岁后可以获得每月数百元不等的养老金。这对内陆农村来说，辅以适量劳作，温饱已可解决。

农村福利的优化重在资源基础的充实。有些经济较发达的农村，由于土地征用、集体产业的增值以及村镇经济的繁荣，村社集体有着较充裕的财力。[①]在国家"保基本""兜底"的基础上，农村福利的改善还在于获得"自我造血"功能。内陆农村的发展道路在于找到适合自身条件的资源流的充实途径，拓展集体积累的新方式。这既取决于产业方式的改良，也得益于某种积极的外源性因素的介入，以突破相对狭隘的资源流转范围。譬如当代城市化、城镇化进程就是一个重要的引擎，其辐射力可以形成资源要素向农村流动的机会。

平等实现的另一个重要标志在于体系的弥合。逐步消弭城乡之间由于自然、历史、经济分工所致的区隔至关重要。尤其实行一体化的养老保障，更加普惠性的国民医疗待遇，在维护农民土地承包经营权、农村宅基地所有权的前提下进一步放宽农民进城落户的限制等举措。以户口改革作为打通城乡区隔、改善农村福利情势的关键举措。与"户口"关联的体制革新，既在社会交换、人的社会化过程中实现着应得和需要价值，同时也彰显了更深刻的"资源平等"意义，乃至标识性的身份平等。

以德沃金的观点，再分配的初始意义是个体性的资源平等，由此所有成员获得大致相当的基础性的资源和条件。他认为，福利平等迹近于某种社会所得的"平均"，因而是"消极"的。而资源平等关注个体不同的目标、不同的偏好，虽然也受着道德、伦理观念的制约，但会带来不同的"成就感"。[②]

资源平衡有着更宏观的意味。完善的"资源流"的促动与流动机制将福利过程契入整体性的资源要素的循环之中，形成生产要素、社会要素、政治要素

---

① 如杭州近郊、湖州埭溪等地。农民在纳入国民福利体系的同时，还有集体性福利资助，如农居建设、疾病资助、地方学校的建设等。有些近郊农村、城中村还有不菲的"分红"。湖州埭溪调研（2016年3月）、杭州近郊农村福利访谈（2018年5月）。

② 德沃金.至上的美德.冯克利译.南京：江苏人民出版社，2012：22.

等多层次的融合。福利属于基础性社会资源。人们只有在获得基本的生存、教育、健康以及其他社会支持的基础上，才能获得进一步发展和完善自身的机会。

（二）个体与社会的资源循环

基于主体间性认同的承认，既体现为微观的家庭、宗亲等亲缘联结，也体现为中观的宗教、社区、社团等地缘、价值共同体的交往行为。它与非营利机构（NPO）等组织的公益性的再分配有着显然的区别——一个基于共同体的成员身份，一个有着较为分散、模糊的身份边界。

但是养老、医疗、教育、住房、就业、社会服务、慈善救济等公共福利体系以公民身份为标识，其中再分配的意味更浓厚一些。虽然它们的性质乃至其背后的支撑力量有所不同，但是系统化的公民权利的保障是共具的。这些或承认或再分配性质的福利形式，其实质均为以个体利益的调节为内涵的资源流动。

个体层面的平等诉求首先体现为作为社会成员的权利平等，对应着一定的法定机构，以资源的合理配置来实现。这是双重的社会团结——其中既有承认因素，更含有深刻的再分配因由。如果暂时不考虑宏观的利益平衡因素，体系内部的资源运转就涉及两个前提——体系是否有利于达成一种起码的、最基本的社会公正？体系本身的合理性是否充足？

一个有着正常劳动能力的劳动者，如果加入了公共的社会保障体系，那么创造的社会价值的一部分经过提存进入公共积累，以做年老或病弱时的支付依据。这贯彻着多缴多得的应得原则。有些人劳动能力缺乏，或者因病弱或其他原因丧失了劳动能力，作为共同体的社会就有责任承担起个人本应承担的份额。此外，有些人创造的价值明显超过或低于社会的平均水平，这种效能的放大就有必要进行适当的平衡和调节。

调节含有需要与平等的双重因素。无论就具体个人而言意味着什么，就社会而言都含有消极平等与积极平等的张力。前者要求"一视同仁"而无视差别，后者要求顾及个体异质性以区别对待。一般而言，社会政策至少要反映某种最低限度的平等，给予个体必需的生存资源的保证，以及在这之上的必要的可能的社会改善。就个体的利益与所得的平衡而达成的调适性，为实现公共福利的共同效力，要求劳动者都能积极参与其中，每个社会成员都成为其覆盖对象。减少不必要的区隔是制度发挥"同一性"国民待遇的前提。

区域、城乡资源流有着宏观的结构性特征。如果说后者主要依托各行政区划之内的调制，那么区域之间的资源平衡尤其依赖国家政制的主导。相对于城乡之间的资源平等，区域平等的机制要复杂得多。因为前者有较强的地方性因素，而后者很大程度上取决于国家的调节和干预。由于我国经济发展有着东部强、西部弱的格局，中西部地区的福利改善有赖于更为积极的财政、经济、社会政策的资源引导，或者直接的福利投入，以此获得必备的积累。

德沃金的资源平等是微观的个体意义的平等，而资源流的平衡是宏观的社会平等。区域资源分布既是一种静态因素，但是，资源流在区域之间、区域内部的促发、积蓄、流动以实现一种均势，则属于动态的平衡，也是积极意义的平等。因为这可以使得相对落后的地区获得一种资源再生的能力，这种能力对于经济社会的平衡发展是至关重要的。宏观的资源平衡显然构成微观的资源平等的基础和环境。

德沃金虽然一再强调"资源平等"与"福利平等"的非等同性，强调个体的偏好以及实现自身目标必需的社会条件，但是就本质而言，"资源平等"与"可行能力平等"之间有着一定的衍通性。因为二者都强调社会分配应该基于个体异质性及不同的禀赋、个性与条件，只不过前者更注重给予个体初始的社会条件，后者注重这些条件能够带给行动者怎样切实的改变——可以提升怎样的行动自主性，一种实践的成就经验。

相对而言，资源流平衡的宏观性往往与经济增长、社会发展的目标联系在一起。但是同时它也并没有回避个体目标的价值，没有回避自我实现的意义。它虽然没有直接着眼于个体获得的微观利益，但是通过社会机制的调节，使得个体获得公平发展的机会以及更为理想的资源环境。这些基础条件的改善无疑将间接促进个体的利益。

就此而言，这是一种集体性的发展权利。它要求：其一，不能因为结构性的原因而导致大面积的群体性"落伍"；其二，发达地区有支援欠发达地区的义务；其三，以邓小平同志的话，共同富裕是社会主义的本质要求。区域的协同发展要求因地制宜施策，赋予资源更加平衡的促动因素，使其形成良性的可再生的资源循环。宏观再分配实现的平等是资源流更为协调、有序的平等，是具有发展意义的平等，因而也是积极意义的平等。

三、承认与社会认同

在再分配的略显强制性、制度性机制之外，我们不应忽视承认的较为"软性""灵活"的调节功能。作为一种主体间意识，承认对他人人格存在的认同，也是自我经由他人镜像得以呈现的自我认同。[①]如果将之延展到社会分配领域，承认意味着社会政策的制定和实施应该顾及每位成员的需要，尊重每位成员的合法权益，尊重其共性的平等身份。

（一）亲缘性承认与社会保障

承认适足性的缺乏不同程度地体现于公共、私域的社会生活之中。比如城乡分隔的户口制度对应着两种完全不同的福利体系，[②]这既是身份承认的欠缺，

---

① 黑格尔.精神现象学.先刚译.北京：人民出版社，2015：119.

② 城市市民享有各种养老保险、医疗保险、失业保险、住房福利以及其他公共服务，基本生存、生活可以得到比较充分的保障。在大部分内陆农村地区，除了医疗费用可以得到不同程度的补偿外（偿付程度因地而异），现行养老体制对农民的保障力度非常薄弱（其中存在区域选择性差异，中西部地区尤为明显）。

也是群体性承认问题。

相对而言，城市的困难、弱势群体有着多层次的生活扶持，如"低保"、困难家庭救助等措施，居民年老后一般会有数额不等的养老金或生活补助。家庭的福利功能除了体现于精神慰藉、亲友交往等情感、心理支持以外，特定的经济保障功能依然起着支柱性作用。亲缘性联结所获得的自性觉知和社会化的最初经验，形成了对他人主体的最初的认同意识，一些基本的生存资源的供给也主要在家庭或宗亲联结中实现。

这种亲缘承认在农村社会更为显著，比如农村老年人的养老。一些经济较发达地区已实行社会养老，农村居民像城市居民一样获得足以维持生计的养老待遇。[1] 在我国大部分内陆地区，老年农民从国家获得的养老支持仅限于每月的基础养老金，大部分生活资源仍然靠自己干一点农活以及子女、亲友的供养。[2]

由于青壮年人口的外迁，在有些内地农村，常住人口主要是"38、61、99"部队——妇女、儿童和老年人。人口结构的疏离化以及家庭、宗亲关系的弱化在一定程度上导致了传统伦理的弱化，传统的"孝、慈、悌、义、信、友"等美德基础被削弱。抚养、赡养责任虽然有可能获得新的经济基础，但是亲情的成分却有不同程度的淡化。价值取向的变化不只表现在农村社会，在城市的市民社会也有更加多元的体现。但是城市较为完备的市民保障体系弥补了亲缘保障的弱化，而在农村社会，这一缺陷却日益凸现。

---

[1] 湖州埭溪、江山农村福利调研、访谈，诸暨、富阳有关农村居民养老情况反馈（2016年、2017年）。这些情况一般与征地、拆迁或乡镇工业的发展等事项有关，不同程度反映着农村的城镇化进程。

[2] 当前农村基础养老金大约为每月100多元至数百元不等（2018年国家给付标准为88元，各地依情况追加数十元至数百元不等。东部地区比西部地区略高）。在城市则大不一样。比如杭州的一些小区，推行智能养老、家居养老与社区养老相结合，有的社区为70岁以上的独居老人提供定期的卫生家政服务，政府投入资金为老年人提供智能手机，可以随时表达生活需求。

这一欠缺既有市场分配的农村弱势效应，也有社会性的人际关系的变迁。前者在于务农所得较为菲薄而难以获得福利改善。之前实行两套不同的福利体制的重要前提是农民拥有土地的基本生存保障，而城市居民没有相应的资产，在其面临失业、养老、疾病等生存困境时必须从国家、社会获得扶持。但在工业化转型时期，基于农作功能的土地的保障性不足的缺陷就显现出来了。后者在于新的经济因素、多元的价值观在深刻改变居民生活的同时，传统伦理秩序遭到严重的削弱。一些利益性或者非理性因素甚至屡屡突破"道德底线"。

必要的革新既涉及农业产业化、非农就业拓展、城镇化模式的选择，也要求给予人的社会化与伦理重构更加积极、良性的因素。应鼓励有经济能力的家庭为老年人每年缴费或一次性补足缺额，每年数百元至千元左右的缴额对于有务工或务商从业人员的家庭而言负担并不沉重。也可考虑政府或有实力的村镇集体为贫困家庭的老年人承担这项费用，因为公共资源为困难家庭提供生存担保也是社会承认的一种形式。同时，新农村建设必然包含道德建设的内容。

（二）公益与慈善行为

公益与慈善行为一方面有着社会资源的再分配性，另一方面又有着明显的社会承认意味。当前的公益、慈善活动大致可划为三类。

1. 合法、正式注册、登记的社团组织，如红十字会、慈善总会、各类公益基金组织等机构。它们有着半官方的性质，有着正规的组织结构、筹资来源、合法身份，运转较为稳定。

2. 大量的没有适当公益性身份、挂靠在机关事业单位的公益团体，或者是民间自发成立的没有合法身份的"草根"团体。它们有些具有较为稳定的筹资渠道，有些是组织者自身的捐赠，有些并没有合法的受赠资格。

3. 近些年蓬勃发展的网络公益组织，如"腾讯公益""轻松筹""水滴注"等在民政部门登记、备案的网络公益平台。这些网络组织近些年的发展很快，有着三个特点：①公众接受度较高，有着较高的可信度；②资源筹措的方式比较便捷、稳妥；③缺点是信息的发布面较窄。就一些普通求助者而言，其受赠效果较为依赖个人的"朋友圈"以及亲属关系的传播。

大型的正规的慈善组织有着法定的合法身份，也有较为稳定的筹资来源，有较为规范的运作方式和公益对象。它们的行为有着很强的再分配性。因为无论其筹资或捐赠行为，还是慈善活动的组织方式，都受到公共财税体制的优待或减免。"草根性"的慈善组织或网络公益的受助对象有着特定的范围和群体性识别，大都含有个体性的情感认同等因素，受助行为在亲友中的传播较为常见，因而承认的性质更为明显。无论何种公益行为，都有助于发扬社会的团结与互助精神，有助于培养社会公德，也有助于改善社会风气。

这些公益行为既含有群体性的承认因素，也含有公共生活领域的共识性的承认期望。就日益兴盛的网络公益行为而言，如何克服亲缘性的熟识规范的局限而向更广阔的社会信任迈进，是提高公众认可度的关键。

（三）农民工的社会认同

在公民身份层面上，农村福利的承认欠缺主要表现为两点：其一，由于资源分布不均使得农民福利受持不足；其二，农村户籍的城市务工人员（农民工）难以享受市民福利待遇。

身份承认的欠缺——就社会群体而言，典型即农民工的福利保障问题。农民工群体是改革开放以后出现的一个新的社会现象。[1] 在城市寻找生计的农民

---

[1] 据统计，2018 年农民工总数约为 2.89 亿人，其中本地（本省、本县域内）从业者约 1.16 亿，外出（出省）务工人数约 1.73 亿。2019 中国住户调查年鉴. 北京：中国统计出版社，2019：453.

工等异地户籍从业者大致可以分为正规就业与非正规的灵活就业两种。① 无论是正规就业还是灵活就业，其身份认同都存在着年龄的选择性差异。除了家乡观念、老人赡养、小孩教育、亲熟环境的依恋等因素，更重要的原因还在于大城市的生活成本以及市民生活的融入可能。而户口以及养老、医疗等社会保险体系的身份碍滞也是一个重要因素。

这里隐含了深刻的承认矛盾。一方面，公民身份的认同以及人格意识的建构要求广泛的社会承认；另一方面，社会交往的规约性、资源的稀缺又导致或多或少的社会排斥。在资源的普惠与实质的社会距离之间存在着一种显然的张力。

身份认同的窘境存在于两个层面。其一，在城市谋生的农民工对自身的认同较为模糊——他们到底算是城里人还是农村人？社会距离不仅是心理的，也有经济、社会特征的差异。其二，公众意识有着或多或少的排斥感——认为他们"没文化""素质低"，又是"外地人"。社会承认的不足可以通过多样化的社会融合来解决——公共的文化服务体系、职业教育体系、社会公德的培育，体育、艺术、公益等公共生活的介入等。社会有责任为各阶层的融合、免除群体性歧视提供物质与道德的条件。

承认的拓实要求一定的社会基础。在黑格尔的三种承认形式中，无论家庭、市民社会还是国家，都有相应的结构性因素为支撑——如情感关系的需要、市场交换形成的合约以及特定的意识形态因素（绝对精神）。对于异地从业者而

---

① 正规就业指在有着合法登记注册的公司、机构就业或其中的自雇者、受雇者，他们大部分已参加单位为其办理的社会保险。在早些年，社保的参与大都是被动的，而且当受雇者回去过年或离开这个城市到另外城市谋生时他们往往选择退保。此外，还有大量农民工在城市从事着非正规的就业，如一些小摊小贩、没有单位的零时受雇者——如没有固定雇用者的装修工人、保姆、零散的家政工、钟点工等。这些人收入有高有低，有相当数量的人没有参与城市的社会保险。

言，其社会认同的形成——自我与社会之间形成的相互承认，也要求一定的结构性因素的支撑——如合法的生计方式、合宜的生活与居住条件、职业规范与公德意识、公共服务体系的接纳等。

基础性的经济、社会资源逐步向中小城市扩散乃势所必然。提高这些地区公共事业的质量，加大相关基础设施、人文环境的投入是必要的社会政策。对于在各大中城市就业的农民工，应给予其基本的市民待遇。同时健全社保、公积金体系的转移接续政策，免除农民工参与社会保险的后顾之忧。农民工社会保障的市民化既呼应着社会权利的要求，也是一种群体性的承认因素，体现着基于公民身份的平等原则。因为它既能充分顾及生存所需，又体现着基于贡献要素的应得原则。"同工同酬""同需同福"，享受同等的职业福利，也是社会承认的"应然"。

但是，它们实现的社会条件在哪里？社会认同的基础在哪里？必须在体制上做何革新？这些问题留待下一章再详析。

四、由承认而团结

承认既是自性觉知，也是主体间性觉知；既是对他人主体的认同，也是自我经由他人镜像得以呈现的自我认同。[①] 经由一系列社会过程，经由自我、他人的主体性及其所反射的社会氛围，经由价值观念在社会交往与活动中的彰显，不同层次的承认因素也逐步透显出来。

承认实现的团结是多样的，并透过微观或中观的资源流表现出来。家庭、宗亲结构的需要体现着承认的初级形式——亲情之爱以及相应的照护、生存资源的共享。除此之外，还有一些地缘性或源于某项价值认同的承认形式。譬如，

---

① 黑格尔.精神现象学.先刚译.北京：人民出版社，2015：119.

社区性的联结、弱势者的需要，一些年老体弱者，因为健康或失业、劳动能力缺失等原因造成的生存困境，经由社会救助、困难帮扶、失业救济等形式获得的支持等，大体属于价值共同体的自发的互助或慈善行为。

（一）社区文化

农村社区的文化正在经历重大变迁，有着强烈的地域异质性。有着两类不同性质的分化——在传统的村落社会，血缘、宗亲等因素仍然起着显著的联结作用；而在一些经济社会"先发展"地区，新的经济因素的介入造就了新的人际联合。不过，农村社区资源的共享，既有经济性因素，也有观念因素，更有地缘性的亚文化因素。后者尤其表现为伦理、规范、惯例、习俗等构成的交往传统。

在江浙一带的一些农村，由于土地征用、流转、拆迁等原因，很多村民并不直接从事农业生产，纯粹的生产性协作也已弱化，但是强烈的身份认同与情感维系依然存在。[①] 这既得自本身的地域性的熟识交往规范，也有因新生资源带来的社会整合。比如土地出让产生的红利、预留的集体资产的共享等，当然也依然存在着各地的亚文化因素。集体性资源在为社区生活铸就厚实基础的同时，与新时代同应的亚文化气息也渗入当地农民的生活，比如城市价值观的渗入，信息、网络技术的应用等。虽然传统的家庭、宗亲性亲缘关系有着不同程度的弱化，但是地缘性的联结因素在增强，获得增值的集体资产的凝聚力是显然的。在此，社会承认的要件是共同体（村镇）的成员身份，一种共性的身份

---

① 如杭州、湖州等经济较发达的农村，因为有着产业经济的强力支撑，村社、乡镇有着丰厚的集体积累。这些积累有可能是因城市扩张而导致的土地增值，也可能是由于农村经济的商业化而衍射的社区面貌的改善，有些则是因新的集体经济的发展而获得的财力增长，比如乡镇企业、社队企业以及后来遍地开花的个私业体。得益于多元的经济支撑力，乡镇、社队有着丰裕的集体资产。有些村庄除了每年丰厚的集体"分红"，村民还可享有补充养老、医疗资助、农居拆改补贴等福利扶助。杭州近郊农民福利调研（2018 年）、湖州埭溪调研（2016 年）。

识别。

内地传统农村的民俗社会可能并不具备这样丰厚的经济基础，但是习俗、惯例、民风、风土人情等亚文化的联结依然甚或更加紧固。在村民的共同生活中，虽然经济性的联结并不明显，但是文化的同质性得到很好的延承。由于生产与生活方式的变迁，当代农村社会面貌的改变已是可观察的显然事实，如人口的迁移、家庭生计的变化、集体劳作方式的改变、城市文化的渗入等因素，使得农村社会的价值观日益多元化，社会异质性明显增强。

农村社区的承认反射着多元的亲缘、地缘等团结基础。不同层次的交往形式表达着农村地域性的亚文化异质性，承认的形式因而不同。有些农村公共积累较充裕，社区（村庄）作为承认的共同体超越家庭、家族的影响而深入农民生活。有些农村的集体积累较为泛弱，家庭、宗亲联结依然成为资源共享的主要形式。

城市社区的资源共享要薄弱许多。城市社区有着这些特点：①管理较为规范；②个体意识要强于集体意识；③缺乏紧固的经济联结基础。居民生活一般与物业管理、社会管理交织在一起，有着特有的生活情境，如商业消费、文娱、交通出行等行为的规约，人口、户籍、居住状况的登记等。较之农村，城市社区也有着一定的自治性、政治性，比如物业管理的选择与协商、地面车位的规划乃至社区的基层选举、社区设施的改造等。现代性文化价值的渗入表现为个性自由、个体自主性的增强以及生活方式的多样化。

就此而论，城市的社区文化更多地体现为一种生活场景的规划与协商，更接近一种现代公共生活的性质。人们期望在社区生活中获得一种舒适、便利的物质与精神条件，更在意日常生活环境的优化，而类似农村的共有的传统联结因为缺乏必要的社会、经济、历史基础而几乎不存在。一些共有的资源如小区规划和开发时预留的建筑、物业等，居民往往并不清楚因而参与管理的力度也非常有限。较为泛弱的经济、社会联结导致城市社区的团结基础不若农村社区那样强固。

如果说传统农村社区更像一个由同质性的不同个体联成的滕尼斯式的"共同体"，那么，城市社区更像一个微型"社会"——在其中，各种现代性因素以不同的方式介入进来，既有政治性的，也有经济性的，还有文化性的，更有与日常生活密切相关的公共服务体系的参与。因而城市社区的价值是多元的。它就像一个"中介体"，反射着现代气质的各种信息，而它的团结也可称得上是涂尔干所说的"异质性"的有机团结。

还有一种介于两者之间的"混合性"的社区联结形式——所谓"城郊接合部"，或是一些"城中村"。这些地区由于城市的发展和扩张而兼有农村与城市两种特性。它们既因共有某些资产——土地或者物业、店面等，而在村民之间形成紧固的经济联结，也含有因熟识的人际交往而形成的亲熟承认，还有城市文化的多元价值的渗入。

村民的经济地位与其社会地位有着显然的不对称——因为有着不菲的资产遗承和可观的分红，一个普通的村民都可算是一个"富人"。他们有些有好几套房子，每年还享有村社的经营性收入"分红"，有着补充医疗、补充养老等福利待遇，经济情况要远远好于一般的有着较高学历的工薪族。但是，由于文化程度普遍不高，工作的层次也不是很高，有些经营个体生意，有些干脆在家闲着吃"分红"，或者炒股票、从事一些并不稳定的工作。

有趣的是，两类不同性质的农民杂住在一起，构成一种略显奇怪的关系。本地农民的出租房大多出租给外地来谋生的农民工居住，后者从事当地人不愿干的"脏活""累活"，如家政、零工、保洁、管道清理、维修、收废品等。房屋租赁关系反射了现代农民的分化——一方大体可视为"资产者"性质的房东，他们收取房租，兼营店铺、买卖或者一些投资活动；一方是没有市民身份的农民工，他们干着较为"低下"的活儿，大部分人没参加社保，游离于城市与家乡的农村之间。租赁关系将两类农民联系起来，也体现了社会变迁的一个侧影，反映了新的社会关系的形成。外地来的农民工因为缺乏合法的市民身份或居住资格，难以享受到有学历、有资质的新市民可以享有的公租房、廉租房等优惠政策。一种更为普惠性的资源配置的必要性日益显现，既要求加大资源供给的力度，也要求扩大惠及的范围，消除仍然存在的严重身份歧视。

（二）现代公共生活

在文化、亚文化的传统伦理与现代性的社会弥合与秩序张力中，现代性因素是否必定意味着传统团结形式的弥失？城市社区的更浓聚的团结基础在何处？

艺术、文化以及学习、知识场景的完善，一些公共性的场域如图书馆、体育活动、俱乐部、文艺活动，是培育公共精神的显然途径。而市场资源以及公益慈善行为也为此担负起相应的义务。在资源的初次分配与再分配之间，国家与社会有着迥然相异而又紧密相合的角色分工。在福利职责由消极的契约性到积极的人民福祉的递延中，国民幸福意味着价值观的重塑，也意味着传统伦理、道德规范与社会结构的现代性之间的更紧密重整。这种契合使得历史积淀下来的团结因素能够在现代的职业、劳动、生活、交往中获得一种新的生命力。

福利体系的弥合对于公民身份的平等至关重要，同时也体现为一种社会承认。户口、身份性的福利区隔，如果一时无法彻底消解，应该使与之粘连的福利待遇"脱嵌"，简化乃至统合不同的福利体系。[①] 而福利应得也有赖于承认之完善。相对而言，职业性福利符合蒂特马斯指谓的"成就模式"，既有工资性的社会交换因素，也有作为员工的共性身份的酬报体系，后者更有承认的

---

① 李荔歌. 浅析我国户籍制度改革中的农民工公平问题. 科协论坛，2010（9）.

性质。

为此，应该设置统一的职业社会保险体系，不仅做到同工同酬，也应做到"同工同福"——包括相同的劳动保险体系、住房公积金待遇、子女教育机会、医疗保障待遇等。职业福利的应得首先基于劳动者的贡献、改善社会的努力，同时也应兼顾基于能力、禀赋和美德等应得因素。

但是，仅仅承认的效力尚且难以彻底地清除福利不平衡。强调经济效益的市场原则，或者强调整体利益的功利原则，充塞在资源的配置过程之中。需要、平等的实现要求一种更合理、有力的体系的设立。公民素质的提高事关整体性的社会发展。在社会服务、福利政策可能通达的更加多维的社会改善中，更须借重再分配的途径进行必要的干预。

正义理念有着随历史演进而逐渐变迁的过程。近代以来，在民众平等参与政治生活、自由进行经济活动等基础性权利实现以后，正义逐渐向民众的生存保障、公平分享社会资源和共享文明成果等领域过渡。因此，福利逐渐成为现代正义的核心诉求，而这首先经由国家和社会的力量，对国民收入和社会资源进行再分配来实现。当福利国家逐渐成为现代社会的共识之后，仅仅经济领域的再分配已不足以涵盖正义的全部内涵。文化、族群、身份差异、群体认同等社会诉求逐渐浮现出来，而这显然与一种主体间性认同——承认是密切相关的。

在黑格尔以及霍耐特的体系中，承认沿着人际关系亲熟程度的强弱而逐渐广衍。福利承认也有着相应的扩散趋向——由家庭、家族等宗亲结构逐渐衍及社区、社团以及其他价值共同体。在黑格尔看来，承认还包括契约性的法律、习俗、惯例等规约，最后衍至整体层面的社会团结。[①] 黑格尔的承认本蕴的结构张力——既有正式的"法"的因素，也有非正式的交往"规约"性，延续在

① 黑格尔.哲学全书（第三部分·精神哲学）.杨祖陶译.北京：人民出版社，2017：215-225.

霍耐特与弗雷泽的"一元论"或"二元论"的争论中，即意味着资源本身就兼有"社会"与"私域"的双重性。

在福利的实现过程中，在资源流由不平衡走向平衡的转变过程中，正义诸要素起着显然的引导、黏合、整合作用。因为，无论透过历史与现实的迁延性，还是通过社会政策形成的更加有序的结构与关系的功能的改善，比如，财税杠杆、转移支付等公共行政手段，血缘、亲缘、地缘、慈善、公益等社会联结形式的团结功能，都将有益于整体社会的合理规划与布局。

这些举措既涉及制度层面的资源由弥散到集中再到分置的系统化的整合流程，也深深含有作为意识形态和交往规约的伦理、道德以及习俗、惯例等文化和亚文化因素，更有这些因素背后以强制性或非强制性的法律、规范为指代的保障机制的透显。

第二节 基本价值的实现

价值的实现与资源流的平衡可谓"一个硬币的两面"——二者总是整合在同一个社会过程之中，而且，后者相对要更为基础些。资源在实现着更为合理、均衡的分布、流转的同时，需要、应得、平等价值也逐渐清晰地浮现出来。在其中，再分配和承认起着至关重要的作用。尤其值得注意的是，劳动与应得、健康与需要在公共体系的确立中有着高度的相关性，而平等的实践需要更为复杂而多样的社会条件。

一、劳动与应得

在不同政治哲学家强调的多种应得因素中，有一种不应被忽视的元素——劳动价值的应得。每位社会成员参与社会劳动的实践过程——以马克思的观点，即"社会必要劳动"[①]。劳动一直是衡量社会"应得"的标准。早在密尔时代，劳动即是与土地、资本并列的分配要素。[②] 在庇古的福利经济学中，劳动作为应得依据也引起了极大的重视。欧文等社会主义者虽然没有完全排除资本的利得合法性，但是劳动至少应该积极参与社会价值的创造，在某种程度上已经超

---

① 马克思 . 资本论（第一卷）. 北京：人民出版社，1975：201，211.
② 穆勒 . 政治经济学原理（上卷）. 赵荣潜等译 . 北京：商务印书馆，1991：265.

越了资本的地位。现代政治哲学家的应得元素的析分大都回避了劳动的主体性，而以某种交换性的元素来置换，如能力、努力、禀赋或才能等。这些元素一起决定着劳动的效果。

劳动即能够创造价值、带来社会改善、做出社会贡献的人类活动。作为社会过程，劳动本身有着知识与技能的积蓄、实践的努力以及社会成果的转化这样三个阶段。因此，评价劳动价值，或者说，劳动作为应得效素，更需一种复合的视野。

比如，有些劳动偏重智力活动、科学研究，需要长期的学习过程，但是这些活动未必会带来"立竿见影"的绩效。有些劳动需要长时间的重复性的体力活动，如建筑业、农作等，可是会带来立即的、明显的效果。有些劳动如商业活动需要对市场机遇、盈利性的敏锐的把握能力，或许基于经验或许基于一种天生的悟性和禀赋，如社交能力、信息的获得等。因而劳动有着多样性，不能立彼而否此。切当的应得衡量要求强有力的、多元的评价机制来考察劳动在资源流中的绩效。

劳动在资源流的不同的应得表达反射在福利中也就是不同价值元素的交融。由于它带动的不同资源效应，由此导致应得因素各有侧重。但是作为连续性的、相互关联的社会过程，应该存在一种综合的系统性平衡。不同性质、类型的劳动在分工体系的有机融合共同促成了资源要素的流动和再生。

劳动与资本的关系既是对立的，又是相互依存的。在新中国成立初期以及股份制改制早期，劳资联合、劳动者合作经营的经验表明，劳动者参与生产管理而并非仅仅一种雇佣行为，更有利于发挥积极性与能动性——不仅由于协作性的提高而改善生产效率，亦将形成新的信任、合作与团结。劳动酬偿不仅限于工资，它本身也参与生产、经营创造的社会价值的分配——与此相关的职业性福利，如职工住房、日常生活物资的供应、子弟学校、附属医疗机构等。在市场化条件下，如果说工资、奖金体现着一种绩效应得而有所差别，那么企业年金、补充养老、医疗补助等与员工身份挂钩的福利待遇应尽可能实现大致的相当和均衡。

作为生产要素与分配要素，劳动实现的应得有着双重性——作为前者它获得工资，作为后者它获得经营的"分红"，以职业福利的形式或者其他形式表现出来，视企业经营业绩而定。无论身为哪种角色，劳动作为一种积极的资源要素都是参与其间的。市场交换的互惠在本质上有着协作、团结与信任性质，因而不仅仅是纯粹的利益关系。[①] 协作性质的劳动的积极性与创造力与纯粹的雇佣行为有着质的不同，不仅有利于生产经营的绩效，也将实现社会关系的协调与和谐。[②]

以马克思看来，劳动既是获得生活资料的必备条件——一种按劳分配的更高程度的"应得"元素，同时也是一种体现着人的本质的需要。没有劳动，"人"将不成其为"人"。从这一意义看，劳动是避免社会"异化"的第一需要。

那么，劳动作为应得的首要元素是否有正当的、积极的理由？就某种意义而言，有着一定的合理性——就当代社会而论，它建立在社会交换的基础之上。其预设是，劳动者既往实现的社会价值通过公共积累的沉淀成为以后年老或病弱时的支付依据，类似蒂特马斯所称的"成就模型"。由于每个人的劳动能力是不同的，某种必要的再分配就成为应然的调节。因为，每个人的社会贡献或许有大有小，然而不应忽视在面对生活困境或年老、病弱等情境时的相似的生存需求，因为生存权乃至生命权是平等的。

就本质而言，劳动将个体与社会联结起来，使人成为社会的人，也使得社

---

① 科尔曼．社会理论的基础．邓方译．北京：社会科学文献出版社，2008.
② 欧文选集（第一卷）．柯象峰等译．北京：商务印书馆，1979：355.

会成为人的联合体，成为个体的依靠。休谟曾经指出，人类只有相互合作联合起来，才能生存于自然界，才有可能对自然界取得某种优势。

社会应得的实现有着众多因素，除了互惠性或者资格性，还有一些显然含有异质性甚至竞争性的因素如能力、禀赋或资质等。亚里士多德点明了分配的应得性，主张"按比例"分配政治权利——也就是按照公民的美德、禀赋等要素。① 现代的社会结构远为复杂。禀赋、能力等异质性除了体现在市场等竞争性环境之中，还在教育、就业等社会体系中表达，因而涵有对功绩、荣誉等资质因素的认同。这些因素大体构成综合性的应得依据——有些经由市场机制体现，有些则经由制度、规范等机制而呈现。

应得有时意味着一种"不平等"、一种差异，有时会带来严重的失衡。对于这些失衡，需要更为多元的调节机制，譬如再分配因素的深层次的介入。劳动的应得性可以纠正某些由于先天性的能力或资质造成的不平衡，有助于后天的努力获得更为优先的地位。

二、健康与需要

马克思需要观以人的发展与本质实现为宗旨②，马斯洛以不同层次的需要的递进作为人性乃至社会存立的基石③。马克思指出，随着社会化大生产的充分发展、社会财富的充分涌流，以及与之相应的经济、社会关系的调适，人的需要必将获得更加扎实的基础。可以说，前者强调物质性基础，而后者更强调心理性基础，但是共同的人文关怀是显然的。伊恩·高夫和莱恩·多亚尔进一步探析了需要的内涵，指出其有赖于物质生产的发展以及与此相关的社会结构

---

① 亚里士多德.政治学.吴寿彭译.北京：商务印书馆，1965：154.

② 马克思.哥达纲领批判.马克思恩格斯选集（第三卷）.北京：人民出版社，2012.

③ 马斯洛.动机与人格.许金生等译.北京：华夏出版社，1987：40-54.

的完善。因此需要既有经济性，也有社会性，更有政治性。它的实现既要一定的物质条件，也必须以一定的价值做指引，更必须以坚强的政治体制来规范各种关系的协调，缓和可能的冲突和矛盾。

现代社会的人口指征之异质使得需要日益分化，不同时代人们的需要大为不同。需要的异质性，既有年龄等人口指征因素，也因资源环境及自身条件的不同而有分别。教育经历、性别、职业、收入、地域、亚文化的异质性使得个体的需要纷然相异。需要兼有"殊异"与"同一"两种基质——后者在于，在一定时空背景下，个体生存、发展与实现的基本条件是可以判断、规划与预测的，因而有着大致相当的社会基础。

健康的需要是人的核心需要。它是基本的需要，也是生命权的最基本的体现，凝练了诸种价值及其实现机制的社会化过程。这一凝练性尤其体现为现代社会的医疗资源的供给。一方面，我国大多数公民参与了医保体系；[①] 另一方面，又存在个体性的身体、社会经济特质差异以及群体性的区域、城乡、身份的识别差异。个体的异质性导致个体的付出与所得之间有可能存在某种不对称，区别对待在一定社会情境中是允许的。健康保障的再分配性质基于一定的公共支出，理应通过公共体系来调节。

群体性差异的矛盾集中在医护资源的均衡与共享，既有赖于国家与政府的主导，也有赖于体系更完善的整合。这些调节既含有再分配因素，也含有深刻的承认性质。因为健康的维护既涉及生存所要求的物质支持，也涵有社会认同与同理心的实现。人性的本质决定着他人享有与自身同等的健康权利，这种权利有着超越其他功利目标的显质。国民健康水平以及所依托的保障体系的提

---

① 2017 年我国参加基本医疗保险的人数已达 11.77 亿。中华人民共和国年鉴（2018）. 北京：中国年鉴社，2018：1010.

高，表达着文明社会的持续进步。

一个基本原则是，个体自身的需要与他人的需要有着同等的合法地位。在共同担责的健康体系中，无论自身情形如何，只要具备基本的保障身份，由于疾患而产生的费用都将由社会保险的形式来承担。这是现代健康保障体系的道德质性。

其中隐含两个预设：其一，每个人不仅对自身的健康负责，也对他人的健康负有一定的义务；其二，这种责任由社会共同体的形式来承载。社会总的卫生费用往往是巨大的，一般一部分由个人自理，更大的部分将由社会和公共财政列支。[①] 虽然其中部分费用由患者自负，或者由历年所交付的保费列支，但是差额部分仍由公共预算弥补。

国家和社会承担着国民的健康义务，这是出于对生命权与健康权的尊重和承认，而无论其中的个体异质性。他人的生命与自身的生命是平等的，健康原则不应因疾患而遗弃。就医疗体系在现代社会的较为普遍的确立而言，俾斯麦的社会保险原则已然获得了成功，因其较之行会、职业协会的互助性更加具备社会承认的性质。

除了健康因素，需要还体现为人的发展与自我实现，这是它的社会性的本质。马克思指出，人作为"类的存在"，人的本质在于摆脱了自然属性的生产活动——劳动使人成为人；而社会的本质即摆脱了异化劳动的自由人的联合。在其中，人的需要充分满足、人的潜能充分发展。在现代社会，劳动和就业既是需要，同时也为需要的满足供予了物质基础。需要的实现还有赖于一个共同体的政治与社会基础。

---

① 2017年我国总的卫生费用为52598.28亿元，其中个人支出为15133.60亿元，政府支出为15205.87亿元，社会支出（医保资金）为22258.81亿元。中华人民共和国年鉴（2018）. 北京：中国年鉴社，2018：1004.

公共调节既能缓和个体需要可能存在的冲突，也赋予需要必要的边界。边沁、密尔等功利主义者主张实现社会总和的需要量的满足的最大化，这在米勒的正义原则中得到充分的体现。但是，以德沃金、阿马蒂亚·森等个体主义视角看来，不同的需要获得相应的实现才是正义的应然目标。不仅如此，公共秩序的介入还为义务的承担做了划定，即个体与政府的公共责任之间必要的角色分工。

在现代社会，政府除了为经济、社会运转提供秩序保障，也直接介入资源的供给与调节，成为福利义务的主体承担者，有着比传统意义的契约性更为积极而敏感的职责。在这一主权义务下，医疗卫生事业保障着国民健康，而教育不仅提升了国民素质，也为社会发展、经济成长供予必需的智识基础。社会的公益、慈善与救济在更为细致的领域发挥着非制度性功能，为社会传递爱与温暖的同时也帮扶着困难与弱势群体。当然，在自由主义者看来，个体亦必须承担一定的义务，但这是自愿的，而且不应出于某种强制性安排。这与前者的权利观立场形成了强烈的对比。

在黑格尔看来，需要构成人际联结的基础，是"市民社会"人际交往的主体间性表达。[①]当然，这不仅仅指健康而言，还包括生存支持、情感慰藉、社会认同等一切个体人格的社会化要求。就社会联合而言，需要亦是我国初级社会联结的团结基础，但是与西方诸国的团结形式有着质性差异。

比如，传统的宗亲结构以及"家文化"等伦理规范构成"乡土社会"的基脉，直至今日仍然在深深塑造着我们的行为。在农村社区，生活资源的共享、情感依托与靠望、亲情扶助等因素均要强于城市社区。一来得因于既存的家庭式土地农作形式，二来根深蒂固的乡土、亲熟规范深刻嵌入人们的社会交往之

---

① 黑格尔.哲学全书（第三部分·精神哲学）.杨祖陶译.北京：人民出版社，2017：215.

中。在城市市民生活中，亲缘、血缘等亲情联结的情感慰藉、生活扶助的团结功能亦然不容忽视。

随着我国社会转型的不断深化，需要已然超脱以往较为狭隘的视界，超脱了家庭、亲友之爱等初级形式，充溢在以地缘或业缘或价值共同体的社会联结之中，如社区、慈善甚或职业性团体等，也可以说，充溢在中观承认的社会实践之中。也因是故，需要的实现因人而异、因时而异、因不同的社会条件而异。人的社会异质性决定了需要的实现程度是不平衡的。即便是基本需要的满足，恐怕在不同的家境、不同的社会环境、不同的地域中也会有不同。

三、平等实现的机制

无论社会应得取决于何种元素，也无论需要的实现受着怎样的引导和牵制，一个不可否认的事实是，福利不平衡的的确确是存在于现实生活之中的。对此的矫正需要回到福利的载体——资源流中寻找解决之道。

资源平等抑或资源流的平衡，必然要求再分配和承认的有力践行，以此福利事业方能取得充实和完善的条件。平等实现的两个方面——资源流的平衡与价值的彰显是相互契合的，关键是如何找寻、发掘"资源流"的促动因素。大致说来，这取决于三个方面的平衡关系：①城乡关系与区域关系；②再分配、承认与市场；③国家、社会与个人。

城乡关系与区域关系何者更为优先？恐怕前者的实现更为容易一些，而后者需要国家政制、社会力量的强烈干预，前者所可能取得的绩效深深受着后者的影响。因为城乡资源的调节有着更具现实性的基础，是地方政府可以立即着手的工作，可操作性更强。比如，城乡一体化建设中的合理规划与布局，资源适当的倾斜，与新农村建设的步调是一致的。但是，可以调度的资源在各地有着较大差异，依经济、财政基础而异。

公民身份的平等是一种集体性的发展权利的平等。社会共同体的人际共处的必然的、广泛的政治、经济、文化联系，要求资源流的畅通以形成一种平衡。各地经济社会发展水平的差异，地域之间不同的资源基础，各地不同的经济实力，这些因素虽然相合于经济绩效的应得原则，但是也隐含着平等的天然要求。城乡资源要素的流动与协调也含有这种平等诉求，但是其涉及的结构性要略逊一筹。因为，相对于区域发展的协同所要求的国家层面的资源调拨、规划与调剂的宏观性，城乡资源的平衡更受制于地域性亚文化因素的衍射，以及经济共同体内部的资源协调与平衡，尤以省（区）域内城乡发展的协同为著。当然，乡村社会的亚文化基质甚或更为明显。血缘、亲缘、地缘或其他价值共同体的资源流转以承认为主要质色，通过紧密的社会联结实现资源的共享。再分配和承认将散布的社会资源予以重组和重置，实现资源的宏观的融汇与微观的平衡。

经济社会发展的不平衡，各地不同的财力和社会基础，决定着应在不同地域施行不同的福利政策、不同的财政和经济政策，乃至一种不同的分配结构。资源流的分布、蓄积、积淀、分流等过程含有更为积极的平等意义。由于农村福利的弱势，教育、卫生、养老、社会服务等资源向乡村社会的进一步倾斜，既要顾及农村居民的需要，也含有一种积极的发展意义。

市场、再分配、承认三者的有效协调尤为重要。市场机制主要强调机会平等，这是当前经济秩序的基础。为防止由此可能造成的分配悬殊，必须通过适度的再分配予以矫正。此外，亲缘、地缘、业缘等共同体的资源共享以及与之相应的资源流转，体现着一种互认的身份标识，也是一种微观或中观的社会团结。力求在机会平等的基础上达成一种大体相当的结果平等——不同地域的民众可以享有大致相当的福利待遇，同时又不损及社会生活与经济生产的活力，不损伤资源要素的竞争力，是实现资源平衡的前提。结果平等的实现不完全取决于分配过程。因为在生产与流动领域，也有资源要素的先天的分布因素，这些都是实实在在的社会平等的基础条件。

市场的基础性，再分配与承认的调适性，大体构成资源配置的框架。但是后者的调节性质是不同的。再分配趋向于一种制度性的平衡，而承认更注重某种关系性的调节。再分配对城乡、区域资源的平衡起着决定性的作用，相形之下，承认表现为微观的人际关系的协和，以一种团结性的意义介入资源的共享与流动。

福利资源、社会资源之间的畅通是个体发展乃至社会发展的必备条件。社会平等的共识有助于一种合法性的形成，人们以此获得维持基本生存、健康、教育以及社会实践的能力。在此基础上，合理的资源流也促进了民众实现自身潜能、完善自我的发展条件。福利的意义不仅应涵括公民自身的发展和自我实现，更应延及总体层面的社会发展和良序社会的形成。

弗雷泽的再分配主要指向阶级抗争的正义诉求，要求在经济领域获得阶级之间的利益平衡。[①] 为着正义的实现，社会再分配必须顾及不同成员、不同身份群体之间异质性的合法地位。再分配的更长远的价值是一种宏观的结构性因素，即城乡、区域之间社会资源的平衡与再平衡。这就必然涉及发展的社会基础以及结构性的更深刻的完善要求。

在国家、社会、个人的多重关系中，国家起着主导性作用，社会起着辅助性作用，个体既是付出者也是受益者。在相关体系构筑的生存、保障、自我完善与实现的多层次的机制之中，在个人努力与社会支撑之间，在每个人的需要与作为社会整体的大生产之中——在整体性社会系统中，福利价值在资源的融汇、流通、分配的流转与运行之中得以透达、彰显和完善。在这些多层次、多

---

① 弗雷泽、霍耐特.再分配，还是承认？——一个政治哲学对话.周穗明译.上海：上海人民出版社，2009.

角度的关系中，无论再分配抑或承认，均需充分顾及特定社会领域的具体情境，细化其政策、制度导向，完善运行机制，方能发挥应有的实现功能。

国家、社会、市场、个体在福利实践中承担了不同的角色，实现着自身的职责和义务。国家的主导性尤其体现为一种再分配性，无论东方或西方，这一特质在现代性条件的刺激下愈趋明显。即便如英国、美国等盎格鲁－撒克逊传统的自由主义立场的国家，也在改善其社会政策的方向上增添了不少项目和内容，而日益向福利国家转型。虽然它们与北欧的高福利模式相比仍有不小的距离，但是艾斯平－安德森划定的三个福利世界似乎有着某种趋同、融合的迹象，以至于有着这样的感觉：相互的借鉴使得一种共性的福利模式跃然欲出。

新中国成立以来，福利发展逐渐向着现代的规范化模式迈进，取得的成就也是有目共睹的。比如，建立了较为完整的保障体系，覆盖范围大大提升，待遇水平逐步提高。在国家再分配功能日渐完善的前提下，社会参与的蓬勃发展日渐显现出它的活力。共有、共享性的价值观为社会团结供予了丰厚的道德资源，使得福利发展获得前所未有的机遇和条件。但是由于地域性的经济社会发展的不平衡，以及个体性社会经济特质的差异，社会异质性亦将长期影响这一进程。

在现代性条件下，平等的实现总是"嵌入"在市场环境之中，因此既受着经济性动力的牵引，也受着政治、社会、文化环境变迁的影响。在某种意义上，平等确实可以对需要、应得可能导致的级差进行某种纠偏，但是它仍然有着自身的价值导向。因为平等决不仅仅意味着一种平均，而是有着多重的维度。这些维度的平衡有待于诸种社会机制的共同作用。

第五章　身份与资源

平等的多重维度显示了多重的价值张力。这些维度与张力的存在，对应着某种结构性的紧张因素。社会作为一个协调的整体，本身就内含着结构性的矛盾与冲突。在多维的张力中，两种基础性要素逐渐浮现——作为一种资格的身份因素与作为经济支撑的资源因素。就某种意义而言，二者都要求福利的外在环境的改善——前者要求政策、制度给予个体公平、公正的身份资格的支持，后者要求更为扎实的经济基础的支撑。

如果说之前我们的论述较偏重于一种有关福利之价值及其实现的宏观的原理性的阐述，那么接下来，我们将通过一些具体事例，对这种原理性进行某种微观的检验，尤其对构成福利环境及其基础的身份条件与资源条件，尝试进行一种实证的分析，以期对福利价值尤其平等的社会基础有某种新的发现。

第一节　社会融入的条件

一、身份标识的碍滞

身份有着双重的性质。一方面，它与能力、禀赋、努力、业绩等一样，作为一种要素或资格条件参与福利分配。另一方面，它本身就是一种有待分配的资源——或者说，是与经济资源、社会资源、文化资源、政治资源等密切关联的一种资源要素。就像"社会资本"一样，拥有良好的、为社会认可的恰当身份，既是个体社会经济地位的象征，也在很大程度上影响着个体可以获得怎样的权益，可以在多大程度上共享社会的文明成果，在多大程度上介入公共生活，以及获得怎样的社会标识与认同。身份可谓一种极为重要的社会资源。

（一）小摊小贩的生计 [①]

在杭州近郊一个小区的非主干道路上，经常可以看到这样一对夫妻在摆烙饼摊车：妻子天才蒙蒙亮就来了，丈夫下午两三点钟来接班，一般做到晚上九十点钟。小两口是安徽人，丈夫（以下简称小 H）1984 年出生，妻子小一两岁。小 H 早年在家乡的工厂上班，后来因厂子经营不善转了制，小 H 成了下岗工人，由厂里买断工龄，自谋职业，大约在 10 年前来杭州打工，摆小吃摊也有好几年了。夫妻育有一子，留在老家读书，跟着爷爷奶奶。两人的摊饼车以鸡蛋饼、

---

① 在杭务工人员访谈（2018）。

烙饼为主。如果天气好，早上、晚上忙的时候，一两分钟就可以做一个摊饼，四五元一个，每天有两百来元的纯收入。

小两口在附近租了农民房子，每月的房租、水电费差不多要1000元。他们生活很节俭，只要天气好，也不休息，天天如此，除了伙食以及一些必备的生活用具，也没啥开支，所以一年到头也能攒点钱养家糊口。小孩现在不需要花什么钱，但以后高中升学或者上大学，有一笔很大的开支。老人在家也能干点农活，一家的口粮基本上可以自己解决。但是如果生病住院，巨大的费用就得落在小两口身上了。

因为小H早年上过班，但他的工龄不到10年，买断以后自己也没有去续保，以目前的状态以后是没法领退休金的。他对社保政策并不十分清楚。如果确定一次性补足剩余年份的缴费额，或者重新加入社保按月缴费，以后会享有相关待遇而且比较"合算"，他会考虑续保。他的妻子以前一直在家务农，也打过工，但是一直没有参加过城市的社会保险。

1. 灵活就业的条件

就业作为一种资源形式，包括这些要素——技能、努力、必要的场所、合法的身份，以及由此获得生活资料的正当途径等。

小H夫妻的摊车算不算一种灵活就业形式？恐怕要算。粗略估计，在该小区周边，上班早高峰与晚上下夜班时，这样的摊点有四五处。以杭州全境来说，小吃摊点应该不下数千个，吸纳的从业人员数以千计。这些摊车大多临近公交车站或者店铺较多的非主干街道，买摊点的人大多行色匆匆，急着上班或者没时间在饮食店用餐。大部分是骑电动车、挤公交车的上班族，或是就近店铺的店员，或者附近的保安、保洁员，以及一些匆匆的路人。这些小吃也不贵，而且现场烹饪，无久存的过期问题，摊车的位置较为固定。

面临的问题一个是占道经营，一个是卫生保障。这些都可以通过提高管理与服务来解决。比如，既然共享单车可以划定一些固定的停放区域，那么，不妨在一些合适的地方也划一些位置较为固定的摊位予以编号登记，也可以定期进行一些卫生督察、抽检。[①] 公共资源的适度开放应由简单化的粗放的没收、驱离向善意的管理、服务过渡。灵活就业人员——当然并不限于这些形式，就全国而言恐怕数以百万计，其背后是数以百万的家庭。[②]

就业本身属于福利范畴，它又要求新的社会政策与之衔接。对于小H及其一家而言，生存资源是最迫切的需要——它通过这一灵活、简便的形式初步实现了。虽然并不完美，但总归是一条生计。它的缺陷在于缺乏足备的社会认可度（包括管理机构的认同）以及合法的国民福利身份。就小H夫妻而言，基于公民身份的就业资格并未得到充分的体制性支持。

每个人都享有适合自身条件的劳动权利，并被恰当的社会形式予以保障。就此而言，积极的平等——根据个体的特质、条件而实行的恰当的福利设置、合适的计费标准，应该纳入对这些灵活就业形式的管理之中。对他们来说，如

---

① 据媒体报道，像新加坡这样的人口密集城市，摊点经济管理较为规范，既干净，也美观，既是一种就业形式，也是一种城市景观。

② 2018年就业人数合计77586万人，其中城镇就业约4.34亿人，乡村就业约3.42亿人。登记在册的城镇单位就业人员的构成中，个体户约1亿人，其他就业形式（主要是非单位的灵活就业人员）约1754万。而在2015年，个体从业人员登记在册的约为7800万人，其他就业形式为3368万人。两者增减的数额大致相当。也就是说，原来没有登记注册的灵活就业人员已有相当一部分（1600万~2000万）转为个体户的形式，这些人可能大多参与了城镇基本社会保险（养老、医疗）。其中部分可能原本就是个体经营户转而正式登记注册，有些则是灵活就业形式转过来的，如家政、维修、零工、散工、装修人员、小摊小贩等。这是基于人口普查的数据，依每年情况而有变动。中国人力资源和社会保障年鉴（2019）. 北京：中国劳动社会保障出版社、中国人事出版社，2019：734-736.

果作为个体户纳入社保体系，现行的交费负担是较为沉重的。① 是否可以将养老与医疗保障的"捆绑"脱开，或者降低缴费的额度？减费、纳入体系，施行积极的国民福利待遇，既是对灵活就业的一种支持，也是社会认同之必需。此外，城保与农保的续接问题，也关系到千千万万的"草根"打工族。

2. 权利与义务的非对称性平衡

福利意味着权利与义务的不对称性平衡。公民的福利权利是一项集体性的社会权利，它的法理基础在于民众与政府、社会之间达成的契约关系。但是个体所承担的义务内涵并非仅仅表现在与福利直接有关的事项上——更确切一点，是作为个体所要承担的一系列法定事责，如守法、服兵役、纳税、遵守公认的伦理道德规范、维护秩序、承担一定的社会责任等。② 因此，权利可视为集体性的，义务则由公民自行完成而有着异质性。此外，有劳动能力的人必须依凭自身特性从事力所能及的劳动以增加、创造社会价值。作为劳动者，他必然享有劳动的权利以及择业自由。

针对这些流动的灵活就业形式，相应的社会政策以及社会管理也应围绕这种特定的权利义务关系而设立。如此既要求其守法作为，也应尊重其合法的劳动权利。以合适的方式接纳这些灵活就业人员的职业身份、职业行为，涉及国民福利体系的完善以及为更加多元的社会融入创造条件。

适当的福利身份既可视为一种资格，也可视为一种资源。因为，某种特定的身份意味着可以合法地在公共福利体系中享有相应的待遇，在社会分配中获得适当份额的资源。在类似小 H 的个体与其所处的社会环境之间，存在两个

① 以 2018 年杭州市个体工商户的缴费标准来看，每月需缴养老、医保合计 1200~1300 元，两个人即 2500 元左右。但是根据最新的了解，2020 年在杭州有单位挂靠的个体从业者的缴费两项合计最低一档已降至每月 1000 元以下。

② 涂尔干. 职业伦理与公民道德. 渠东、付德根译. 上海：上海人民出版社，2001.

严峻的认同问题：一是他的职业身份的认同，二是他作为公民的社会认同。[①]
自我认同与社会认同之间存在着相互影响的关系。米德指出，自我是逐步发展的，并非与生俱来的，而是在社会经验与活动的过程中逐渐产生的，即作为个体与整个社会过程的关系以及在该过程中与其他个体的关系中逐步发展起来的。[②]

认同的缺失影响了他们的社会定位，关系到能否共享福利权利。前者首先基于其职业的正当性——获得公共秩序认可的职业资格，在一般的社会共识上，并未给人"低下""不好"之类的感觉。因而就从业人员来说，存在着某种默契性的职业伦理和规范，如具备卫生条件、安全和遵守社会责任、良知秩序等。其次，他们还面临公共领域的社会认同问题。一个明显的标志是纳入公共福利的资源循环。如果这些从业形式一直游离于公共体系之外，我们就不能说它是一种为国家、社会承认的职业。如果以一种合适的方式加入进来，或者降低缴费标准以使其足以承担，或者以更具操作性的城乡居民保险的形式，或者以新的灵活就业形式纳入国民福利体系，都会使其获得更广泛的社会认同。

福利承认是社会承认的标志和基础。就这些灵活就业人员及其家庭来说，对他们的基本生存权利以及择业自由的尊重，不应促成这样一种阶层识别——较为底层的生存状态不应加大代际传递的可能倾向，教育、就业、服务等公共资源的普惠应有助于其子女、后代摆脱不利的穷困命运。[③]

---

① 泰勒认为，自我认同的危机在于失去了"内心的承诺"与"方向感"，而这与外界环境是密切相关的。泰勒.自我的根源：现代认同的形成.韩震译.南京：译林出版社，2008：33—35.
② 米德.心灵、自我与社会.赵月瑟译.上海：上海译文出版社，2018：153.
③ T.H.Marshall. Citizenship and Social Class and Other Essays. Cambridge： The University Press, 1950.

（二）包工头与装修从业者 [①]

装修包工头小 X，1982 年出生，安徽人。早年做过油漆工，后来尝试自己接点活。互联网上有些专门做装修中介的网站，他在其中几家注了册，如果介绍成功，他会付给这些网站中介费（有时是以年费的形式交纳，据说每年要两三万元）。登记注册需要合法的法人身份。小 X 的资料也有，如营业执照副本、证章、合同样本等，他说是同人家合伙开的。他的小孩较小，只有五六岁，妻子虽然是农民，但不干农活，在老家带小孩。

小 X 初中毕业就跟着亲戚出来做油漆工，至今已有二十来年。他的衣着整洁干净，现在基本上已不干活而专门揽活。揽到活以后，他就预收定金、预付款，组织人手，买材料。跟他经常合作的装修工人有一些，但都是临时性的雇用关系，没有雇用合同，或者说是分工种的转包关系。泥工、水电工、木工、油漆工、小工等，在现场看过以后，说好工钱，材料由小 X 购买，活儿就由这些临时受雇者完成，开工以后预付一部分工钱，完工后结算。

如果顺利的话，小 X 的利润还是比较高的。一项七八万元的装修合同，他大概能赚两三万元甚至更高。除了支付网站的费用，并没有别的、大的开支——因为整个运转过程基本就他一个人。在好的年份，他可以接十来项活，虽然这些活都不大，但是如果顺利的话，一年下来也可以赚十几二十万元。但是，一方面业主对装修施工的资质要求越来越高；另一方面他的管理又较薄弱，接上活后对工程质量不闻不问，以至于很多偷工减料、滥竽充数的事发生，这也带来了很多纠纷。这些因素使得小 X 感到生意越来越难做。

---

① 在杭务工人员访谈（2018）。

1. 职业伦理与福利身份

在小 X 与他的合作者（雇工）、小 X 与他的东家之间，存在着一定的职业关系，也有相应的伦理规范的要求。后者受限于正式的条文约定，有明确的法定的权利与义务事责。前者并无明确的书面合同，只是某种口头的约定，依赖以前形成的交往惯例或者双方的人品做担保。曾经出现过这样的事：小 X 觉得装修工人要价太高或者工人因为某种原因提高了工钱要求，从而没有向工人足额给付工钱，导致工人向东家要钱。也有偷工减料、以次充好的事发生。这些纠纷往往造成小 X 的"失联"，问题只能在东家与工人之间解决。

经济行为以及职业伦理的失范、失德与缺乏有效的制约机制有关。一个重要因素是无论小 X 还是他的雇工都缺乏在所在城市的合适的社会保障身份。身份资格的碍滞导致其不能充分融入相应的公共秩序。[1] 他们居无定所，不但缺乏法定的约束机制，而且没有乡土社会常见的熟识规范的有效制衡。作为流动性很强的装修从业者，很多人并没有参加城市的社会保障体系，在家乡也大多没有参加"新农保"，相当部分人游离于正式的社会保障体系之外。[2] 国民福利体系的融入不但可以将他们纳入有效的公共保障之内，也将给职业行为提供一项可靠的担保——既可以增加其应有的社会责任意识，而且，即便出现了某种纠纷，事后也有比较便捷的申索可能。个体在享有社会保障的同时，也为公共秩序的运行提供了责任承诺。

对小 X 及其雇工而言，面临两种选择——或者在家乡参加"新农保""新

---

[1] 　李强. 农民工与社会分层. 北京：社会科学文献出版社，2012.

[2] 　2018 年全国城乡居民基本医疗保险参保人数约为 13.4 亿（这应该是截至年底的数值，年内应有变动），大致做到了全覆盖。而同年城乡居民基本养老参保人数约为 5.24 亿，与就业人数 7.76 亿相比，差额约 2.5 亿。这个差额的大部分应为乡村从业人员、农民工以及灵活就业人员的合计数。中国人力资源和社会保障年鉴（2019）. 北京：中国劳动社会保障出版社、中国人事出版社，2019：796-798，816.

农合"，或者参加城市的个体工商户保险。两者都有着身份的尴尬——他们既不是农业从业者，也不是个体户（小 X 按理可以作为城市就业人员加入城保体系，但不知为何也未加入，可能与所挂靠的公司无正式的劳动合同有关）。他们是流动的城市就业人员。前者（农保）保障力度要弱一些，后者（城保）要求一定的就业固定性。与小 H 夫妇一样，他们也需要合适、切当的福利身份以融入一种稳定的市民生活。他们愿意融入吗？融入的可能性在哪里？以怎样的方式融入？

他们是愿意融入的，但是融入的意愿与方式并不清晰。如果要加入城保体系，势必要有正式的劳动合同以及合法的法人单位。对于大多数流动的装修从业者来说，二者都不具备。如果小 X 挂靠的那家公司有合适的法人身份而且又愿意与这些雇工签订较为长期的正式劳务合同，他们的福利身份将有着落。实际上，只有较大的、较有名气、业务量比较稳定的大公司会这么做。大多数小而散的从业者只能维持"游击队"的性质。如果介绍装修业务的中介网站也能承担劳务派遣的社保责任，问题也可以得到解决。或者，也可以考虑将这些流动的受雇者与前述灵活就业人员一道考虑，设计一种可以接受的适当的保障形式。除了养老、医疗的基本保障，住房、子女教育等因素也应充分考虑，这是他们作为社会人而不仅仅是经济人的正当权利。

社会融入对劳动者而言是合法的正当的权利，对公共秩序而言是共同体的承认。如果说，乡土社会的伦理规范为人们的交往提供了一种共识性的道德约束①，那么，在流动性很强的互陌地带，社会认同将何以可能？

2. 多层次的承认关系

国家对经济秩序和社会政策的运行有着双重保证。对于合法正当的福利身

---

① 梁漱溟. 乡村建设理论. 北京：中华书局，2018：26-27，30，32.

份而言，虽然网站、包工头、施工者之间有着某种程度的连带关系，但是法律的最后保障仍然取决于国家的角色。这是因为，公共福利、法制环境等公共体系的担保功能，最终要以主权规约的形式来付诸施行。所以国家有着双重性角色——既作为福利体系的最后承担者，又作为社会交换的经济、社会秩序的保障者。

在国家、社会、市场、个体构成的多重关系中，我们显然可以看到多维的张力，看到生存压力与社会环境之间持续性的紧张，看到各个利益主体之间潜在的冲突可能。正当的劳动权利、福利身份与必然扎根其中的社会基础所提供的现实可能性之间存在矛盾。如何在现实条件下针对这些复杂局面寻找足以缓和的迹象和线索，需要多层次的社会革新的努力。

黑格尔指出，承认是主体间性意识，互相认可对方的主体资格，从而自我的主体意识也在相互认同中实现。[1]如果说灵活就业人员的承认不足主要在于外在环境对于他们的群体性认同不足，那么，在这些流动的装修从业者中，不仅他们之间存在自我的主体认同不足，对外界、他人、社会的秩序运行也缺乏足备的认同意识——譬如，东家的合理权益、合约的遵守、社会公德意识、环境的保护等。这些欠缺，有些有待于正式的法制环境的改善，有些不可避免地依赖于主观的主体间性意识的加强，尤其职业伦理与公德意识的培育。[2]而福利身份的融入，乃至一种共识性社会标识的确立，对社会认同与职业规范将起着重要的引导作用。否则，秩序的塑成必然要求巨大的社会成本来弥补。

（三）店铺经营者[3]

老J，江西人，45岁左右，在杭务工、务商多年，有些积累，在杭州郊区

---

[1]　黑格尔.精神现象学.先刚译.北京：人民出版社，2015：119-120.

[2]　涂尔干.职业伦理与公民道德.渠东、付德根译.上海：上海人民出版社，2001.

[3]　在杭务工人员访谈（2018）。

买了一套商品房，也买了私家车。两口子在一条商业街上租了个门面房做饮食生意。老 J 的户口虽然仍在老家，但是一家三口都居住在杭州。老婆一起跟他经营这个门面，女儿在杭州读初中。老 J 说，幸亏早年买了房，现在一方面价格贵买不起，另一方面由于限购，外地人也不太好买。因为老 J 在杭州交了多年的社保，又在杭州有房子，所以女儿得以在杭州就读。门面租金也不贵，每月 2500 元左右。两口子起早贪黑，一个月能赚万把元钱。因为不用付按揭款（早就还干净了），这些钱，养家、养车、养孩子，生活节俭点，还能剩不少。日子过得比较安稳，主要是女儿在身边，又没有太大的经济压力，比一般打工者要稳定。每年过年时会回老家一趟，看看爹娘、亲戚，过个年，大部分时间在杭州。他已把自己当成"新杭州人"。

1. 稳定感与社会认同

老 J 的身份认同意识明显。他的生活有较强的安定感，市民身份的认同也要强于前二者。这是与福利待遇相关联的身份识别。虽然他的户籍不在杭州，但是因为在杭州交了多年的社保，以后的养老待遇也可以在杭州申领，因此有较强的市民化的自我认同。此外，他的女儿在杭州就读，家庭生活也给他"新杭州人"的感觉。个人认同与社会认同之间有较强的关联性。泰勒指出，自我是从"善"——一种道德感中生发出来的，如家庭、友谊、童年的生活经历以及宗教、文化的熏陶等环境因素。① 一个人总是倾向于按照自身塑造的那个模式去生活，他的行为举止也会尽量吻合他自身的角色期待。这是社会承认的心理基础。当然，社会承认除了主体性的自我塑成，也要求将这些信息传递给他人以获得良性的共鸣与同应，而社会机制赋予的合法性是不可或缺的。

---

① 泰勒.自我的根源.韩震译.南京：译林出版社，2008：60.

福利身份与自我意识、社会认同有着强烈的相关性。将自己当作来自外地的谋生者，抑或定居在此的"新市民"，也影响了他人对自己的身份定位，而一个显要的标志即享有市民福利的资格。在某种程度上，这些因素决定了此人的言行举止、社交范围、活动方式、人际交往等社会行为。在米德看来，即一种自我识别的"符号"，一种身份的象征。

在市民化与地域认同之间存在高度的相关性。对小 H、小 X 等流动性较强的异地户籍从业者而言，他们的地域认同或许仍然停留在家乡。他们来杭州的主要目的是赚钱、谋生，作为杭州人的市民化不仅在情感上认同不充足，还存在诸多现实的障碍——比如居住条件、子女的教育机会、社保身份，当然也有户籍因素。或许对于小 X 来说，存在市民化的经济可行性；对于小 H 来说，要克服的困难要大得多，要求社会政策、就业政策、教育体制等体系的深度革新。总的说来，流动人员市民化的要件必然包括户口与住所、家庭的扎根、社会保障资格的获得等诸多因素。

2. 社会定位

社会定位的确立与福利身份的密切关联在社会变迁时期尤为明显。异地户籍从业者是改革开放之后出现的一个普遍现象，他们的社会定位以及安定感事关千家万户。从他们身上折射出的一个突出视界是，公民身份与福利身份有着高度同构性。在马歇尔看来，教育、文化、服务以及其他社会文明成果的共享属于社会权利的范畴，而公民身份综合了公民、政治、社会三种要素。[1] 英国公民权利的演进史表明，公民的社会权利建立在公民要素、政治要素实现的基础之上。但是在当今中国，就这些流动从业者而言，社会权利的实现有必要先行一步，因为它的实现有可能带动公民要素、政治要素的完善。

---

① 　T.H.Marshall. Citizenship and Social Class and Other Essays. Cambridge：The University Press, 1950.

　　但是这些过程需要社会体制的革新尤其福利设置的重整来赋予一定的制度可能，譬如户籍问题。如果有统一的社会保障身份，而且每个人可以公平合理地享有同等的权利、履行应尽的义务，那么户籍的重要性也就退居其次了。这种共识性身份的内涵是什么？它的现实应力在哪里？

二、政策的改良

　　身份碍滞大大制约了福利的进程。在社会发展与变迁中，福利愈趋显现出历史与现实的应力。福利体系的整合是必要的。譬如城乡居民之间，或不同职业之间，有无可能既顾及职业或其他身份异质性，又充分考虑必需的统合要求？

　　体系的整合尤以"农民工"的福利保障为典要。我国的农民工群体是改革开放以后出现的社会现象，他们的社会保障大致可以归为三类：①在一些大型、正规的厂矿企业、单位就业，基本上拥有初中及以上的学历，由所在单位办理了养老、医疗、失业等社会保险；②在城市从事商业、服务业的自雇者群体，出于孩子就学、购买商品房等考虑，作为个体工商户参加了就业所在地的养老、医疗等社会保险；③大量的流动受雇者，比如临时工人、家装工人、为个私业体打工的人员，一般没有参加城市的社会保险。①

---

① 现行适用农民工的社会保险有两类：一是参加新型的城乡居民保险，每年缴费额分 100~1500 元十几个档次，自由选择缴费额度，达到一定年限后可以按月领取养老金。二是参加由所在用工单位办理的城市社会保险。目前来看，来自中西部地区的农民工参加上述两类保险的比例都不高。这可能与参保意愿、社会保险的转移接续政策、农民工户籍归属等因素有关。比如，城市户籍的市民自雇者，有着居民类或工商类等性质的选择，而异地户籍的临时从业者尤其无单位挂靠的灵活就业人员面临较为尴尬的处境。这是 2016 年、2017 年农民工社会保障情形。2018 年之后，以个体工商户身份参加从业所在城市社保的外地流动人员逐渐增多，但是须以养老与医疗捆绑式缴费的方式进行，比较适合像出租车司机这样有着较稳定收入、较稳定就业地的人员。钟点工、家装工人、小摊小贩等流动性更强的人员参与城市保险的并不多。有些人还存在城市养老保险与之前"新农保"的转移接续问题，尚需政策的进一步明晰（2016—2018 年外省籍在杭务工人员访谈）。

教育、居住、养老、医护等资源，基于国民福利待遇的适当整合与普惠，不仅要求相关政策的革新，也必须立足于宏观资源流的特点夯实其社会、政治、经济基础。刘易斯立足于诸国社会变迁的历史事实，指出劳工阶层在城市生活环境改善的重要性，对于我们也有可贵的借鉴意义。①

教育以提高人的素质为本质，由此个体获得社会化的能力，锻造实践能力，提升人的心灵和品质。佩鲁尤其指出教育与社会不平等之间的重要关系。② 作为人的发展的基础性资源，教育的发展也应围绕实现人的本质这个核心，当然这必须全社会的共同努力。社会的教化作用不只来自学校，人们生存其间的环境的社会化作用在成年以后于此尤甚，这对于每个人都是不可或缺的。

给予外来务工人员适当的身份"承认"，使其融入城市生活，拥有适当的福利待遇，培养基本的道德意识，能够在城市落脚还能生根。③ 为此，建立适当的职业教育体制、终身教育体制，保障随迁农民工子女的教育机会，是实现社会公平的必然选择。

---

① "无论永久还是暂时的迁移，新的产业劳动者经常被挤入贫民窟，享受不到城镇生活的舒适和好处。在这种环境下，打破劳动者和农村之间纽带的激励是最小的。新的工业城镇没有理由不进行良好的规划，建设住宅、学校、公园、教室、电影院和其他设施，让大部分人觉得，城镇比农村更吸引人。同样，没有借口不发展广泛的社会服务，包括医疗服务、失业救济、养老保障等。如果缺乏这些，产业工人将被迫与农村保持必要的联系。在城镇提供这些设施和服务，就会得到更健康、居有定所、渴望晋升的劳动力。这些事情成本不低，但是能够带来额外的生产力，也能让人们生活更幸福。"刘易斯.经济增长理论.郭金兴等译.北京：机械工业出版社，2015：152.

② 佩鲁.新发展观.张宁、丰子义译.北京：华夏出版社，1987：36.

③ 有些农民工的收入并不低，甚至有时要高于刚参加工作的工薪族。比如，装修业等自雇者、店铺经营者等，平均月收入有五六千元，有些能达到1万元左右。这些收入足以支付他们的日常开支，也足以承担各类社会保险，如养老、医疗、失业保险，甚至可以承担住房按揭款。一些在较大工厂工作的民工，工资虽然低点，但雇用单位一般会依法为其缴纳相关社保。应该说，农民工获得市民资格，融入市民福利体系的经济条件是具备的。主要障碍在于制度的同一性有待改善，以及农民工参加市民保障体系的意愿，而这又取决于城市的生活成本以及小孩的教育机会等因素。赣、苏、豫、皖等省籍在杭务工人员访谈（2017年）。

居住资源对于外来务工人员来说也是稀缺的。比如前述像小 H 夫妇、小 X 等人员，如果有妥实的居住条件，他们的子女就可以随迁过来就学，社会认同感即会明显增强。住房政策也应尽可能实行普惠的国民待遇。可考虑实行全民性的住房公积金，与养老保险、医疗保险、失业保险等体系一起成为强制性、普惠性的福利制度，由个人出资、雇主分担、国家补助相结合，为异地户籍务工人员在城市安家落户排除居住障碍。或者将符合条件的外来务工人员也纳入城市廉租房、公租房等住房保障体系。①

所有的社会保障记录都应该可以转移接续，打通"城保"与"农保"的政策障碍，在一个城市参加的养老、医疗、住房、失业等保险可以随工作地的转移而延续。这样就排除了异地就业者参加社会保险的后顾之忧。

异地户籍务工人员获得市民化的社会保障身份以后，他们才会成为真正意义上的市民，他们的家才会落在城市，生活也才会渐趋安定。随着良性社会认同的形成，一些短期行为即会避免，经济领域中的失德行为也会弱化。泰勒指出，道德不是本能，而是自我对历史与现实的必然响应——或者说，不是"生物性"的本能，而是"社会性"的本能。因而道德必然昭示着自我认同的形成，而自我必定是道德的自我。②

全国通用的社会保障账户应尽早设立，公民依据缴费记录按统一标准领取养老金。好比人们在银行存款，可以在银行的不同网点存款，也可自由在不同

---

① 据统计，2018 年全国医保基金结余 23439 亿元，养老基金结余约 58151 万亿元，失业保险基金结余 5817 亿元，社会保险基金合计结余约 8.98 万亿元，差不多接近 GDP 的 10%。《中国人力资源和社会保障年鉴（2019）》（工作卷），第 796 页。依据当前各项社会保险基金的结余情况，似可同时采取两个方向的调节。一方面降低养老、医疗、失业等保费的费率；另一方面扩大住房公积金的覆盖范围，使其成为一项普惠性的制度。经过调节之后，劳动者总的缴费率应不高于原先的承付水平，对于公共福利基金的结余也可维持适当的规模。

② 泰勒.自我的根源.韩震译.南京：译林出版社，2008：8–9.

网点取款，而费率、利息是一样的。在缴费时参照工作地的标准以及自身的收入情况。在领取养老金时，参照应得原则按照统一标准计算出每月养老待遇。同时也兼顾平等原则和需要原则，由国家财政预算对公共资金、统筹账户予以调剂。[1]

养老、医疗、就业、教育、社会服务、慈善等福利的平等首先要求"公民身份"的平等（即职业、行业、社会阶层的同等福利资格）。在这一意义上，福利正义之实现并不仅体现在农民工等异地从业者的福利承认上，也体现为不同职业、行业以及不同阶层之间的"同工同酬""同需同福"。比如"蓝领"和"白领"之间、相对固定的就业形式与灵活就业人员之间、城乡居民之间等，都需要一种共性的身份认同，一种与福利资格、待遇相关联的共性的公民身份。

不同领域的政策改良的途径和方式也有区别。譬如，在医疗保障中，需要和平等原则有着比较接近的地位，全员医保已经接近完成，只不过待遇有别。养老体系也应尽量简化、整合，既能体现劳动者的贡献因素，又能体现社会平等的价值。国民教育、公共服务、慈善、救济等体系的运转体现着社会的文明程度，逐步消除各种身份区隔和就业歧视，也是社会进步的重要标志。其中，不同地域、不同群体的资源配置要求进一步普及化、均衡化。

需要、应得、平等的落实将以不同群体、不同地域中不断更新的福利实践来表达。这不仅为保障贫弱者的基本生活、缩小社会差别、拓展生存和发展的空间做出必要的准备，也将为实现更加宽广的社会的公平正义奠立坚实的物质基础。

---

[1]　目前的城镇企业职工养老转移接续暂行办法规定："基本养老保险关系不在户籍所在地，且在每个参保地的累计缴费年限不满 10 年的，将其基本养老关系及相应资金归集到户籍所在地，由户籍所在地按规定办理待遇领取手续，享受基本养老保险待遇。"

第二节　资源的充实

如果暂时把价值因素搁置，从另一个角度审视正义的实践——资源融汇、流转的适当的契合点也必须在相应的社会关系与结构中才能找到。这既要求再分配与承认更好地发挥其本有的功能，也要求特定的基础性环境的改善——比如政策、制度的支持与完善，以及资源流本身的充盈和充实。这是福利实现的社会基础。

无论再分配还是承认，都是"切蛋糕"的工具。要使民众福利获得更长足的进步，还在于将"蛋糕"做大做强——这个"蛋糕"即福利基础的愈加充实以及各种形式的资源流更畅通的运转。

一、农村福利的基础

（一）发达地区的农村

埭溪等地的农民福利主要基于当地经济的发达为福利开支提供了比较充足的财政支持。欠发达地区的福利完善也应建立在经济社会更充分的发展基础之上。实际上，这两者之间互为影响、互为关联。基本的福利保障确立之后，社会、经济发展可以免除后顾之忧，后者又转而为福利发展创设条件。

我国江浙一带的经济发展，尤其是浙江的台州、温州地区，有着这样一些特色：形成了颇具规模的集聚性产业群落，如汽配、摩配、机械制造等轻型加工业以及与此相关的物资贸易、港口、交通运输，此外，还有比较发达的民间信用网络、悠久的经商传统等商业文化特质。[①]

譬如，在台州的路桥地区，当地农民从事农作的已经很少了。遍地开花的是随处可见的"家庭作坊式"工场。它们的上游是大大小小的机械、工具、汽配、摩配制造厂商，其上游是大的集团化经营的制造业公司，如吉利集团、钱江摩托集团等，或者来自宁波、金华，甚至上海、江苏、广东、福建等省市的外来订单。强大的市场资源、比较灵活的民间信用体系和融资便利构成的资源优势以及制造业产业优势，使得这些农村较早时期即已实现了工业化。村庄的土地要么建成了厂子、工场，剩余不多的农田给外地来的农民种点庄稼、经济作物。

当地的农民要么成为工场主、小型加工业者，要么给大的公司、厂子打工。他们的收入远远超过务农所得。村里、镇里也有相当的财政规模，给学校、道路建设、卫生服务机构出了不少力，有些地方还有补充养老、补充医疗等福利资助。有些农民因为征地或转工的原因参加了市民化的保障体系，保留村民身份的农民除了享有集体的福利"分红"，也大多参与了新型城乡居民保障体系的缴费。市场的实现、集体的财力、公共性保障构成了多层次的农村福利基础。

不同地域都有各自的优势和特点。夯实福利基础，实现经济社会更平衡、更充分的发展，在于因地制宜、扬长避短，找到合宜的经济增长和社会发展道路。而国家以及团结意义的现代社会，负有资源之引导、调节、平衡以及社会规划的法理和道义责任。那么，在缺乏工业基础的广大内陆农村，福利的经济支撑在哪里？

[①]　依据笔者早年工作经历回忆整理。

（二）小型机械化农场 [1]

老 G（化名），45 岁左右，早年在外务工多年，平常喜欢接触新鲜事物，如网络营销、无人机、农业技术、农田机械等，算是当地有头脑的农民。他将临近乡亲的约 100 亩稻田流转过来，每亩付给流转费三四百元，自己进行集约化耕作。乡里也很重视，派出技术员对口扶助。老 G 弄了两台无人机（电子遥控、四个旋翼、类似航模形状），播种、施肥、撒杀虫剂全靠它们，天旱时还能喷点水。他雇用的固定工人只有四五个，在农忙的时候也会增加点人手帮忙。大部分农活外包给专业团队。如收割，有专门的收割队，全部机械化，割稻、切秆、脱粒一条龙服务，老 G 只管收稻谷。插秧也有插秧机，但需要人工协助，还有专业队伍。以播种两季计，100 亩田打的稻子扣除掉开支，收入也有十来万元，在当地也算不错。

这是永新西乡农村一个"机械化"集约经营的典型，在全县也属于凤毛麟角。一方面，如果没有村集体甚至乡里的大力支持，一般人流转不到大片的整块耕地。另一方面，懂技术、有头脑又愿意搞种田的人也少。很多有门路的人都出去务工了，家里的几亩田，要么撂荒，要么留给家里的女人、老人种点口粮，也不在乎收成，或者零零碎碎匀给村里其他人种。老 G 的那套模式不知为何没有普遍推广开来。政策力度不够可能是个原因，大多数村集体难以取得共识恐怕也是一个因素。

规模化经营带来的直接的就业增长可能是有限的。但是它从个体化的家庭经营模式转变为集体化的协作形式，这是生产力的进步。如果这种经营形式有合法的注册身份，固定的雇工就可以作为职工参加市民的城市保障体系。此外，

---

[1] 永新西乡的一个种田大户。（永新调研资料）

专业化的耕作团队也可以组合成规模大一点的农业公司，其法人身份、员工身份也会有明确的依据。这些都可以成为农民参与市民化福利体系的新的探索。集约化经营产生的技术需求、机械设备的更新也会促进农业机械的制造。雇工工资、耕作团队的工钱也远胜于家庭耕作的农作所得，这对于农民而言本身就是福利改善。

集约化经营的同时也会带来资源的整合以及更有效的利用。一些闲置、撂荒的土地集中起来，进行适度的规模经营，可以实现资源的再利用。此外，人力资源也出现了不同程度的分流。一部分劳力进入非农产业，一部分到外省务工或者在本地从事商贸、建筑等行业。[①]留下来的部分劳力从事专业化的耕作，组成收割队、插秧队等专业团队，运用新的农业技术设备，含有协作的形式，也带有半工业化的性质。这是农村人力资源更有效的分流与利用。

这些劳动者面临两种选择：一是继续加入农民身份的"新农保"，二是以农业公司的身份参加职工保险。可能后者的保障力度更大，当然缴费额度也会更高一点。农业产业化的发展为此提供了可靠的经济基础，但是这需要观念的转变以及更加合理的政策推行力度。

资源的整合要求诸体系的协同，如用工机制的完善、社会保障的新形式的探索、土地等资源重组的社会动员。官方的正式组织力将起到枢纽性的作用，包括乡政府的引导、村委会的群众工作、得当的社会政策的可行性检验等。农村社会含有更多的亲熟规范的约制，人际交往与宗亲关系之间有着密切的关联。

---

① 2017 年全国乡村人口总数约 5.77 亿，其中乡村就业人员 3.52 亿，从事第一产业人员 2.09 亿。中国农村统计年鉴（2018）. 北京：中国统计出版社，2019：31. 在内陆农村，外出务工人员占到适龄劳力的相当比例。比如湖北省 2017 年乡村人口总数为 4072 万，乡村从业人员 2288 万，外出人员 1130 万。湖北农村统计年鉴（2018）. 北京：中国统计出版社，2018：5，9. 需需要指出的是，乡村人口总数是包含老人、妇女、小孩的。如果就适龄的劳力（以 16~60 岁计），青壮年外出务工人员大约要占到劳力的 1/3~1/2。

这些因素都影响政策的效力。

（三）村里的运输户①

桂仔（化名），50岁左右，上过初中。早年在广东从事汽车运输，近些年因母亲身体不好，回乡好几年了。他父母都已80岁左右。妻子比他小好几岁，一个人能种六七亩田（自家的四五亩加上别人家勾过来的一点）。他弄了辆二手卡车，帮人运输建筑材料、土方、砂石等，好的光景一年能赚四五万元。女儿在外上大学，快要毕业了，儿子还小，刚刚上小学。他家的经济情况在村里算是中等以上。父母每人每月可以领到100多元的基础养老金（国家给的88元，省里配套了几十元）。因为妻子能种田，家里的口粮够了，还能卖一点补贴家用。家里养了七八只鸡，蔬菜也在自家田里摘。他们一家都没有参加"新农保"的增额缴费。以后老了，除了国家的基础养老金，只能靠这点口粮田以及子女的供养了。

桂仔家的生计主要依靠第三产业的转产以及既有农田的家庭式耕作。国家给付的养老金对于他父母而言可以增加一些零用的花费以补贴家用，如买点油、生活用品，有点零用钱给孙子，自己感冒发烧之类也可以去卫生院买点药。其实，这点钱大多还是发到家里，由媳妇、儿子保管，作为一家的支用一起调配。

家庭的共同生活是父母老年生活的支撑，这在传统农村尤其常见。老人含辛茹苦养大了子女，老年的依靠自然也着落在子女尤其儿子身上。老人也干一些力所能及的农活，扫扫庭院，带带孙子、孙女等。生活资源的共享是基于亲情的承认，在中国是人之常情。一家人的生计就是最可靠的福利保障。但是，子女长大以后，如果在外谋生，不经常住在一起，情感慰藉、生活照护就会成

---

① 永新南乡的一个村庄。（永新调研资料）

为问题。现代社会保障体系的介入是必要的。

这是内地农村较为传统的生活保障方式。家庭的亲缘性承认是生活资源共享的伦理基础，此外，乡土社会的习俗、规范也形成了一些自然的惯例。家庭的保障功能是显而易见的——除了生活资源的物质性支持，情感慰藉、共同生活的沟通与交流对于老年人、年幼儿童的人格塑成与社会化都是不可或缺的。以滕尼斯看来，这是基于情感的"初级"的共同体生活，反射着一种"本质意志"。[①] 在当今的中国农村，这些形式仍然构成不可或缺的社会化的基础，并且可以从中发掘出完全具有"现代性"的意义。

虽然青壮年人口的外迁（务工或务商）、人口的疏离化是当前内地农村普遍存在的问题，但是这并不意味着在社会政策上就不能寻求更加贴合实际的新的探索。随着新农村建设、乡村振兴的稳步推行，县级城市、乡镇地区的新的就业途径的拓展，青壮年人口的回流也不是不可能的。资源向中小城市的扩散，除了显见的经济性趋力，公共财政在基础建设、人文环境的投入也将起到显著的引导作用。

村镇人口的适度集中可以有效防止农村的凋敝，但这需要一系列基础性条件的改善。比如，农村教育质量的优化、卫生医护资源的优化，商贸、物资供应等生活设施的便利化，养老、文化等社会服务的充实和完善等。

（四）因病致贫的家庭[②]

彦生（化名），50岁不到，初中文化，一直在外务工。在温州做过鞋业，在山东、广东做过瓷器行业，工作很辛苦，经常要加夜班。他的父亲（75岁左右）年轻时砍柴伤了右臂，做了截肢，后来又患有精神疾病。弟弟约10年前患了

---

① 滕尼斯.共同体与社会.北京：商务印书馆，1999.
② 永新南乡的一个村庄。（永新调研资料）

尿毒症，不久前去世了，留下妻子和一对未成年儿女。彦生的妻子跟着他在外地，大的儿子在家乡陪着爷爷奶奶，小的那个跟他们在打工的地方读小学。弟弟去世后，两户人家的生计再加上患病的父亲，重担全压在他身上了。弟媳也能出外打工，但可能只是糊口，承担不起子女的养育重任。侄女稍大一些以后，很有可能也要走打工这条路。他们家原来有乡里的"低保"待遇。现在弟弟过世后，能不能还有这个待遇是个问题。老的有病，小的还小，彦生家也是农村因病致贫家庭的一个缩影。如果没有积极因素的介入，贫困的代际传递是很有可能的。

彦生家算是享有了国家的公共福利支持。因为他父亲有残疾，只有部分劳力，年老以后又有精神障碍，大的儿子也有听力障碍，再加上弟弟的尿毒症，他们家是"低保"家庭。弟弟去世以后，低保待遇要村里、乡里的批准。"新农合"对他们家的保障作用也是较大的。以前他弟弟每一两个星期要去做血透，费用基本上可以报销，否则也拖不到十来年。但是"低保"待遇即使有，也仅能维持最低生存水平。

不过农村有点好处：可以养点鸡鸭，小菜也是自己种，温饱应该不存在问题。最大的问题是几个年幼孩子的教育与出路。如果不是大的城市，就业培训尤其特殊就业的技能训练是很少的。家庭环境的不利也使得几个小孩缺乏足备的教育条件。

对于这样的困难家庭，落实"应保尽保"的低保待遇是必需的。[①] 保障每个困难家庭的基本生存资源，是社会福利的应然义务。其次，如果有条件的话，

---

① 当前的低保待遇大约全国平均每年每人有 5000 元左右，已经超过国家划定的贫困线了。像这样的农村家庭，辅以适量劳作，养点家禽家畜，种点蔬菜，温饱应该不成问题。

农村社会服务也应在数量与质量上有新的资源补充。鼓励更多社会力量参与乡村社会建设，以更多资源投入失能老年人的照护，包括定期的访谈、陪护，一些力所能及的生活资助等，这些措施将起到积极的作用。家庭的功能当然是不可替代的。但是，如果有更加多元的社会力量的参与，如公益慈善组织、社会工作者队伍的介入，困难人群的生活质量无疑将得到更大提高。

这些问题都有待于积极因素的介入，尤其养老体系的完善、就业资源的拓展、职业技能的培训、教育资源的充实，除了城乡之间的政策性倾斜，也需要地方财力的更大支持。国家（政府）、社会以及个人发挥不同的作用，履行的职责也是不同的。其中既有契约性的义务，也有公共的社会责任意识，还有作为公民的社会公德，亦即涂尔干指称的"公民道德"的培育。这些不同层次的德性行为为困难群体提供了不同方位的道德与物质支持。

资源支持有着不同的渠道。"低保"、社会服务、养老设施大都纳入公共预算，由国家财政担负。社会性的慈善、救济行为在农村社区较为薄弱。尤其内陆农村老年人的照护，因为交通或者资源筹措的困难，传统的公益行为往往难以顾及。但是，近些年来，网络公益有针对性的慈善、救助行为在某种程度上弥补了这些空缺。①

二、新农村建设

（一）集体积累的可能途径

像这样的内陆农村，集体积累的可能途径在哪里？

桂仔和彦生同属于一个村庄（以下简称 Y 村），其实当地还是有些可待

---

① 比如"腾讯公益"等平台有针对听障儿童的训练、对孤寡老人的资助，以及"每日一餐"等爱心项目。但是这些活动由于经费的原因，受益面有待拓展。

开发的资源。比如村里以前有做草扇的工艺。当地妇女将蒲叶晒干以后，会将其编织成形状美观、经济实用的扇子，坚固耐用，可以用好几年。夏天，这些扇子在县城很受欢迎。如果有合适、高效的营销渠道，推广到外县、外省，也可作为一个村落的小产业。以一把草扇卖五六元计，十万把即五六十万元。对于全村几十户人家，就是一项可观的收入。

该村还邻近著名女革命家贺子珍的家乡，相距只有六七里路。那里保存了贺家的祖屋，县里还立了塑像，也算一个红色景观。Y村处于县城到龙源口大捷、井冈山等名胜的必经之路，离县城也只有十几公里。风景不错，有山有水。如果能发展一些红色旅游，或是结合"农家乐""民宿"等形式，既可以解决富余劳力的就业，也会为集体经济增加新的收入。

诸如这样的经济形式，应由谁来牵头？似也可效仿早期江浙一带村镇经济的模式，由村镇集体来办。集体来办这些事，一方面有利于调动各种资源如人力、土地等；另一方面在初期的资金投入上也有可能获得更多的金融信贷支持，集体经济更可能汇聚一种资源流的合力，这往往是个人难以办到的。

农村福利基础的充实，除了国家财政的政策性支持，还在于因地制宜，找到增加农民收入、增进集体积累的多样化的途径。如此，农民福利的改善才有更加扎实的基础。农民福利的完善既有赖于更贴合城乡社会实际的福利设置的改革，也在于探索适合新型农村建设的新的福利形式，当然也有赖于宏观资源流的充盈。农业的产业化、非农就业的拓展、农村经济发展途径的拓宽，看来是夯实乡村福利基础的必然途径。这必然得益于资源要素更加充分、合理的流动以及资源流本身的充盈。

（二）城乡资源的合理流动

鉴于资源分布不均以及城乡二元结构短期内尚难以消除，社会资源应该逐步向中小城市扩散、向农村地区扩散。实现教育平等的首要措施在于提升中小

　　城市的中小学教育质量，放宽孩子入学的户籍限制。加大对中小城市、农村地区医疗卫生资源的投入。健康资源、社会服务也应在城乡之间依照需要原则就人口密度、构成等因素实现大体的均衡。福利完善离不开经济政策、社会政策、财税政策的协同，而再分配和承认定然发挥着枢纽性的功能和角色。

　　经济建设、社会建设、福利建设，这三个领域有着联动的关系。佩鲁指出，社会发展必定是"整体性""综合性"的，不仅要求机构、行业、地域、企业等主体的协同与互动，也要求不同部门之间直接或间接的相互作用，更要求人力资源等人的因素发挥应有的效能。[1] 财税杠杆、投融资等经济政策与公共服务等社会政策的协调，人际的信任、交往等有效的沟通，社会关系的调适与平衡，一起引导着资源向农村地区分流与蓄积，从而改变资源流的分布与流向。

　　实行积极的城镇化政策是改善城乡融合的关键，而不是被动的自发的人口流动。以城镇而不是大城市作为弥合城乡区隔的要冲，更为积极的再分配与承认举措将资源的共享、共有性延及更加广阔的公共领域。城乡之间交通、社会服务、公共资源的互通所实现的城乡融合，尤其注重城镇的"伸缩性"功能。

　　新农村建设必须注重"新"的社会结构的塑形。比如，因地制宜的农业产业化、农村的宜居化等。农村经济的发展尤其取决于某些内生性的资源要素，如资本、劳动与技术进步的整合，这是"内源性"的发展动力。[2] 从社会内部寻找动力的"内源性"发展理念，要求社会结构内部的革新。[3] 农村地区的内源性要素的发掘固然是一项根本的战略，同时也离不开外部资源要素的介入，尤其城乡资源流的畅通，可以赋予内生机制更强的动力引致。此外，较之欧美

---

① 佩鲁.新发展观.张宁、丰子义译.北京：华夏出版社，1987：2-3、12-13.

② 派克、罗德里格斯－珀内、托梅尼.地方和区域发展.王学峰等译.上海：格致出版社，上海人民出版社，2011：59.

③ 黄高智等.内源发展——质量方面和战略因素.北京：中国对外翻译出版公司，1991：45.

农村，我国农村社会特点与日、韩等东亚国家相似度更高，如人口密度、人均耕地占有量、精耕细作的小农生产方式、儒家伦理基质、"家文化"意识等方面。无论是农村产业化还是农村宜居化，均须立足这些特点，发挥我国农村社会特有的团结功能，将血缘、亲缘、地缘等承认因素融入新的农村社区型塑。

但是必须明确，消除城乡差别并非取消其本性差异如产业形态的差别、社会构成的异别，而是消除城乡对立的福利格局以及缩小居民收入、社会服务、人员素质等差距。农村社区有着自身的亚文化和生态特点，这些文化质性是社会多样性的必然映显。因为显著的团结性的血缘、亲缘、地缘共同体的承认因素也是传统文化传承的重要延脉。

三、资源流与协同发展

资源流的合理流动取决于三个层次的协同。

①有效的动力机制。即市场的经济性动力，再分配的制度性引导，以及信任、团结、网络等承认性质的社会联结。

②微观与宏观的双重循环。前者是指个体之间或者群体、初级的地缘或亲缘共同体之内的资源循环与共享，后者指涉范围更广的结构性的资源流动与平衡，如区域内与区域之间、城乡之间的资源平衡。

③资源要素的分流与合流、不同类型的资源的分支与汇流。前者如资金、人力、土地、技术、物资在经济、社会过程中的流动，后者如经济资源、社会资源、自然资源、政治资源之间融汇与交流的过程。

（一）市场、再分配与社会关系

各种确定或偶然的因素都有可能对资源的流动与平衡产生某种牵引或阻滞作用。资源再平衡不仅取决于强有力的经济政策、社会政策的协同与引导，也取决于市场构成的经济驱动力，取决于资源要素更加高效、合理的流动。经济、社会资源的分布与流向影响着公共福利的积累。对此地域效应，亟待拓展更为积极、可行的财税、经济、社会政策，予以适当的弥补和平衡。

比如，浙、赣两省虽然相邻，但是由于资源禀赋、工商业传统、人文氛围以及产业基础等诸多差异，二者大致可以代表东部和中部的经济社会发展的不同阶段。在经济社会发展史中，资金的作用确然不可忽视，但是并非唯一的决定因素。因为社会环境、人文设施、职业性质与个体条件的相合等因素，影响着资源汇聚的可能程度与规模，在一定意义上也影响着一个地区吸引资金的能力。①

这些经济、社会发展指标说明，生产总值表征的经济增长与公共财政、居民收入、消费之间存在明显的正相关关系，福利资源的充实在很大程度上取决于经济增长的幅度。但是"资本"作为地区性资源流的驱动力尚待多种要素的

---

① 表6-1　　2017年浙、赣地区生产总值、公共财政与居民收入、消费水平

省	人口（万人）	生产总值（亿元）	一般公共预算财政		人均居民收入（元）	人均消费水平（元）
			收入（亿元）	支出（亿元）		
浙	5657	51768.26	5804.38	7530.32	42045.70	27079.10
赣	4622	20006.31	2247.06	5111.47	22031.40	14459.00

资料来源：2018年中国省市经济发展年鉴（上）. 中国财政经济出版社，2019：59、123、225.

表6-2　　2017年浙、赣地区主要社会事业支出　　单位：亿元

省	教育	科技	文体、传媒	社会保障与就业	医疗、卫生与生育	城乡社区事务
浙	1430.15	303.50	159.66	801.78	584.17	910.17
赣	940.57	120.09	74.65	663.93	492.59	516.06

资料来源：2018年中国省市经济发展年鉴（上）. 中国财政经济出版社，2019：138-141.

表6-3　　2017年浙、赣地区几项重要固定资产投资　　单位：亿元

省	总投资	第一产业	采矿	制造业	电、热、燃、水	建筑	交、运、仓、邮	住宅
浙	31696.0	368.9	32.5	7993.1	1280.9	37.6	2967.5	6510.2
赣	22085.3	662.7	226.2	10791.3	765.4	43.7	734.6	1891.6

资料来源：2018年中国省市经济发展年鉴（上）. 中国财政经济出版社，2019：81、93-95.

合力才能透现出来。从2016年以来，江西等中西部省份的制造业投资明显加快，甚至其增速超过了浙江这样的先发展地区。这个变化反映了某些制造业向中西部地区转移的态势。但是这些投资尚未成为带动经济全面增长的"发动机"，也没有"立竿见影"地带来明显的就业增长。^①因为总的社会投资效应需要时间逐步显现，有待于其带来的综合生产力的逐渐发显，也有待于与之相关的产业链的逐步形成与成熟。中西部地区并不充分的就业率也拉低了居民收入与消费水平。

市场的资源配置效应是基础性的。由于福利发展不仅取决于经济基础，还涉及分配结构的完善，因此要求结构性因素与关系性因素并重。就宏观结构而言，分配结构的重塑要求初次分配与再分配机制的协同。资本、技术、资质、人力、智识等分配要素应由更合理的应得设计来调节过度与不足。微观与中观的亲缘性、地缘性、业缘性关系的资源共享赋有更多的承认因素，这与个人的就业资源、集体资源的积累和经济法人的资产增值有着密切的关系。而社会系统自发的平衡与宏观的结构性调适必须以市场与再分配的双重引导或者直接的贴补为基础，也不应忽视人际以及中观的社会联结的资源共享因素。

国民经济的深度融合要求再分配更高效率的引导，也要求经济社会发展的整合以形成通畅、充盈的资源流。资源配置与社会协同密不可分。凯恩斯等人曾经提出，鉴于资源的非充分利用以及有效需求的不足，政府、社会因素的介入是必然的。^②相对"内源性"因素的强调，有效的干预更注重一种"外源性"

① 2018年江西人口总数约4648万，其中劳力资源3639万，就业人口合计2636万，其中城镇就业1165.69万，乡村就业1470.44万。同期浙江人口总数约为5000万，就业人口达3836万，在农村从事农林牧渔及采矿业的从业人员仅440万，大部分从事二、三产业。2019江西统计年鉴．北京：中国统计出版社，2019：32、45；2019浙江统计年鉴．北京：中国统计出版社，2019：45、56.

② 凯恩斯．就业、利息与货币通论．高鸿业译．北京：商务印书馆，1999.

的动力。但是，无论内生还是外生因素都可视为资源流的动力基础的充实与引致，其最终的效果是实现资源要素更加高效、平衡的流动。

社会发展离不开全社会的努力，需要政府、社区、企业、个体等主体的共同参与。[1]除了市场的经济驱动力，再分配的资源重置也将塑成一种更为合理、均衡的资源流。庇古尤其重视政府的资源配置功能，他认为政府对经济力量加以适当控制对改善经济福利以及国民总福利具有重要意义。[2]信任、规范、网络等社会资本的运转、人际交往中的承认因素与其他社会机制一道起着必要的弥补和促进作用，更有利于经济的深度融合与社会协调发展。

（二）资源流的结构性改善

资源有着层次性，经济、社会发展同样如此。资源由浓聚、饱和到扩散有着一定的轨迹、规律可循。经济性的驱动力是显而易见的。同时，人口的集聚与扩散、社会事业的扩延，也将导致教育、文化、服务资源向边缘地带渗延。比如，区域中心与次中心的辐射效应不仅体现在经济增长方面，在文化建设、医疗卫生、教育、就业以及其他社会服务上也有着类似的"吸聚"与"共享"效应。

平衡区域级差的关键在于促动欠发达地区的"资源流"。以强有力的产业布局和直接的投融资导向激发欠发达地区资源要素流动的同时，在经济社会发展和民生改善方面，更加发挥市场诱导和再分配的协同和互补功能——直接的转移支付仍将不可或缺，需将调适方向进一步扩延至"资源流"的促发与引导。

相较于社会个体的需要、应得、平等价值的微观实现，福利资源的均衡直

---

① 罗兹（Rhdes，1996）主张"共同治理"容纳更加多元的主体，打破公共、民间、志愿者之间的界限。派克、罗德里格斯－珀斯、约翰·托梅尼.地方和区域发展.王学峰等译.上海：格致出版社、上海人民出版社，2011：127.

② 庇古.福利经济学.金镝译.北京：华夏出版社，2017.

接着眼于宏观社会结构，着眼于为个体的福利保障拓展更充实的社会、经济基础。微观和宏观的福利实现都将有利于社会更为有序、理性和均衡的发展。福利完善不仅有赖于直接的财政投入、取决于各项福利事业本身的进展，还取决于分配秩序、经济效能、资源流动等基础性秩序的充实、巩固和提高。

我国地域辽阔，各地自然条件、社会、经济状况有着较大差异。福利平衡有赖于通过国家和社会更为沉实的再分配举措，夯实欠发达地域养老、医疗、教育、住房、社会服务、慈善救济等福利事业的基础。这不仅体现着公民身份的平等，也是对民生需求的更深顾全。福利资源在城乡之间、区域之间的再平衡，除了国家的主导性角色，也宜鼓励个人、社会力量参与福利事业，形成多层次、有序、互补的福利局面。

资源流的完善除了自身的再结构化，还在于福利与其他社会体系的协同交融，有着类似帕森斯之谓"系统"与"环境"之间的交流融汇，涉及整体社会基础的改善。帕森斯的"AGIL"模式强调社会结构的先在性，反映了其结构功能主义的一贯立场。米德同样重视环境的效能，但是更加注重共同体（社会）与环境的相互塑成作用。在米德看来，制度体现着共同体成员对一种特定情境的一种共同反应，而社会制度是群体活动或社会活动的有机组织的形式。[1] 福利作为一个"系统"，身处整体性的社会环境之中。而个体作为社会的成员，也是身处或大或小的共同体之中的，同时，这些共同体与其他系统有着复杂的互构关系。在多种关系的融汇之中，再分配和承认在深深融入福利过程的同时，也在多重结构本身的内在应力中、在福利"系统"与"环境"的融通之中，不断再生出新的社会实践。个体在参与这些过程的同时，自身的境况获得改善，能力得到锻造，个性得到张扬，不断地塑造着新的"自我"。

---

[1] 米德. 心灵、自我与社会. 赵月瑟译. 上海：上海译文出版社，2018：294-295.

福利过程的完成要求社会、经济、政治、文化有着更紧致的结构互应性。现代社会有着更为细致的结构分化，而价值体系更为多元。传统、文化的延承要求伦理关系新的重构。传统社会的儒家伦理有着深厚的宗亲基础，两者的弥合甚至衍至更广涵的社会结构——"士、农、工、商"，无论职业分立，均体现了这一伦理基础。在农耕社会向工业社会的迁替中，尤其商业社会的来临，社会益品的流通与分配——或者说，资源的流转及其诸要素的平衡与整合，成为社会良性运转的必要前提。

与之相随的是社会结构的深刻变迁，如职业、身份、群体的分化及其经济、社会指征和观念异质性的显现。这些变化产生新的社会整合要求——要求一种能够适应这些变迁的社会团结。资源的流转实现着社会要素的平衡与补偿，而社会分配成为协调不同利益诉求的关键。福利既作为分配的显性表达，又宛如一个"杠杆"，撬动着经济、社会诸机制的运转，也促进了各种形式的资源要素的流转。

经济变迁将导致结构性的社会改变。一些较大规模的企业在经济发展中，尤其工业经济的发展中，起着愈加重大的作用。如果通过各项社会政策和经济政策的引导，将这些经济体布局在中小城市尤其是县级城市、市镇，对于我国经济社会的平衡发展是大有助益的。但是这要求中小城市改善其社会环境和人文基础，形成有利于人才集聚的社会氛围，如文化、艺术、体育活动的发展，以及由此带来的市民素质的提升。

（三）社会协同

马克思将人的"全面而自由的实现"作为社会进步的标志，但是这需要一定的物质与社会条件的成熟。佩鲁指出，经济增长与人们生活的改善、社会进步各项指标之间有着一种联动关系。[①] 我国的"新发展理念"强调"以人民为中心"的发展思想，指明了发展的出发点和归宿。更加积极的社会政策的拓实，使得民众生活更有保障，基础设施、人文氛围、精神生活更加优质、更加完善。

除了必需的经济支撑，除了"资源流"更有力、更高效的融汇与流转，福利基础的夯实还在于运行其间的社会环境之完善。观念、价值、伦理等意识形态构成的社会团结促进了经济绩效。福利在本质上仍然属于一种社会关系，也必然"镶嵌"在文化、制度、规范构成的上层建筑之中。正义作为秩序的价值义涵必然与更广阔的社会基础——伦理、规范、制度等构成的交往秩序乃至更泛远的文化基质之间进行着某种深刻的衍合——或者可以说，一种更为深远的团结意义。这些基础意味着什么？

充实福利基础还得益于中观层面的承认机制的拓实，因为它既有利于分散的社会资源更有效率地集聚和流转，也有利于发挥社会机制的团结和整合功能。比如，可以在土地流转、征用补偿环节预留充裕的集体资产，在农用地转迁过程中注重土地收益更加合理的分配与预留以及集体产业的规划等。这些措施都有助于为集体福利的改善夯实其经济基础。这涉及中央与地方、地方各级政府、城市与农村、集体与个人等多重关系之间就土地权属的确权、转移以及增值因素达成一致的协调关系。

开拓社区资源的保值、增值功能也是一条显见的途径。首先必须明确社区资源的权属，其次完善其公众参与管理的流程。无论在农村还是城市，社区资源的确权都有待于更加规范的管理，有待于法定的程序与公众的认可之间的合意与协调，涉及社区、基层政府、居民、物业等多重关系的协调。而公众更广泛的参与是必不可少的前提。

[①] 佩鲁.新发展观.张宁、丰子义译.北京：华夏出版社，1987：24-27.

发扬公益慈善组织的功能，完善社会团体管理办法，保护其资金筹集的合法来源，也有助于闲散的资源发挥其"溢出"效应。在继续支持大型、正规的公益慈善组织的公益行为的同时，为大量"草根"公益组织、社会工作者队伍的合法身份确立其运作和完善的管理办法。也宜发扬各种形式的价值共同体的互助、救助行为，充分调动散布的社会资源，如行会、协会等社会团体等。

四、由正义透视的秩序

福利的实现既为社会发展夯实了基础，它自身的提升以及更高程度的完善也有赖于社会的整体发展与进步。社会分配的正义性的确立有助于不同地域、不同阶层获得更为公平、合理的资源配置，同时，良性而有序的资源循环也为公民权利的实现夯实了物质与现实基础。

透过前几章经验材料的分析，我们可以看到，福利在不同领域、不同程度践行着应得、需要、平等的价值，但是也存在身份差异、城乡差异以及区域差异等层面的不平衡。再分配和承认之拓实以及与之相应的更为积极的经济政策、财政政策、社会政策的协同，资源流的完善与充盈使得这些消极的因素有望得到有效的纠正和缓解，从而为社会公平、正义的实现奠立坚实的物质基础。

结构与关系是解析福利问题相互关联的内在维度。同时，由于身份与资源的紧密相关性，使得它们既成为福利行动的对象，也构成一种分配适得性的前提和条件。这两种视角的结合，使得我们在观瞻福利之实现时，既因某种内视因素而获得一种秩序的自省，也可通过它在现实生活中的种种表象观察其立体的实存基础。

在某种意义上，正义既可视为一把锋利的解剖刀，也可视为一种黏合剂、一种强化剂。资源毫无疑义成为正义介入福利问题的直接对象。就像"庖丁解牛"一样，正义游刃于结构与关系、社会身份以及福利的资源基础之间，将各种要素分门别类地分解、组合与排列，以求得一种更加合理、平衡的秩序。

那么，正义的秩序性是否就到此为止了呢？恐怕远非如此。因为正义涉入福利领域是如此之深，以至于上述四种维度仅仅成为这样一种表达——正义作为某种价值尺度赋有对利益性得失的解判。社会秩序的全部意涵远为深厚而广泛。除了利得因素，显然还有伦理和道德、权利与自由等维度，以及社会生活的各种日益多元的价值范域。

一些问题立刻浮现出来：作为一个良序社会，应以怎样的眼光观视这些元素？福利以及资源的有序流动在其中起着怎样的作用？尤为重要的是，正义将扮演怎样更为积极的角色？

就以身份而言，它与资源的紧密关联应使我们想到"公民身份"（citizenship）的意涵。但是在现实情况下，身份与资源的相契未必达到公民身份必然内含的平等意蕴。我们在上一节已经提出了一些具体的社会政策，使得一种乐观的前景通过不懈的努力可以成为一种逐步实现的远景或真实的存在。此外还有权利（rights）的意义。在某种程度上，它也包含公民身份的意蕴。但是，现代性因素的介入，使得它的法理基础已远远超过马歇尔的经典理论划界的定义域。那么，它的现代含义是什么？

无论是再分配抑或承认，我们都看到了某种或隐或显的保障机制的作用。比如，以制度性的"法"的形式在区域与城乡的资源流动中的秩序规定性，以习俗、惯例、规范等不成文的规约的形式运行于情感、亲缘、价值共同体之间的资源共享，等等。这些形式表明，福利必然相合于一定的秩序运行，或者是正式的政策、制度，或者是非正式的人际交往规约。在当前社会条件下，这些或正式或非正式的、或制度或规约的支撑有哪些具体的、切实的义涵？

第六章　现代权利及其实践

福利的背后始终维系的某种支撑性要素，有时表现为某些社会性诉求，如接受教育的权利，获得基本的生存物资与条件，健康、社会化、文化与道德的培育，职业技能的训练，以及各类社会遗承的共享等权益。其法理基础的确立，以及它必然赋予的正义之实现和完善的合法的担保与承诺，有着深远的政治与社会意义。同时，它的确立有赖于经济、社会更为协调、全面、充分的发展来夯实其基础。这种性质已然超脱经典的马氏权利"三要素"论，社会进步必然赋予其更深刻的时代意义。

第一节　权利的契约性

一、公民权利的现代义涵

在社会契约论看来，自由与权利之间既有一种契合性，又存在明显的紧张甚至排斥因素。人对外在的欲求而又不受不应有的限制，可以视为一种天然的"自由"，也可以视为一种不受非法约束的行动自主的"权利"。[①]它是自然的，又是天赋的。另一种取向——或许可以称其为"结构主义"认为，社会优先于个体的存在。人从自然状态结合成社会那一刻起，就受到各种规范、规则的约束。人当然也享有行动的自由，但是，第一，这种自由不应妨碍他人的同等自由；[②]第二，这种行动的自主必须吻合于个体所处的社会环境，因而毋宁说是社会赋予个体的权利。这两种观点代表着有关人的行动自主性的两种不同的强调——前者强调人对外在的所求，而后者强调外在对人的给予和支持。因而前者较注重自由的要素，而后者更注重权利的要素。

二者在不同时代有着不同的歆重。在古希腊时代，由于城邦社会的紧密致合性，权利要素更为明显。它与城邦政制紧紧相连，强调城邦社会中与公民的职守、分工相称的政治权利的分配。近代思想启蒙以后，契约论者强调人类享

---

① 在某种意义上，柏林的"消极的自由"也有这种意味。

② 斯宾塞.社会静力学.张雄武译.北京：商务印书馆，1996.

有的天赋权利的正当，要求秩序给予这些自然、自在的权利以必需的保障。权利也由原初的政治范畴延递至经济、社会诸领域。马歇尔对现代公民权利的划分是较为清晰的，但是他的公民要素、政治要素、社会要素的类别是以西方社会史尤其英国近代社会史的演进为背景的。这种划分在现代社会虽然仍有着强烈的现实意义，但是将其置于我国当代社会中考量，就必须注意时代以及文化、政制等差异。

譬如，教育、卫生体制、公共服务等现代文明成果的共享等社会要素规定的内涵可以近乎无差别地适用于所有社会形态。但是，马歇尔指明的两个前提——公民要素以及政治要素的实现，就未必符合有着不同经济社会条件的不同文化共同体。那么，是否可以归纳出现代权利的一些普适性的内涵？在我国社会，它的具体征象是什么？

权利由于政治、法律与社会诸领域的界限而严明分立，在现代性背景下发生了新的融合与整合。世界文化的融合、交流的日益密切，人们在共享着一些基本价值观的同时，也同应着新的时代命题。而福利的法理基础及其表现形式也必然切合时代新的呼唤。

从古希腊到今天，公民道德有着由特性美德到共性规范的渐替，与此同时伴随着权利内涵的不断衍变。亚氏权利主要指政治权利，虽然立足于城邦本位，就享有者而言却是分立的——权利不仅分割为司法、行政、军事、神职等治权体系，权利的享有也是不可让与的。[①] "契约主义"延续了这一传统，主张公民平等甚至排他性地享有经济、政治等权利。然而现代权利的主体边界趋于模糊，尤其社会权利的实现要求资源共享，纯粹的产权排异向社会平等让步。简言之，权利开始由界限严明的分立向共享过渡。

---

① 亚里士多德.雅典政制.日知.力野译.北京：商务印书馆，2014.

权利的契约性可谓现代社会共俱的治权基础，无非不同社会有着不同征象、有着不同义释。我国主权的人民性质既是福利权利的来源，也是社会政策的标向。权利的法理基础与治权的施政方向是一致的，均以人民福祉为依归。我国福利的契约性有着两个"一体"：①主权与治权的一体，统合于人民政权的指代；②人民既是立约者同时也是受益人。这与传统契约论既有不同，但是在社会政策的施政方向上却有着一致——均以民生诉求为实现目标。

国家有着愈趋积极、更为全面的功能。虽然考夫曼、吉登斯等学者一度质疑国家的福利功能，主张更为多元的福利主体，但是即便在现代西方社会，国家的主体地位也并未弱化，只是福利功能愈向社会渗延，如各类慈善、公益机构乃至企业、个人。这首先缘于福利的法理基础——现代意义的契约正当仍未改变，而且，随着权利意识的增强，治权合法性及其施政方式的科学化、专业化愈趋要求公众的认同和参与。

我国的福利基础有着更为深厚的人民质性，这与政权的执政基础、历史渊源及其现代社会的民生诉求均是分不开的。我们"以人为本"的执政理念以及党的十九大以来提出的"以人民为中心"的发展思想均要求政权的设立和运转必须围绕人民的福祉，这因此赋予国家更为深厚的主体地位。这些理念不仅深刻阐释了人民主权的内在涵义，也是人民"主人翁"地位的体现，与现代公民身份是相应的。人民的福祉即一切政策和制度的出发点和立足点，这是我国社会主义优越性的本质体现。

从表象上看，福利以诸体系的运行为表达形式。就本质而言，福利以公民权利尤其社会权利作为法定支撑。现代公民身份本身就蕴含着共享社会文明成果的义涵，其合法性由政治要素、公民要素的秩序基础，进而递延至社会权利更为明确的实质性内涵。也是在这个意义上，权利有着由"消极"的保护意味到"积极"的发展意涵的潜替，同时，也有着由个体化、"原子"式的自利性诉求向"整体"利益的进步的过渡。于是，权利内涵的要素也愈加多元化，如基本自由、生存保障、人文素养、社会遗承等，这些内涵必然有着相互衔合的意味。

二、权利与契约正义

正义由秩序性到对民众生活的实质承诺的进展，福利的内涵与合法性也日渐清晰。

亚里士多德的公民观与近代社会契约论之间有着一定的相关性——二者都带有"自然"或"天然"的性质，甚而，二者对个人和共同体之权利地位的不同敧重分别衍生出两种传统——共和主义传统，强调公民对公共事务的参与以使个体和共同体相互受益；自由主义传统，倾向于权利的个体主义本位。[1] 马歇尔的公民身份论可视为两者的融合，纵然受到新保守主义以及后现代主义的挑战，[2] 仍然不失为迄今为止在学理上界定公民权利最为清晰的。

权利的契约性与其保障功能互为表里。一方面，主权与民众之间的契约性——某种或明文或默契的合意是福利合法性的由来；另一方面，这一合法性就过程而言，是福利实现的法理保障，为民众之间的公平、正义的分配关系供予了法定担保。简言之，前者说明福利是怎么来的，后者说明可以为福利行为提供怎样的支撑，一个往前看，一个往后看，共同构成福利合法性的基础。

交互正义之于福利的支撑在于资源配置的市场机制是多方位的，其中既有资源的供给因素，也有积累性的社会保障体系的运行规范——既是制度性的，也有心理规约的社会支持。这些衡等、互惠性的规范反映着资源流的社会交换

---

① 希特.何谓公民身份.郭忠华译.长春：吉林出版集团有限责任公司，2007：1、43.

② 罗奇.重新思考公民身份——现代社会中的福利、意识形态和变迁.郭忠华等译.长春：吉林出版集团有限责任公司，2010：65、148.

性质，也在一定程度上反映了来自某种合约性、自发性的动力机制。

权职正义体现着福利分配的政治基础，尤其国家的福利功能必须经由具体而微的社会施政、治理举措来体现，其中既有平等价值的诉求和应答，也有职权益品的应得性权衡。从这个意义上看，权职正义与契约正义之间有着某种深刻的衍通——两者都指向公共权力的合法性基础。无非前者关注公共益品的分配结果与过程，后者关注这些公共益品本具的秩序合法性——是何者为之赋予规定性？

权利作为福利的法理基础，它本身遵循着平等价值以及社会适得的平衡——这些或资源或交往或法理的价值衍射，在构成自身正当的同时，也影响着福利价值的有效性。当价值的复合性并非仅仅取决于种种外在因素的衍射时，资源本身的多样与异质也导致不同领域有着不同的运行逻辑，也有着不同的价值主导。作为综合的社会过程，福利的实现就是这些价值不断衍合的过程。

在现代社会，这些社会过程又是如何可能的？

第二节 由"三维"到"二维"

一、两个实质及其资源质色

17 世纪、18 世纪之交，从欧洲社会史的演进来看，自由经济秩序刚刚确立之初，摆脱了封建桎梏同时也失去传统荫蔽的民众，面临着贫穷、疾病等生活风险侵袭下的生存问题。基本生存有了保障以后，公众又面临如何发扬个性与自由，维护自身正当权益，在公共领域更充分地参与社会治理的更高层次的诉求。权利由一般的私域逐渐向深层次的公域潜替。幸福的含义在不同时代有着不同的指代，公民权利的变迁总是与有着时代特质的社会变迁相应的。

现代社会的变迁决定着公民权利更应具时代性的深刻内涵——生存和发展。人民首先具有维持基本生活、立约以谋生、享有生命财产之保障等生存权利。在此基础上，还应享有基本自由，获得教育、健康、知识等社会化能力，乃至治理国家、发展社会等政治权利。契约论指出的"天然"权利逐渐演变成由主权保障的"社会性"权利。国家和社会应然顾及每位成员之生存、发展和自我实现的诉求，在法律、政治、社会诸方面完善其内涵。权利最终的实现后果即民众的生存和发展获得切实的尊重和拓实。

权利要素的衍替表明社会整合的内容有了显然的变化。17 世纪、18 世纪乃至 19 世纪是封建制解体而资本主义体制正在形成、确立时期。身份标识的不平等、阶级矛盾的加深、利益冲突的加剧要求某种更加规范化的政治与法律形式来明确。20世纪之后，以共享社会遗承和文明成果为内容的社会权利成了公民诉求的主旋律，生存与发展问题逐渐凸显。当代社会的政治标向也逐渐衍向民众更高质量的生存、更加全面的发展。权利的新的内涵既是公共政策的施政方向，也是福利政策的重要内容。

现代福利的内涵也由最初的对贫困群体的救济和帮扶递延至几乎所有民生领域的公共性的社会支持——由一般的生活支持与保障，到优质的国民教育、卫生健康体系的确立，再到文化艺术领域的拓展、充分的就业与职业培训，乃至规范化的公共服务体系的形成等。一个显然的事实是，"人的全面而自由的发展"在当代世界获得了广泛的共识，成为现代社会政策的应然目标——无非实施方式、社会基础有所不同。在确保必备的生存条件的前提下，个性获得张扬、潜能充分展现、自由的范围和界别大大拓展——每个人获得更充分的发展，是现代社会的必然追求，也是自由实现的必然真义。这些都有待于更为积极的再分配和承认功能来拓实。

因为生存和发展实质与再分配和承认的实现路由是相互契合的。再分配和承认作为与经济、政治、文化、社会诸体系有着广泛衍射的社会过程，始终体现着现代社会的生存与发展诉求。大致说来，承认与初级的亲缘、地缘性团结有着更为密切的关联，更多含有生活资源的共享功能，也因此与每个人的生存联系更为紧密。而再分配一般指向社会的平等诉求，要求赋予每个人实现自我的平等条件，一种共享文明社会成果的共同权利，与更充分的发展自我以及社会和谐联系更为紧密。

但是我们并不能简单地说生存与承认挂钩或者发展与再分配挂钩。它们之间的关系都是通过资源在不同层次的合法、合理的流动而形成的，因而有着一定的交叉。比如生存资源既可能源自亲缘关系的共享，也可能来自地缘性的联结，还可能来自社会的再分配。而发展涵义更加多元。除了初级的社会化条件，个体的人格、德行、能力、禀性的素质更可能来自文化场域的培育。

通过国家或社会主导的再分配，资源流向处于弱势、有着妥应需求的地域和人们。这既是建立在对其作为一个共同体的成员，对其特定的身份和需要予以承认和认可的基础之上，也是对公民合法、正当权利的认同和赞予。而承认的社会联系更加广泛。依霍耐特之论，社会秩序的确立无法离开爱、法律和团结这三种承认形式。[①]亲友之爱、市民社会、公共秩序都离不开共识性的社会认同以及一种合意的利益协调机制，乃至资源的分配与共享。

这些现象背后含有或正式或非正式的规约、规范的指引。在现代社会，公民的生存和发展都要求相应社会机制的协同，共同的生活场域既要求每个人的积极参与，也要求某种强制性的"法"或非正式的惯例、习俗等规范来赋予秩序一种合法性支撑。

我国的社会团结或许较之西方有着更为深厚的承认质性。比如，自古以来形成的乐善好施传统、集体主义精神等。我国传统社会也没有西方传统社会严格的阶级区隔。身份性、阶层性、族群性的歧视和区隔，这些西方社会的痼疾，由于我国特有的社会结构和文化传统，在我国几乎是不存在的。"个人干个人的事，个人吃个人的饭"，身份平等、互助互爱的价值观一直受到广泛的接受和认同。

"平等"既是社会团结的基石，也是人的生存和发展的德性土壤。再分配和承认既弥布于微观和宏观的福利过程之中，其本身也透显着生存与发展的权利伸张——这既是福利实现的秩序基础，也是所有社会行为无法"脱嵌"的合法性支撑。

---

① 霍耐特.为承认而斗争.胡继华译.上海：上海人民出版社，2005：100-135；弗雷泽、霍耐特.再分配，还是承认？——一个政治哲学对话.周穗明译.上海：上海人民出版社，2009：105-114.

何谓生存？何谓发展？生存与生活方式、生命的维系形式有着密切的关联，其内涵有着显然的时代性、历史性。原始人类的生存与现代人类的生存几乎没有可比性，一个奴隶的生存与一个现代劳工的生存也不可同日而语。同样，封建农奴的生存方式也与现代农民迥然相异。因此，生存有着与一个特定时代的物质、文化、意识条件相合的特有意涵，有着明显的时空异别。这是它特殊性的一面。它的普遍性在于，在一个特定的时空条件下，何谓生存有着一些具有共识的标准。

比如近代工业革命以来，对生存的理解逐渐由基本生活必需的物资条件延至更高质量、色彩斑斓的社会资源——既含有必备的维系生命所需的物质条件，也含有健康的体魄与精神状态，以及丰富的文化生活、一定的闲暇与业余爱好等。生存的含义无疑随时代的变迁而发生重大的变化。

大致说来，生存有着这些要素：①维持生活必备的基础物质条件，如食物、水、衣物、居住设施等，也就是我们常说的"衣食住行"；②维持人格与精神健康的自我与社会认同，即人际交往、社会关系的主体识别与合法性；③获得生活资料与精神素养的必需的社会支持，如就业、劳动的工具、物资、场所、文化艺术的熏陶，以及就这些事项达成的稳定的合约与体制性支持。

发展有着更加多元的取向，一般是指由低级到高级的进步、由简单到复杂的分化，既可以指人，也可以指社会。

存在两种相互对立的立场。"目的论"认为人类、社会乃至一切秩序都是向前进步的，秩序总是含有一种特定的目的，无论可能发生怎样的曲折，但总是向"好的"方向前进。而"自然论"则认为，未来并不一定比现在"好"，现在也未必比过去"好"，关键看衡量的标准是什么。人类社会也好，自然界也好，都应让其自由自在地存在，无论出于怎样的意愿，都不应进行某种人为的干预。后者近似一种"无为"的立场，在某种程度上暗合着道家的思维，更接近于西方的后现代主义、解构主义等思潮对现实激进的批判性反思。二者都有可取之处，但是偏颇之处亦甚明显。正确的发展观必须是两者的融合，既要看到社会前进的动力与文明的进步，也要尊重人与自然、人与社会的和谐相处。

简言之，人的发展含有这些要素：①个性、潜能的发扬所需的一切物质与社会条件，这是自我实现之必需；②文化、宗教、道德、艺术以及伦理体系构成的系统化的意识形态基础，这是个体社会化的必要条件；③为这些条件的满足所需的社会体系的运转，包括经济、政治、文化等体制性支持。

社会发展的要素与它们有着一定的交织，比如，一定的物质文明的进步——如生产力的发展、技术的进步、对资源的有效利用；精神文明的进步——如道德与文化的培育、良好的社会风尚的形成；确保社会和谐、稳定运转的政治、经济、社会诸体系发挥良好功能的系统性协调。

诸要素的平衡是良序社会的前提。如果只是某个要素占据强势地位而其他要素缺乏应有的制衡，将可能导致一种畸形的状态。比如人类数千年的文明史中，技术进步一直是社会前进的重要动力。如果没有日积月累的技术进步，我们可能至今还处于茹毛饮血、穴居蛮荒的状态。尤其近代工业革命以来，技术文明的发展可谓日新月异，深刻改变了人类的命运和社会的形态。

但是，如果缺乏一种必要的平衡，如道德文明的发展、政治体制的制约等，技术发展也可能带来灾难性的后果。比如两次世界大战的破坏力就是历史上空前的。更加极端的例子是核力量。核裂变或核聚变可以成为一种巨大的清洁能源，可以缓解生物性能源的枯竭，也为未来人类迈向更广阔的宇宙空间提供了一种可能。但是如果发生核战争，其破坏力则足以毁灭人类文明甚至地球。物质文明、精神文明与社会文明需要协同共进、平衡发展，才能实现一种良善的人与自然、人与社会的和谐共处。

生存权与发展权的理念也是立基于这些观点与看法之上的。在近代以来，生存权的理念源流与权利、需要及其现实基础融合在一起。霍布斯、洛克、休谟等社会契约论者阐明公民享有生命、财产、安全的权利，指明公民生存的法理基础。T.H.马歇尔的公民权利的历史演进论，从西方社会史的角度概括了生存权由初级向更高层次变衍的必要的社会、经济、政治前提。多亚尔和高夫立足于人的需要观，指出了生存的基本内涵，以及它的实现必需的物质、文化、政制、社会性的基础和条件。这是三种较为经典的阐述，大体说明了在现代性条件下，个体生存所必需的社会、经济、政治基础及其主要内涵。可以这么说，生存权是指公民——一个为社会认同的个体，为满足自身生存所需，具有从外界获得基本的生活资料以及自主选择实现方式的权利和自由。

发展权大致也有三种经典表述：①马克思、马斯洛指出人的自我实现和全面发展的价值诉求——这是指出了发展的社会目的和意义；②阿玛蒂亚·森阐明社会政策和经济政策必须以提高个体的实践能力为宗旨——这是指出了发展的主要标向与实现手段；③关于社会协调、可持续、科学发展的理论——这是以社会为本位的发展观，表明了个体发展所需的社会、经济基础。①

三者构成了一个立体的视角，大致说明了发展应以什么为本位，发展的目的何在，以怎样的方式、方法来发展。这些奠基性的思考对于后世的发展权理念的确立有着深远的启示意义。概言之，发展权可以视为公民依自身意愿从社会获得知识和技能的培育，接受文化和道德的熏陶，从而得以社会化、完善自身、实现自身潜能和价值的权利和自由。

生存权作为初级的、基本的权利，它的最初雏形在社会契约论中已有较为完整的表达，涵括生命、财产、安全、基本自由这些形式。生存权是社会的立

---

① 胡锦涛.胡锦涛文选（第二卷）.北京：人民出版社，2016：104-105;《胡锦涛文选》（第三卷）.北京：人民出版社，2016：1-9、93-100.党的十九大进而提出以人民为中心的发展思想，《中国共产党第19次全国代表大会报告》。

法基础。在现代社会，其契约性由主权的合法性原宥逐渐扩衍至治权与民众生活的交互性。随着社会变迁，生存权在保留着最初的基本形式的前提下，其内涵愈加丰富，与现代社会的特性也更为相应——如更高质量的生命与安全、财产保障、基本自由等含义均有新的扩延。价值更为多元、释义更加广泛是现代生存权的特征。

马克思认为每个人"全面而自由"的实现是社会进步的价值所在。[①] 相对于生存权的较为"保守"的性质，发展权更为积极。如果说生存权要求"底线"保证，发展权则要求社会的全面进步，由此实现人的更为完美、幸福的生活。粗略来看，生存权与契约论的诞生紧紧相连，而发展权之渊源要复杂得多。譬如功利主义的"幸福"指向即是对契约"保守性"的超脱，马克思主义的人的本质的阐发更赋予发展以更彻底的"人性"诉求。而现代政治哲学又将发展视角回归社会的"秩序"性，要求社会为人性诉求背书。

发展一般有两种视角——一是指人的发展，一是指社会发展。二者显然不可割裂而互为基础。

现代权利的两种不同趋向在实质上反映着不同的人性观、社会观。我们在反对"历史虚无主义"的同时，也要看到由于种种因素的存在，现代社会确实存在着某些不合理、不和谐的消极因素——比如贫穷、疾苦的依然存在，社会分配的不公正，群体性的歧视与侵害等。但是，不能因为这些因素而否定历史进步的意义，而是要充分注意与社会进步并存的一些显性或隐性的阴暗面，以做理性的批判与反思。比如在世界经济增长的同时，一些国家、地区、组织对

---

① 马克思、恩格斯.共产党宣言.马克思恩格斯选集（第一卷）.北京：人民出版社，2012：422；恩格斯.共产主义原理.马克思恩格斯选集（第一卷）.北京：人民出版社，2012：308-309；马克思.资本论.马克思恩格斯选集（第二卷）.北京：人民出版社，1995：239.

另一些国家、地区、组织的压制和剥削。[1]同时，以弗雷泽的话，在"威斯特伐利亚"框架下，一个社会共同体内部也会发生一些成员对另一些成员的侵夺与伤害。现代社会的这种有悖人性的情形远远没有消失，而以阶层间的社会、经济地位的分化，以及身份、性别、亚文化群体、种族之间的歧视与伤害等形式表现出来。

历史的前进、社会的进步和发展并非仅仅表现为某种物质的进步与发达，必然要求赋予这些进步更高层次的价值和意义。否则，如果仅仅是前者的发达而丧失必要的道德、伦理、规范构成的意义基础，更可能带来严重的灾难。历史中这种事例比比皆是、不胜枚举，如某个民族、部族或国家的兴盛带来的扩张和侵略。一个社会共同体内，财富的增长也并非一定会带来文明的进步——分配的不公正，阶级、阶层的对立和冲突，有可能产生严重的冲击和破坏力，甚至可能将取得的文明成果付之一炬。现代技术文明的进步、工具理性的宰制等如果不加以约束，可能产生的消极后果难以想象。比如与资本主义生产方式的生产力的爆发相伴而生的激烈的阶级分化和对立，在19世纪初至20世纪中叶达到高峰，时至今日仍未完全消除，而以某种方式继续延承着——如贫富差距的扩大，一些地区（如非洲）大面积的贫困、饥饿，与文明生活形成强烈对比的某些地区的原始、落后、肮脏、疾病、暴力与冲突等。

这些现象足以引起我们的警惕。赋予发展以一种更加人性化的标向是必要的。何者可以担此重任？正义可以为人们的行为或社会行动、政制活动确立起因果缘由的某种合法化的衡量标准，由此何者为正当可以得到权衡。而道德更加注重给予人的欲求或者某种集体行为以符合伦理、德性的约束，要求一个有善德、文化的社会、国家、世界的确立。作为秩序价值，二者虽然意义不同，

---

[1]　沃勒斯坦.现代世界体系（一、二、三卷）.庞卓恒等译.北京：高等教育出版社，1998，2000.

但是可以一道为发展规定一个良好的方向，而不至于使其严重悖离人性中善的本质以及社会共同体本具的良知、同情、团结与合作，以形成互助和共享的社会。

二、新的法理基础

马歇尔的权利三要素对应着三种不同的社会机构：公民要素对应着法院等解决民事行为的司法机构；政治要素对应着议会、选举等立法、行政机构；而社会要素对应着教育、卫生服务体系以及共享社会遗承的公共服务体系。[1]

现代公民权利的生存与发展实质的凸显，适应着新的社会结构的变迁，为之提供支撑的公共机构也有变化，而有更细致的分化。就生存而言，人在年幼时更为依赖家庭或亲属的抚养，成年以后的生活资源一般通过自身的劳动、就业而得自社会。年老以后，既由于以前的积累而从社会获得某种回馈，此外，精神的慰藉、日常的照护也得自家庭、邻里、社区的关爱。因此，生存的解决涉及人的基本需要，对应的机构或组织既有家庭、宗亲等血缘共同体，也有社区等地缘共同体——在现代社会，更依赖就业、职业、劳动等业缘共同体，而公共保障体系的参与及协调是不可或缺的最后保证。这是就生活资源的获取而言。生存还意味着一种健康、适悦的物质与精神的生活状态，与医疗卫生事业、文化艺术活动的发展密切相关，这是一种基本的生命权。

发展权利的实现如果仅就个体而言，教育资源是基础性的。虽然教育是终身的，既有校外的家庭、社会等交往形式的熏陶，但最基本、最全面的教育形式仍然是来自学校的正规教育，这是自从现代教育体系确立以来的普遍现象。教育是个体实现社会化，塑造自身人格、学习各种技能、获得知识资源的主要

---

[1]　T.H.Marshall. Citizenship and Social Class and Other Essays. Cambridge： The University Press，1950.

渠道，为着人的全面发展做准备。当然这一过程必然含有自我的学习与领悟能力的蓄积。在现代社会，劳动、就业等职业行为在很大程度上体现了个性、潜能发展的程度，这是一种可以观察的社会实践。因此，个体发展对应的社会机构就含有人际关系、教育机构以及就业机构等。

人的发展是全面的，因其并不限于职业性活动的技能，又有个人品德的塑造、社会责任意识的增强、利他精神的培育等公共道德体系的完善。亚里士多德曾经指出幸福的三种善：外物诸善、身体诸善以及灵魂诸善。[①] 三者的协同启示着，一个人的全面发展既需要外界环境的支持，也要求内在的不断修炼与提升，如此方可达到幸福的状态。

因此，发展权的实现要求各项社会服务机构的协同和完善，虽然有着自然法的因由，但更要求与现代社会权利相关的立法原则的践行。而社会发展更要求各项社会职能的和谐与平衡，以使社会有机体达到协调运转的状态。比如行政、立法、司法等政制机构的协调以及教育、卫生、文化、艺术、公益、慈善等社会事业的全面发展。

我国已有了《社会保险法》《国民义务教育法》《职业教育法》《高等教育法》《基本医疗卫生与健康促进法》等较为健全的法律体系。健康、就业、文化、艺术活动的法理基础，有些体现在社会保险法规之中，有些体现在《宪法》或其他民事权利之中。已经颁行的《民法典》对公民的基本权利以及社会活动和关系的规范化有着积极的引导意义。这是生存权与发展权在法制层面的保障。此外，我国还加入了有关人权、社会权利、政治权利的国际公约，对民众的合法权益做出了庄严承诺。社会的和谐运转，既得益于传统伦理、道德、观念以及习俗、惯例、风土民情对人际交往的规约，更得益于国家、社会、个

---

① 亚里士多德.尼各马可伦理学.廖申白译注.北京：商务印书馆，2003.

人诸种层面对民众的生存和发展构成的多重的保障体系。

公民权利的生存和发展实质与再分配和承认之实现路径相互契合。体现着再分配和承认的现代社会政策和经济政策，如所得税、收入调节税、转移支付、养老津贴、最低生活保障、医疗保障、教育事业、慈善事业等，其合法性主要基于民众生存以及社会化等发展要求。通过资源的有序流转，再分配和承认可以增进社会整合，充实生存和发展的道义意涵。生存和发展既是事实判断，也是价值判断——有尊严、体面的生存，和谐有序、和平共存的良性发展应该成为社会政策的目标。

涂尔干认为，社会整合可以促进有机团结，从而避免社会失范、道德失序。[①]霍耐特认为，社会秩序的确立无法离开爱、法律和团结。[②] 再分配和承认实现了平等、需要和应得等价值，形成深层次的社会团结，赋予生存和发展新的道义意涵。

福利正义必然经由再分配和承认得以实现，同样也必然秉承着以生存和发展为内涵的公民权利之保障。出于对每位成员生存权和发展权的尊重和认同，福利资源的流转和分配才有着坚实的法理基础。比如，我们的养老保障体系、生活救助体系、最低生活保障等福利设置，既含有应得因素——根据领受人过往的贡献或者缴费情况发放相应的补助和待遇，更有基于需要和平等的原则，无需考虑任何过往贡献和承付，只要具备公民身份，就有权利拥有基本的生活保障和困难救助。在教育、医疗、就业及其他公共领域，仅凭公民身份——或者说基于公民之生存和发展权利，人们即可拥有政府或其他社会力量提供的平等福利支持。

---

① 涂尔干.社会分工论.渠东译.北京：生活·读书·新知三联书店，2000：14.
② 霍耐特.为承认而斗争.胡继华译.上海：上海人民出版社，2005：100-135.

在当前新的时代，权利的这两种基质为福利正义之实现奠立了坚实的法理基础。如果说，计划经济时代人们享有福利待遇主要基于单一的全民所有制和集体所有制的经济基础，公共积累满足了人们养老、医疗、住房、教育、就业等多方面的需求。那么，在当今多种经济成分并存的市场体制下，生存权和发展权的正当性就有着更为多元的物质与文化基础。

国家和社会有责任通过再分配对人们的收入和所得进行调剂，满足不同阶层民众的基本需求。此外，家庭、宗亲、社团、职业等亲缘、业缘性团结承认的资源流转也因此负有道德、伦理、习俗、惯例等文化或亚文化形式的非正式的规约义务。这些或隐性或显性的合法权益在不同阶层、不同群体的社会交往、公共生活中透显与交织。权利在福利过程中有层次、有步骤显现的同时，它自身的保障功能也渐行而有序地发显出来。

三、保障机制及其秩序性

如果说，一个公民在年幼时所需的基本生活资料、物质条件以及社会化必备的人格塑成、情感认同等心理支持更多地依靠家庭、宗亲、社区等亲缘、地缘共同体的承认，那么在他成年以后，随着社会参与程度的加深，职业生涯的发展、公共事务的参与、人格的独立与基本自由的实现以及社会经济地位的形成等更广泛的结构性社会活动，更多地取决于多层次的社会再分配的介入。就宏观的区域发展之协同以及城乡资源的深度融合而论，再分配因素可能更为显性一些。文化、道德、伦理等意识形态的承认因素仍然强有力地示现在中观层面的社会团结之中——这对于社会结构的优化、社会交往的有序化是至关重要的。

（一）保障机制的确立

就再分配而言，其保障大致体现为这些方面。

其一，个体的生命周期——幼年、成年、老年三个阶段的受得、积蓄与受领等行为之接续承受着公共秩序的担保。这个过程以参与公共福利体系为前提。在前现代社会，个体的生存往往受着自然法的担保，而且与亲缘关系密切交织在一起。现代社会保险体系确立以后，个体的生存即以主权的形式提供特定的法定义务。

其二，福利体系不仅表现为个体生命周期的独立循环，也在不同公民之间形成了隐性的联结。因为每个人的劳动能力、社会贡献是不同的，各类保障体系本身就负有互助的义务。以前，这一性质以行会、协会、地域性组织等形式表现出来。公共保障体系确立以后，成员的利益平衡以所得税、个人调节税等税收以及补助、补贴等各项收入受到法定程序以及相关权利设置的调节与保障。除了法定的正规的保障，慈善、救济等公益行为的规范化也承担了社会担保的义务。

其三，宏观的资源平衡包括区域资源的协调以及城乡资源的整合，受到国民经济社会发展规划的调节而纳入公共财政预决算，受着主权的担保义务。同时，在社会治理的多主体如国家、地方政府、社会机构、相关个体的协同中，公共安排的主导性至关重要。这些政治行为既受到相对静态的"法"的承载，也含有动态的经济、社会、财政政策以及社会治理结构的引导。

就承认而言，权利保障表现为三个层面。

其一，血缘、亲缘等初级承认的情感、规约等因素承受着惯例、习俗、舆论等隐性社会规范的道德担保，有些准则已列入明文的法律条例而有着正式的法理可循。比如家庭生活资源的共享有着"天经地义"般的规约性，无论古今中外均是如此，无非共享的程度、范围有所区别。现代社会法理体系的健全，如《婚姻法》《民事法》等对家庭成员的权利义务做了规约，但是并没有排斥家庭资源的共享。不仅如此，赡养、抚养、照护义务还受到法律的保护。明文的法的规定与公认的社会规范之间或许有着一定空间，但是并不矛盾，一起构成亲缘性承认的规范基础。以此为基础，宗亲、地缘性、情感性关系都含有类似的承认性质，而受到人际交往、惯例的保障。

其二，中观层面的社会团结如行会、职业协会、公司章程、乡规民约等，有着正式或非正式条文的约束效力，反映着共同体的规约以及成员所享有的相应权利与义务。这是业缘性或亲熟规范的认同意识。或许出于某种共同的价值吸引，或许由于面临共同的社会风险，或许是村落、村庄秩序的结构性要求，在这些共同体中，必定有着符合自身特性的规范或规约。这些规约有些与现行的法律体系结合紧密，如社会团体组织法等，有些纯粹属于传统伦理沿袭下来的交往惯例。由于这些规范、合约、惯例受到成员的广泛认同，也因为其中的人际关系与认同赋予了"法"的规定性，资源的流转才成为可能和合法的。

其三，公共领域的社会遗承的共享秉承着公民身份之社会权利的保障。这主要体现为群体性承认。现代社会抗争的主要群体，譬如国外的少数族裔、女性主义团体、底层弱势群体、受排斥、受歧视的群体，我国的农民工群体以及早些年的下岗工人群体、非正规就业人群等。这是社会变迁必然产生的现象，反映结构性调整以及价值观念的重塑过程。群体性承认不仅要求顾及实际的社会权益的伸张，也要求一种不被歧视的身份认同，尤其表现为一种共识性的公民福利身份。

这些不同形式的保障其实有着不同的逻辑机理。权利是社会环境的产物，深受文化、价值、观念等意识形态因素以及人际交往、社会关系等社会联结因素的制约。同时，它的内涵又随着结构性的社会变迁而发生动态、深刻的变化。

正因为我们拥有一个共同的公民身份，一个被共同认可的社会资格，在成员之间以平等、需要和应得的原则分配、流转福利资源以及相关社会资源才是合乎情理、正当的。

福利的正义性天然地要求资源由国家以及其他社会性力量经由再分配和承认以应得、需要和平等的原则恰当、合理地分配给社会成员。人们将自己的劳动所得的一部分交由一个被共同认可的公共机构——政府或其他社会力量，由其分配给那些需要或有资格拥有的人。在现代社会，除了家庭和情感关系蕴含的爱，除了契约、合作关系蕴含的责任和义务，在更广阔的社会团结形式中——以主体间性承认表达的相互人格和需要的认同，还应具备怎样的规约性？

权利的保障过程实质上反映了两种保障层次，一个是内生性的，一个是外生性的。前者来源于马歇尔的权利界定，即公民要素、政治要素、社会要素之间递延发展的质性——公民要素、政治要素保障了社会权利的实现。后者是指福利权利外在的法定合法性，在很大程度上是国家、社会的一种契约性义务——公共秩序有确保每位成员基本生存和生活的义务，公民的福利生活需要主权担保的正当性。

内生保障是以 19 世纪、20 世纪英国公民权利的演进史为背景的。在我们当今中国，诸种权利要素内蕴于福利过程之中，社会权利有可能与前两个要素是同步发展的，甚至还可能处于优先的位置。而主权或社会的契约性法定义务则是现代社会福利发展的共有质色，已经超越了文化和社会形态的异质。

就当前而言，权利保障主要是指其外生保障——其实质即一种外在秩序的担保力，也即公民由国家或社会那里获得的确保福利运转的法理权威或惯例、习俗等社会规范达得的保障效力。我国社会由于福利主体及其社会行为的复合性，不同福利过程承受的外在支撑也日益多样化。相对而言，再分配受着国家、政府、正式机构的保障力度较大，而承认受惯例、习俗、规范等社会规约的保障效能明显。依从齐美尔之形式社会学，交往行为自身也内蕴着"天然"的规范要求——这些或正式或非正式的规制、法律、规范共同保障着多色多质的福利运转。

（二）权利与秩序

权利为福利的运行确立了法理基础，它的各项要素的并立及其现代特质的凸显，不仅为福利的实现规划了道义基础，而且明确了其可能的社会路径。

其一，生存权和发展权赋予再分配和承认以路径合法性。概略视之，生存有着明显的承认质色。或大或小的共同体的团结，其首要目标在于保证每一成员享有与其他成员同等的生存机会与可能，以确保宗族、族群、社群的延续。这在史前文明、初民社会尤为明显。现代社会的承认形式更为多样，但是确保成员的生存依然是亲缘、地缘、业缘群体等共同体形式的基本目标。而个体"全面而自由"的发展要求更广泛的社会参与，要求更系统性的社会支持。因为涉及资源的复杂多样性，个体自由的实现、社会发展也因此含有更多的再分配因素。

其二，生存权和发展权丰富了需要、应得、平等的契合现代性的价值内涵。人的基本需要首先要求生存所需的基本物质和心理支持，而自我实现的需要是社会发展的重要目标。平等既含有生存性的初级的同一性要求，也含有个性发展与社会发展之间可能达致的平衡状态。而社会应得首先基于最基本的生存要素的社会表达，它的更高层次的价值还在于为社会个体的发展积累起合理的资质性因素。

其三，生存权与发展权赋予福利以新的正当性。马歇尔的权利三要素既是对英国公民权利演进的社会史回溯，亦为二战结束后民众生活回归正轨的公共生活提供了一种可能的秩序逻辑。这一法理基础至今无疑仍在深深地影响我们今天的福利实践。但是因为更加多元的现代、后现代因素的渗入，多种社会价值的交织呈现，以及各种结构性矛盾与冲突的凸显，生存与发展诉求日益成为私域与公域的公民生活的共同交集。因为生存与发展的"二维"既表达了个体的正当诉求，其本身的实现又有赖于公共秩序可能供予的物质与精神支持的组合——文明的进程为公民的生存与发展规定了切实的形式与内容。它们在社会生活的多重演绎赋予现代福利以新的秩序保证。

同时，权利合法性的确立必然面临着两个突出的秩序问题。

一是权利在所有民众之间的"同一"性的支持与支撑的获致，既含有国民待遇的普惠性的法理支持，又能体现资源在民众之间的无歧视性的共享。这需要两个方面的努力——确保各项福利体系的公平性以及政策、制度的公正。

二是权利与义务的关系问题。就福利而言，权利与义务有着某种不对称性。权利表现为一系列民众生存和发展所必需的社会条件的确保，表现为社会权利的彰显，比如维持生存的生活资料的确保，充分的就业，教育、文化、社会服务等文明成果的共享。而义务有两种：一是具体的福利义务，比如加入公共卫生、公共养老等体系并承担一定的缴费，按照自身能力和特性，从事力所能及的劳动以创造社会价值等。二是广泛的公民责任，比如服兵役、纳税，参与社会建设的社会责任，维护公共秩序的公德意识等。权利与义务就个体而言可能有着某种不对称性，但是，就社会整体而言必然是总体平衡的。

生存权和发展权既是福利正义实现的根本保证，也赋予现代社会以秩序的确证。在计划经济时代，人们享有福利待遇主要基于单一的全民所有制和集体所有制经济基础，因为公共积累满足了人们养老、医疗、住房、教育、就业等多方面的需求。而在当代社会多种经济成分并存的市场体制下，公民生存和发展的正当诉求更成为福利资源以合乎正义的方式分配给社会成员的正当基础。出于对每位成员生存和发展的尊重，国家和社会通过再分配对人们的收入和所得进行调剂，以保障民众的基本生活与更高层次的价值追求。经由不同性质、不同类属的团结承认，实现着不同阶层、不同群体的合法利益。

一方面权利保障了福利，另一方面福利又促成了权利实施的基础和条件。这是因为福利本身就是复合的社会过程，必然依托于所处的制度、文化、观念背景，也必然与社会机制内涵的权利要素紧紧交织在一起。福利与权利天然是相互支撑、互为基础的。

那么，权利本身是秩序吗？不是。它只是为某种秩序的确立提供了一种担保的力量和可靠的保证。而且，不同的权利指向赋予的秩序标向是不同的。

在亚里士多德时代，与奴隶制社会相适的是一种阶次的美德秩序。在神性正义时代，最高的权利判准是"上帝之法"。而契约正义的权利基础是对人的理性能力的确信以及人的自主能力。只有从这个时候起，自由才真正有了现代的意义。因此，自由不是资产阶级社会的专利！

请看看马克思主义对权利与自由的表述。马、恩认为，无论是物质生产的高度发展还是新的社会联合体的形成，理想社会的最终目的都是"人的全面而自由的发展"。这种发展已超脱了资产阶级权利的狭隘眼界，以社会大生产作为自由实现的前提和条件。在这样的社会，人类早已摆脱了奴隶式分工的限制，每个人的潜能都将获得充分的发展和实现。摒弃了纯粹的逐利动机的社会促成了社会财富的充分涌流，人也由此彻底摆脱了劳动的"异化"而真正成为自由的人。

第三节　人民的福祉

一、新发展理念

（一）发展的涵义

党的十六大以来，我国提出了科学发展观，主张以人为本的发展，提倡人与自然、经济、社会的协调、可持续的科学发展。[①] 党的十七大提出，要加快建立覆盖城乡居民的社会保障体系，努力使全体人民学有所教、劳有所得、病有所医、老有所养、住有所居，不断促进社会和谐。[②] 党的十八大以来，党和政府基于新的国内国际形势，对科学发展赋予了新的意义，以供给侧结构性改革为转变经济生产方式的契入点，以精准扶贫作为改善民生的基本方向。党的十九大提出以人民为中心的发展思想，坚持创新、协调、绿色、开放、共享的新发展理念。[③] 这些马克思主义的理论、观点和方法对我国的福利事业建设赋予了坚实的法理基础。

从权利衍变史看，在契约性生存权由"纸上"变为现实的过程中，福利内涵也由模糊到清晰、由简单到复杂。发展权的三种经典表述，前两者着重于人

[①] 胡锦涛.胡锦涛文选（第二卷）.北京：人民出版社，2016：104–105；胡锦涛文选（第三卷）.北京：人民出版社，2016：1–9、93–100.

[②] 胡锦涛.胡锦涛文选（第三卷）.北京：人民出版社，2016：211–212.

[③] 《中国共产党第19次全国代表大会报告》。

的本质的实现与自我完善，后者着重于社会的全面进步与发展。两者是相依相存、合而为一的。马克思指出的人的"类"本质的实现以及由此获得的全面自由，阿玛蒂亚·森提出的社会成员的"可行能力"的提升，均指明发展的以人为本的终极诉求。我国提出的科学发展观以及"创新、协调、绿色、开放、共享"的新发展理念正是为着社会的全面进步、人的全面发展夯实物质与文化的现实基础。这些理念有待于福利事业更广涵的全面进步来拓实其内涵。

党的十九届五中全会指出，当前我国正处于由高速增长的发展阶段向高质量发展阶段的转型，正在朝着以国内循环为主体、国内国际双循环相互促进的新发展格局迈进。立足新发展阶段、贯彻新发展理念、构建新发展格局，是经济社会更加科学、协调、和谐的发展对于时代命题的新的思考。[①] 新发展理念需要政治、经济、社会秩序更加协调的相互促进，也将深远影响福利建设、社会建设的进程。而福利事业的发展，不仅有利于社会的全面进步，也将为每个人全面而自由的发展创造必需的基础和条件。

（二）福利与发展的双重主体性

福利好比一面镜子，既反射着人们的生存状况、生活质量以及家庭、社会、国家的结构性协同，也反射着权利之实存与保障功能。养老、教育、健康、居住、社会救助、最低保障等指标大体反映着人们的生存状况。在现代社会，人们的生命质量很大程度上取决于这些领域的保障程度如何。医疗卫生资源不仅为民众生活提供了必需的健康条件，也为人的发展保证了必备的"身体之善"。此外，教育、文化等公共社会资源的普及必然带来公民素质、社会风气等人文环境的改善，而这些对于人们的幸福感具有重要意义。

福利供予的基础性资源以及非物质条件满足了民众的生存所需。随着福利

---

① 《中国共产党十九届五中全会公报》。

内涵的日益开拓——诸如食品、水、健康、生育、住房等生活条件的改善以及文化、艺术事业的进步，福利必将日益深入日常生活而大大拓展生命的意义、生存的价值。福利进步既可以为人的发展拓实更加充分的物质基础，也为民众精神素养的增进提供了一种获得公认和共识的价值观念的意义基础。

生存与发展是神圣而不可剥夺的权利，必然通过福利等社会事业的进步来体现。就业对于人的发展和自我实现所起的作用可能更是决定性的，因为人的潜能最终要在社会实践中方能获得生发。教育、医疗、救助等社会支持为潜能的实现培育了条件，但是"每个人全面而自由的实现"最终要通过人的现实的社会活动和成就来表达。职业行为往往成为人的潜质实现的重要表征，但是，人的发展并不仅仅通过职业性活动才体现出来。优质的学习资源、适当的闲暇、亲情和友情等社会活动，在塑造着人格的同时也培育了人的德性和情操。生产经营活动必然是人的全面而自由实现的前提，这一切都有待于我们的辛勤劳动来创造。

在社会主义初级阶段，平等和需要是资源分配的核心原则，如教育、医疗、社会救助、慈善等。在其他重要领域如职业福利、养老待遇等，应得原则仍然起着不可替代的主导作用。按照自己的劳动所得，按照对社会大生产的贡献获取报酬，仍然是社会主义市场经济秩序不可或缺的指导原则。但需对此按照平等和需要原则进行调节，以使正义在各项福利领域体现得更为完整、更加全面。

马克思指出，未来社会是自由人的联合体，每个人的全面发展是所有人发展的条件。理想的社会状态就是每个人全面而自由的发展。这是人的发展的最高目标，也是社会发展的最高目标。

关于人的发展，诸多学者有着不同理解。大致看来，人的发展可以视为人的潜能的实现——在一定的社会环境之中，人能够从外界获得知识和技能的培育，获得价值观的熏陶。在现代社会，还能获得与现代性特质的契合，从而能在社会中实现自我，使自我的潜能获得充分的拓展。①

如果从这个角度来理解，教育为人的自我实现提供了必备的智识基础，自身也是福利正义价值的体现。教育培育了社会成员基本的价值观，为他们注入了对自然、社会、世界的基本知识，为人们提供了沟通和联系的基本技能，如文字和语言等。教育使得人之所以为人，是人的社会化的重要形式。当然，教育的教化作用不只限定在学校——广泛的人际交往、自我求知也能起到潜移默化的教化作用。但是作为一项福利事业，学校教育对人的发展起着基础性、不可替代的作用。

个体发展是社会发展的目的，社会发展赋予个体发展的条件和基础。以福利的角度，社会发展将为人的发展创设怎样的条件？福利自身又将怎样得益于社会进步的基础？反过来，它又将如何促进这些基础？

大体而言，影响社会发展的因素可以归结为三个层面。

其一，经济发展的方式。马克思主义指出经济基础决定上层建筑，社会结构必定立基于社会生产以及与之相适的社会关系之上。具体来说，社会树立其上的要素涵括生产力、生产要素的结合方式和生产关系以及分配方式等。以马克思主义的观点，生产力和生产关系以及两者的适应程度是决定性的。

其二，价值规范。梁漱溟和涂尔干等中外学者都指出了决定社会整合的价值体系和道德标准，涂尔干尤其重视职业伦理以及公民道德。韦伯归纳的价值理性涵有家庭、宗亲、宗教伦理或其他决定社会行动的主观动因，他尤其重视宗教伦理对经济理性的潜射性。

其三，社会规范。相对于价值规范的自我约束的倚重，社会规范是指外在

---

① 英格尔斯.有关个人现代性的了解与误解.郭正亮译.谢立中、孙立平主编.二十世纪西方现代化理论文选.上海：上海三联书店，2002.

的为社会成员一致认可的行为准则、规则和标准。这些规则大致可分为两个层次：正式的如法律、制度、社会守则等，具有明确的条文可循；非正式的包括人际交往的惯例、习俗和约定等，虽然没有成文规定但被广泛认可。

三者相互制约、相互生成，有着整体性和协同性。生产方式深刻决定着伦理、道德、制度等规范体系的性质，这有着历史与现实的依据。譬如，奴隶制生产有着奴隶社会的道德体系，以勇武、节制等美德要求优秀的公民——其实主要是指奴隶主阶层。奴隶只是会说话的工具，既无人格，也无道德可言。现代资本主义社会的道德体系，在韦伯看来与新教伦理有着强烈的亲和性，如逐利、节俭、勤奋、精打细算等"富兰克林式"的品质，当然包含密尔指称的同情、良知、正义等人道主义精神。同时，无产者被烙上"无知、粗野、肮脏、卑下"等标签。可见，一个社会共同体的道德标识总是与占据统治地位的阶级或阶层所要求的品性相合的，至少反映了社会主流的价值观。

不过，伦理道德体系除了阶级性，还有不同社会的文化异质性。这是在漫长的历史长河中逐渐沉淀下来的，与生活风俗、惯习传统的养成密切相关，有着显然的地域性。一致认可且广泛施行的伦理、价值和规范指引、规约着人的社会行动和社会交往，经济行为也不例外。这是意识形态的反作用力。社会秩序就是在这些因素相互交织的作用中形成的。

在物质文明获得一定程度的进步之后，社会发展的重心必然转向一种更加合理、协调的人际关系和社会团结的塑成，由此获得一种稳定的、符合时代特质的高尚的秩序价值。在其中，人的全面而自由的实现与社会财富的充分涌流相映生辉，而福利恰好处于联结个体与社会、国家的共存关系的节点，体现着物质文明与精神文化的双重进步。因为福利既带来人的生活质量的提高，它本身凝练的社会关系的协和将为一种良善的、富有正义和道德感的良序社会夯实其意义基础。

二、权利与契约

在不同时代、不同国度，权利有着不同含义，深受政治、经济诸体制以及意识形态等因素的制约。正义诸要素的实现既是权利保障的结果，同时也彰显了其深深嵌入社会生活的实践过程。通过某个时点、地域的福利状况，大致可以明了民众合法、正当权益是否得以实现，其实现程度如何。国家、市场、社会乃至相关个体经由不同的方式参与到福利的实践过程之中，虽然它们的保障性质和机制有着显然的不同。这些复合的社会活动构成了权利实践的不同层次。

（一）"契约"的文化异质性

福利模式在不同国家和地区有着不同的正当性指代，其法理渊源也颇有不同。二战结束以后，相对和平的战后重建阶段使得经济发展、民生改善成为大多数政府的首要职责，欧美国家的社会政策陆陆续续向福利国家转型。但是，由于不同的政治、社会、文化条件，不同的经济发展基础，各国的福利政策也千差万别。

蒂特马斯基于英国社会史的演进所做的社会政策的划分：剩余型、成就型与再分配型[1]，大致反映了国家、市场、社会在不同时期的角色分工。在埃斯平-安德森看来，西方世界有着三种不同的福利传统："自由主义"体制奉行以市场实现为主导的原则；"法团主义"模式趋重浓重的社会保险之功能；"社会民主主义"模式主张对国民财富采取强有力的再分配。[2] 这两种分类虽然着眼点不同，但是仍然有着某种拟合性——比如，都涵有以自由、平等、团结为诉求的基础性价值，都强调通过再分配来实现民众利益的均衡。

"集体福利"模式在东欧、中亚等国仍然保有某种深刻印迹。日本、韩国、

---

[1]　蒂特马斯.社会政策十讲.江绍康译.长春：吉林出版集团有限责任公司，2011.

[2]　埃斯平-安德森.福利资本主义的三个世界.苗正民、滕玉英译.北京：商务印书馆，2010.

新加坡等儒家文化圈的"东亚模式"，虽然存在诸种差别，但是依然共享着一些共性的文化基质——比如家庭、家族等"家文化"特色以及类似的宗亲结构，甚至企业福利也带有浓厚的"家文化"意味。拉美、南亚、非洲等众多发展中国家大体可归属于"发展"模式，社会发展含有以经济发展优先的目的驱动力，福利受制于经济增长的程度。①

福利的"契约性"因此有着不同寓意。以古典契约说而论，主权合法性源于保护公民的权利、自由与财产。马歇尔等现代契约主义者赋予其更强的权利指向——要求在民众之间实现社会文明成果的共享。无论在蒂特玛斯的福利模式中，抑或安德森的"三个世界"中，国家（政府）必须承担一定的福利义务已成为共识，无非对应负之职责有着不同看法。

由于文化基质不同，公民与国家之间的福利契约性因之有异，政府涉入资源再分配的力度也有差异。大致说来，北欧国家的高强度再分配属于"平等性"的社会团结。在益格鲁-萨克逊国家，"斯密式"自由交换占据主流，市场化的资源配置更为显著。在有着法团主义传统的欧洲大陆国家，"结社性"的互助文化有着深厚的根基。东亚模式深深浸染着儒家文化或者说"家文化"的影响——"国"的观念更具有父权主义的"家"文化意味。东欧、中亚等国家虽然已经完成经济转型，但是或多或少延承了"高福利"模式，国家的再分配力度明显。在大部分发展中国家，经济增长是优先的社会目标，福利的发展受限于薄弱的经济基础。

无论政府角色有着怎样的异质性，就总体而言，均存在一种"契约"的性质——主权合法性根源于为民众提供必要的生存、生活保障，由此形成合理的社会秩序——在现代社会即形形色色的"福利国家"。

---

① 浙江大学公共管理学院林卡教授"国际社会保障比较"课程讲义。

再分配与承认在国家、社会、企业等福利实践中有着不同的着重。无论中西社会，国家的保障义务首先基于再分配的合法性。在以亲缘关系为基础的社会联结中，如东亚类似儒家的"家"文化传统，北欧紧密的社会联结，欧洲大陆的"法团主义"传统如行会、职业协会等，既基于某种契约性的互惠，更含有深厚的责任意识，一种共性的相互认同的身份意识，因其已超越一般的法定合约关系而有公共生活的互助意义。

现代企业的福利角色主要基于职业市场的应得，也担负起一定的公共责任。因为它既负有劳动报酬的义务，也作为一种重要成分参与公共性的资源积累。它是初次分配的基石，但由于公共福利体系的涉入而成为社会再分配的前提与条件。如果说主权契约强调一种必需的责任与义务，有着显然的强制性、法定性，那么，市场主体、社团的社会责任则既是互惠的选择，也是社会交换中的道德自觉。尤其现代社会保险体系的确立，更有赖于劳动者、企业或法人的相融和共同参与。

国家的契约功能一方面体现在权利的承诺与担保上，另一方面又直接参与资源的再分配。社会结构的多元分化要求更为多元的福利介入，不仅要求再分配与公共秩序更紧密的契合，也要求发掘承认的团结功能以形成多层次的资源配置渠道。就我国社会而言，福利的契约性有着更为复杂的表现。

（二）多层次的福利主体

我国福利的契约性有着四个层次：①国家与民众构成的权利义务关系；②市场经济中企业等法人与劳动者构成的职业关系；③公益、慈善组织的再分配功能；④公共生活领域的福利行为。在这些福利层次中，既有承认因素，也有浓重的社会再分配意蕴。

先就国家层次而言，在共享着一些基本价值，因而有着共俱的正义形式的同时，也存在社会、文化体系的异质性。在计划经济时期，国家的福利主导性毋庸置疑。由于经济发展水平较低，福利保障力度也较为欠缺。城市"单位"制福利，农村的合作医疗、"五保"等制度组成一个立体的体系。[1] 但是，农民因为集体性的土地所有权而游离于国家保障之外，这一特性甚而影响到当前的社会政策。城市市民的劳动所得、福利待遇与所在单位密切相关，属于与劳动类属、年资等因素挂钩的应得因素。就本质而言，计划经济的初次分配在很大程度上决定了福利保障的水平。

改革开放以后，福利模式由"国家体制"向"社会体制"转型，社会性"契约"——各类主体共同参与而形成的有机分工逐渐形成了多层次的福利体制。"单位制"福利分门别类地转向相关社会机构，养老、医疗、住房、教育等部门逐渐职能化，劳动、经营体现的价值大体经由市场来体现。

福利主体有着不同层次的分化。教育作为社会事业仍然由国家承担着主体职责[2]，养老、医疗纳入社会保险而实行"统账结合"的缴、偿形式，由国家、用工单位、个人共同承担筹资来源。城市地区的公积金制、保障性住房作为市场商品房的补充机制，就业、社会服务已基本转向市场或专业性社会机构。在大部分内陆农村，集体福利逐渐失去了原先的社队积累来源。农村的居民医疗保险、"新农保"都含有个人缴费、国家资助等社会保险性质。

市场的主体地位凸显而形成以市场为主导的初次分配以及以国家、社会为主导的再分配在新产生的福利体系中的有序分工。这种层次性与社会分工的业态、社会管理的职责分化是相应的，表明国家的契约性主体并未弱化，而社会性的多角色功能正在凸显。无论初次分配还是再分配，国家的政制角色都是不

---

[1] 郑功成.从企业保障到社会保障——中国社会保障制度变迁与发展.北京：中国劳动社会保障出版社，2009.

[2] 2016年国家的教育投入已超过3万亿元，大约占到国民生产总值的4%。中华人民共和国年鉴（2018）.北京：中国年鉴社，2018：1001.

容忽略的，这在经济体制改革前后一贯如此。在计划经济向市场经济的过渡中，市场因素的趋重要求在国家、社会、市场之间建立起更为平衡的资源配置关系。

福利的契约性由单一化的主权契约向更加多元的社会主体的蔓延，既负有社会机构的担责，也含有慈善、地缘、业缘共同体的承认因素的广泛渗入，更反映了以市场为主体的经济性契约的福利义务的日渐成熟。由于现代社会结构的多元分化，各种力量的参与——如家族和宗亲、社区和社团、宗教组织、慈善组织，以及各种网络公益平台等，使得福利呈现出更加活泼的形态。

作为广涉重深的社会事业，福利兼有两种性质——经济、社会政策的协同性决定其必然由国家统一规划和协调；作为社会交往的资源流转形式，又广泛分布在家庭、宗亲、社区、社团、公益、慈善等初级、中级的社会团结之中。如果形象一点说，也可谓"社会福利"与"国家福利"的天然分工。

三、资源的秩序基础

一方面源于主权形制的具体化，另一方面又涵着不同层面的社会团结因素，福利本身凝聚着多重的质色。但是国家的总揽性角色以及作为总的协调者是不可替代的。资源再平衡的功能是广泛而多样的，既与亲缘性、地缘性的承认与资源共享密切相关，亦含有公共生活领域的互助与团结意味，其背后是以惯例、习俗、舆论为表征的非正式的但被广泛认可的规范与规约的保障效力，更有国家（主权）形制的确保。

一个不可忽略的事实是，社会交换的衡等、互惠与资源要素的流转要求市场机制的强烈响应。这不仅缘于交互正义的衡等、平衡性质已然成为秩序基础，而且因为资源的筹措与分流均需借助市场效力才能从弥散的状态汇聚、整合到民众手中。

对于劳动者而言，市场实现的福利有着两种交互性平衡：①直接的职业福利，即就业法人给予的职业性应得；②劳动者创造的社会价值之一部分通过累积性分流——社会保险或其他形式汇入公共资源积淀，作为年老、病弱或其他重大事项的支付依据。除了个体自身的资源循环，公共再分配以及情感、亲缘、地缘或其他生活共同体的资源共享也促成个体与他人、与社会的再平衡，这仍然以某种社会交换为基础。

劳动者与公共福利之间的资源平衡既有赖于市场机制本身的完善，也有赖于政治、社会、文化诸体系的协调与调节。后者主要表现为——一是制度、政策对于资源的合理引导，二是经济绩效及其社会效应的评价多元化，三是拓实再分配与承认的更为积极的功能，四是发挥价值、观念、伦理、规范等意识形态对于福利行为的规约。

现代权利保障并不限于市场与再分配的协同，不同层次的承认因素也必然参与其中。伦理、道德、规范的沿袭赋予承认不同的文化质色。譬如，在我国"家国同构"的观念，家族、宗亲的血缘、亲缘联结形成的伦理规范的影响下，亲熟关系的扩衍随其亲疏远近一层层延递而成为社会共有的规范基础。① 承认因素深蕴在亲缘性承认、地缘性团结或公共生活的联结之中，惯例、习俗、乡规民约、亲缘关系等规约保障了不同层次的资源流转形式。

社会承认与国家认同对应着不同的资源配置方式。地缘、亲缘性共同体的资源共享承受着地域性的亚文化民俗与规范的制约，乡规民约以及共有的土地等资产形成的经济联结确立了近似平均的分配。国家的法体权威在更大的范围内调集分散的资源，在必要的公共投资之余，也为民生改善、社会事业的发展准备了资源基础。相对于社会承认的民俗性与非成文的惯例性，以国家为主体

---

① 费孝通用"差序格局"描述了我国传统社会人际关系结构的这种层次性。费孝通.乡土中国　生育制度.北京：北京大学出版社，1998：24-30.

的资源再分配有着强制性、明文性、法制性，建立在主权的合法形制的基础之上。"人民主权"已经超越了古典契约论的相对被动性，而主动将权利主体与受益对象联为一体，由此人民福祉所系成为社会施政唯一的、正当的方向。

三、主权与国民幸福

文化、制度、社会、政治、经济基础的不同，决定着福利多样的价值征象。虽然社会治理的主体愈趋多元，但是国家的契约性角色并未弱化，即国家主体的当然主导性从未缺位。但是，契约性不仅仅体现在国家与民众之间，社会团体、地缘结构、价值共同体等形式的共存，也表明公共义务在多主体间的共同担责。福利的表达机制既含有自身的价值诠释，也宣示其法理渊源与基础的合法性。

（一）人民主权、"最大国家"与"最小国家"

人民主权是当代政制的显然特色，但是在不同的社会背景中有着不同的指代。我国主权的施政基础在于人民福祉之所系，这与契约主义传统既有差别，也有某种程度的相似。中外社会的治国传统也颇有不同。

譬如，中国道家、儒家等传统思想中的"天道"论、"以天下为己任"的王圣之道、"以民为本"的治世价值等，较之古代西方社会立基于领主分封制之上神权（教权）与君权的合一，更有着一种"天人相适"的道德意蕴——人事必然要符合于"天道"，同时，"天意"必然以某些方式在世俗社会中展现。

在西方社会，这种神意表达要具体得多。上帝是超然的存在。基督教义融入世俗政治后的神性依归，也未将治理目的直接指向民众生活。近代社会契约思想的传播，使得主权合法性的基石逐渐转向人民的让与，民众的生活、安全、自由逐渐成为主权职责所系。二战以后，战后重建赋予社会政策前所未有的重要地位，主权的治世标向进一步强化为"福利国家"。

我国主权合法性有着三大理念基础。其一，全心全意为人民服务；其二，政权的人民幸福指向；其三，社会发展的人民幸福指向。这三点其实有着紧密的逻辑内洽，尤其第一点是所有政策的关键环节。

"全心全意为人民服务"是毛泽东同志提出的群众路线的凝结，在革命战争年代是解救民族危亡、取得革命成功的关键因素。"为人民服务"意味着政权的设立和运转必须始终围绕着人民福祉所系，这与近现代社会革命的目的是一致的。和平与发展成为当代世界的主题以后，社会发展与建设也延续着这一传统。人民福祉所系是一切政策的出发点和立足点，而福利可谓这一指向的显性表达。也缘于此，国家在福利事业中向来承担着主导性、核心的关键角色。

表现在具体的社会政策中，国家接受人民委托、为着人民福祉所系，对福利资源、社会资源进行合理规划、调节和配置。人民主权的政制设置决定着国家有着双重角色。国家是当然的福利主体，同时又承载着福利运行的最高层次的保障者与协调者角色。这也是主权"契约"性的另一种体现。人民主权要求国家履行社会秩序的最高担保——当然这一权利让渡也是人民赋予的。人民主权思想构成我国福利的治权基础。

可见，我国的主权基础与契约主义传统虽然法理渊源不同，但是有着一个共同点——均将社会的发展和运行标向着民众生活的改善、社会秩序的安定与完善。这是正义的秩序契约性向民众美好生活的实质承诺的当然衍生。在古典社会契约论中，权力的授予是民众享有社会权利和基本保障的前提。在我国社会，人民的幸福生活即是主权的目的，两者是合之而一的。这也因此成为福利的法理之基。也可以这么说：我国的福利边界即人民的幸福生活所涉及的范围。换言之，凡是有利于人民生活改善的事项，就是福利政策的实施方向。

中外社会不同的道德基础赋予福利不同的德性渊源。譬如，古希腊政治思想的"勇敢、节制、智慧、正义"等美德奠立了古典治权的道义基础，同时，柏拉图、亚里士多德提出的按照美德、禀赋等与德性、文化相称的分配的"得其应得"的恰得性也成为后世分配正义的价值涵源。①

人类文明进入现代社会以来，平等、需要等价值的拓展使得美德内涵大为扩展，美德从智慧、节制、勇敢等衍向同情、善良、良知等德性。无论是西方社会还是我国社会，现代性因素的涉入都使得道德既蕴有互助、团结性质而成为共同体的规范，同时也蕴含伦理性质的德性诉求。由于这些淳朴而扎实的德性因素，资源流转使得处于困境的人们的生存境迫得以改善。这是现代社会共具的道德基因。或者说，福利的契约基础与道德、情感等社会基础之间的致合性赋予福利更整全的合法性。

对于国家介入福利的力度向来有两种不同的观点。其一即以诺奇克、哈耶克等为代表的"最小国家"论。他们认为国家的秩序只在于维持必要的正常秩序，国家对福利的介入应维持在最低的限度，个体境况的改善应交由市场来解决。这可以说是"斯密主义"的极端，必然导致对贫穷、疾病等社会苦难的置若罔闻。还有一种与之对应的"最大国家"论。他们主张公共权力对自由竞争、市场秩序中可能造成的两极分化与分配矛盾进行强力干预，从而在社会分配中尽可能实现一种预期的理想结果。秉持这一取向的有北欧的斯堪的纳维亚国家以及东欧国家。

这两种取向代表两种尖锐对立的立场——或是自由竞争的放任主义或是强有力的社会干预主义。而大多数福利国家倾向于在两者之间实现一种"摇摆"——在维持自由竞争秩序的同时，也不放弃必要的、或多或少的再分配政策。

传统社会的儒家伦理与宗亲结构的相合成为"乡土中国"的规范基础，至

---

① 亚里士多德. 政治学. 吴寿彭译. 北京: 商务印书馆, 1965: 154.

今仍有着深远影响。虽然，现代社会的价值互应更为多元，中西文化也在不断地融合、交流，但是，家庭以及基于亲缘、地缘或其他价值规范的联合仍然是我国社会团结的重要基础。现代社会的福利政策更具契约合法性的同时，民间、社会福利仍然深深地涵有这些团结质性。

当现代性因素深深染入城市社区时，市民的社会联结有着更为多元的价值涉入。同时，农村社区的宗亲、家庭等亲缘联结虽有所弱化，但是仍不啻为农村社会承认的重要基础。例如，老幼人口的赡养与抚养，"打工经济"并未弥失的一年一度的家庭、村落的团聚，初级关系中生活资源的共享，日常的互助与照料，等等。这些共同体生活深深蕴含着亲缘、血缘、地缘的团结承认，其背后透显着宗亲关系与传统伦理交织而现的文化基质。

我们的"国家"观念有着不同于西方的尊崇地位。西方的"国家"要么是指"nation"，要么是指"state"，或者感情色彩浓厚一点的，用"country"这个词。我们的国家观兼有这些意味，还有更高层次的"国"（dynasty 或 empire 的尊崇性）以及"家"（family 的归属感）的双重性。因此，国家的道德责任与治世义务更加崇越。儒家"修身、齐家、治国、平天下"的理想就是国家与个人两个主体相互延应的典型表达。也是在这种治世思想的影响下，国家的福利职责在现代性背景中不但没有衰落，而且与"福利国家"理念相互结合，成为社会秩序的强有力保证。

我国的社会主义性质为更高程度的福利实现提供了物质、精神的更切实的可能。国家并不仅仅是一个福利主体，社会主义大家庭为每个人的基本生存与基本自由提供了终极性的道德担保。

因此，我国福利模式既非"最小国家"，亦非"最大国家"。因为既有的道德、文化结构的延绵以及我国的社会主义性质，决定了现行的社会政策既不能无视民众的疾苦与社会的平等诉求，又不能超越社会发展的阶段性限制以及市场经济的结构性要求。我们必须走一条兼顾理想与现实的平衡的"治世国家"——或者说是"治理共同体"的道路——在现实的可能条件下，最大限度地满足人民的物质、文化需要，实现人民幸福，是一切工作的出发点和落脚点。

马克思的国家观是一种社会共同体——"自由人的联合"。国家最终是要消亡的，但其前提是世界范围内无产阶级获得全面解放、阶级已经消灭、资本主义生产方式被新的生产方式全面取代。那么，在当今时代，应当选择一种"福利国家"的形式，抑或选择一种"福利社会"的模式？

其实二者并不相悖。因为福利既是国家的，也是社会的。只不过国家的现代主权形制承担了社会共同体本应承担的，或者说让渡的福利职责。这也是福利契约性的表现。现代社会的发展要求国家在履行其本有功能的同时，社区、社团慈善、公益等中间层次的社会机构亦承担起应有的团结与互助义务。就此而言，理想的福利形式宁可称为"治理共同体"——一方面，它有着必然的社会治理功能；另一方面，公民又以积极、全面、协作的方式参与到这一主权形制中来。

（二）幸福的含义

经过两次世界大战的洗礼，近现代世界史有着由战乱到相对稳定的迁替，这一大势基本上延续至今。和平与发展成为当代世界的主题以后，福利建设在各主要国家均获得了长足进步。中国的近现代史也有这个分界，虽然与世界史的进程并不完全同步。我国虽然稍晚进入现代性进程，但在新中国成立以后，尤其改革开放政策推行后，政治的重心亦然由"解放政治"向"生活政治"转进。[1] 人民的幸福生活成为现代治理的公认主题。

何谓"幸福"？不同观点解判各异。比如边沁的"最大多数人的最大幸福"

---

[1] 吉登斯.现代性与自我认同.赵旭东、方文译.北京：生活·读书·新知三联书店，1998：7、20.

原则与罗尔斯的社会分配向最少获益者倾斜的主张之间就存在深刻的张力。这并非谁是谁非的问题。社会发展的不同阶段决定了幸福原则的取向。在资源相对稀缺，或者还处于相对贫困的阶段，最大限度地发展生产力，使大多数人摆脱贫穷是最紧迫的任务。在物质相对富裕以后，分配问题必然成为社会建设的核心问题，也是人的本质、社会本质实现的必然要求。贫弱者不仅不应被忽视，还应给予其全面发展的机会。这是积极意义的社会平等，也是文明社会的必然要求。

幸福既是物质的，也是精神的。幸福既是个人的生理、心理的舒适、愉悦状态，也与社会关系、人际交往的和畅状态有密切的关联。在现代社会，民众福利的充分实现是其中的关键和枢纽，关系到个人身心之间、个人与社会之间能否达到一种和谐状态。相对于伊壁鸠鲁式的欲望满足，康德更提倡一种基于责任和理性的道德自律。①

但是道德有着个性的一面，也有社会性的一面。脱离社会价值的规范、规约，要么导致一种遁世，要么可能导致一种自我的压抑。亚里士多德的幸福是某种德性的完美，要求在身体诸善、外物诸善、灵魂诸善之间获得一种平衡与圆满。②相对于古典德性思想，欧文等社会主义者要"现实"得多——他们要求改良社会结构，强调关注实际的物质基础，要求在生产协作中找到个体幸福与社会进步的契合点。③功利性道德主张为社会分配找到一种平衡因素，既能有效缓解或消除疾病、贫困、愚昧等人类苦难，又不至于影响经济增长的动力。④

---

① 康德.道德形而上学原理.上海：上海人民出版社，2012：37-46.

② 亚里士多德.尼各马可伦理学.廖申白译注.北京：商务印书馆，2003：9、32、305.

③ 欧文选集（第一卷）.柯象峰等译.北京：商务印书馆，1979：117.

④ 穆勒.功利主义.叶建新译.北京：九州出版社，2007：37-39；穆勒.政治经济学原理（上卷）.赵荣潜等译.北京：商务印书馆，1991：425.

在人类通向幸福社会的道路上，究竟应该选择什么样的分配方式？自由主义者与社会主义者似乎存在某种严重的对立。但是"自由"却是两者共同的价值追求，无非对自由的理解，尤其对自由竞争秩序所可能产生的弊病及其应对有着不同的侧重和方略。这些分歧，以及对产权合法性的界定，乃至自由的实现路径，均未弥失他们对幸福之路的探索的共同努力。

幸福要求一定的德性基础，福利能够带来的生活与社会条件的改善是显而易见的。简言之，现代福利可以改善这些基础——一是个体生活的物质性进步；二是心理意识性的支持，如人格的平等、自我认同与社会认同的价值识别等；三是为社会交往赋予一种稳定性，它既存在于亲密的生活共同体中，也蕴含在公共性的社会场域中。

我国福利的正当性有着特有的政治、社会、文化支撑。我们自身的政制特色、人民在政治生活中的"主人翁"地位、政权确立的因由等因素赋予人民福祉崇高的价值地位与合法性。解读我国的福利现实，也宜立足这些特点，找出与西方体制的异同，才有可能以更确然的态度观瞻已经取得的成绩，还有哪些有待改进的因素。但是有些因素是共通的。譬如福利的契约性纵然有着不同的社会基础，然而都显然含有权利要素的支撑，而且都要求一定的资源条件来准备。

（三）权利、价值与义务

权利的实质有着三个方面的含义：①个体获得自由的法理基础；②责任与义务的平衡；③国家、社会与个体之间确立起一种协和关系。

就个体而言，权利体现为福利的正当性，体现为依法享有的各种权益和社会化利益的合法。生活条件的改善，可以支配的资源渐趋充裕，能力与知识的提升，道德与文明习性的养成，意味着公民更加充分的自由的实现可能。因为，需要、应得、平等的实现以及因之获得的生存条件、参与社会的机会和能力，使得个体更好地发展自我、实现自我，同时也带来社会改良。在这一进程中，无论契约性的福利权利，还是宗教、宗亲、社区、慈善机构或其他个人的承诺和保障，均意味着福利关系与社会结构的高度契同——社会团结的人格和意义建构，以及共同体或者更为广阔的公民身份的和谐。

对于国家而言，这是一种契约义务，对于社会而言，这是一种社会责任。正是基于公民权利，合乎情理地在成员之间调剂和分配资源，给予贫弱状态的人们必需的保障，为公民拓展发展的条件，才成为正当的。权利是福利的合法性支撑，需要、应得、平等是福利表达的价值，而自由是福利最终的社会后果。

那么，是否意味着个体只需享有正当、合法的权利，而将责任与义务天然地推向国家和社会？在马歇尔的权利理论中，公民的责任与义务确然并无明确的划定。在经典社会契约论中，公民似乎只要授予主权的让渡即可享有安全、自由、财产的保障。在现代社会秩序中，仅仅是"授权"型的义务是远远不够的。公民还有积极参与秩序建设的公共责任——以弗雷泽的话，即积极的参与权与恰当的代表权是相辅相成的。"错误的代表权"恰恰是忽视了个体参与社会、建设社会的责任与义务。在涂尔干看来，秩序的重塑要求一种新的"集体意识"的形成，良好的职业伦理以及公民道德为国家功能的发挥确立了两根支柱。现代公民的责任和义务要具体而广泛，如维护和谐秩序的义务，援助弱势者的社会责任，守法、纳税、诚实经营等经济伦理，以及善良、良知、同情等道德秩序的维护等。

权利与义务之间的平衡并非天然的和谐关系。"权利论"强调政府和社会的职责和义务，要求更为沉实的政策和制度依凭，"价值论"将目光投向民众之间公平、公正、合理的分配。二者是紧密相关的。因为公民权利要求治权的合法性建立在民众之生存得到保障、基本自由获得实现的基础上，公民由此获得幸福生活的指靠。换言之，如果需要、应得、平等这些价值获得充分的彰显，福利正义可谓实现。

国家、社会、个人之间确立一种合理、谐调的关系至为重要，因此权利与义务、权利与价值的关系不能过于偏敧。由于个体力量的弱小、资源的相对微薄，外在的系统性支持就显得尤为必要。无论契约论、权利论或者现代的社会批判理论都发现了这个弱点。他们要么要求合法的身份以保障正当的权益，要么要求对社会体制进行深度革新以确立新的更加合理的经济、社会秩序。

权利内涵的生命之尊严、自由之实现——生存权和发展权的彰显，为福利奠立了坚实的法理根基，由此权利合法性延伸为福利恰适性。从另一面看，福利价值的实现也成为衡量权利的标尺——平等、应得和需要成为检验权利的衡准。可以这么说，福利体现着权利——透过价值在某个时点、地域的实现程度，透过资源流转的合理与正当性的显现，大致可以明了民众的生存和发展状况，乃至观省公民权利的实质内涵。福利正义愈发深衍，价值与权利愈加紧密而相互弥合。

公民自由的实现也是积极意义的平等之实现。福利既有助于实现公民更全面、更充分的自由，它本身内蕴的平等价值又成为社会运转的契约基础。福利意涵的价值多维，尤其平等的多重维度，使得社会政策有着复合性目标。

福利的权利基础在保障个体生存和发展的合法性支撑的同时，也赋予其实现路径的多重性。譬如，经济自由交换要求的秩序基础未必带来平等的所得效应。再分配实现着更广阔的宏观资源配置的同时，还需顾及社会成员不同的禀性、能力、条件及其发展诉求。这些诉求同时又必须在承认、团结等社会情境中实现多重的平衡。

（四）福利的现实可能性

福利价值与社会现实之间既有一定的张力，也有一定的应力。前者在于福利将要实现的目标与其现实可能的条件之间有着或大或小的距离；后者在于福利发展与总体性的社会发展的目标是一致的，即"每个人的全面而自由的实现"。

其中，不仅有最基本的生存条件的保障，还有更有意义的、更高质量的美好生活的追求，每个人的潜能得到更充分的发展。

"得其应得"、"同需同福"、确保基本的社会平等，这些社会诉求要求体系由分散到弥合的转变。由于社会分工的不同，不同群体有着迥然相异的社会经济特征的识别，身份区异、职业分层等异质性因素或将在较长时期内持续存在。在职业因素之外，还有着先天遗承、禀赋、交往关系等诸多社会因素。福利建设与作为整体性的社会建设须臾不可割裂。

我们既不能无视时代呼唤，也不能脱离现实的可能基础。无论福利的区域差异、城乡区异、身份差异，均需立足于具体的社会现象，分析其具体成因，探寻切实可行的解决机制与路径。这既要求经济政策与社会政策的协同，比如福利体系与"户口"改革等制度性探索，也要求价值观念、伦理道德等社会意识的同应，还必须考虑某种机制性的解析——如"社会资本"构筑的资源流转可能，信任、规范、网络等人际交往形式的异质性，在商业网络与亲熟承认蕴含的福利价值之间加以适当的区别。

正义之实现，是衡量福利状况终极意义的标尺。为此，除了资源布局的调整、市场机制的完善，还必须社会政策以及其他政策的高效协同。资本、土地等优势要素与劳力、原料等初级要素的社会应得的竞争是政治经济学的长期难题。市场或许有着偏向前者的天然缺陷，这需要社会政策的积极介入而获得某种制度性平衡。当然，福利之正义性并不仅限于资源秩序的维护，同时也将为社会服务、公共事业等更广阔的公共领域夯实必需的价值基础。

作为正义实现的必然路由，再分配和承认反映着多层面、多视域的制度、政策、规范、规约的浓聚。这种多重性及其与各个领域的广泛联系必然要求唯有深入实实在在的社会生活，才能真切地观视其分别发挥了哪些优势，又是如何相互配合着实现福利本蕴的价值，从而将现代权利的意涵得体而充分地发扬出来。

生产力与生产关系的相适、社会阶层的有机分布以及政治、经济、智识、法律等资源体系的有序运转，既给予需要以结构性限定，又赋予福利合法、合理与正当的资源基础。无论再分配抑或承认都必须顾及这一结构性要求，二者的效力也唯有在这些环境因素的协和中才能发挥出来。譬如，生产力水平决定社会分配的性质，因而也深远影响了需要的实现可能。这不仅规约着资源的多样性与类属，也指涉着社会关系的调整与重构——比如作为有机体之社会构成就含有权利与义务之间的整体平衡。

交互正义与权职正义分别是福利正义的社会与政治基础，其表征即政治、经济、智识、法律等体系的协调与平衡。以帕森斯看来，各个社会体系既是独立的，也在相互之间以某种特定的方式交流，这是一种结构性的资源整合。资源再分配的经济性无法脱嵌所处政治、社会体系的支持，甚而，其合法性必须获得必要的授权之后，才有可能介入社会资源的流动与重置。承认同样如此。它既不能脱开一定的社会交往形成的关系结构，也不能将蕴含期间的道德、伦理因素弃置不顾。社会秩序有着系统性、完整性——生产、分配、流通、消费等环节与其他结构性因素之间是相互衍通的。

如果将福利体系视作一个小"系统"，经济、社会、文化、政治诸机制不仅自身构成一个一个不同的大"系统"，它们相互之间通过资源的联结与流动而构成福利运行的整合性的环境系统。再分配与承认引起的资源流的改变，就是在这些有着结构性关联的整合的环境系统中发挥着它们的功能。它们能够达成怎样的社会改变，在很大程度上取决于这些子系统的协调能够为之创造怎样的合适条件与运行基础。

社会公平与正义的实现，或者说，平等、需要、应得等价值的现代诠释，要求更为积极的平等主义——我们应该充分顾及个体不同的禀性与能力，获得适合自身的发展条件——以马克思的话，形成更完美的自由人的联合。现代社会的多元分化使得福利内涵愈加丰富。人们的需要由生存衍及文化、艺术乃至自由的实现，应得不限于个体目标而是延及社会的结构性平衡，平等诉求也将更为多元。

在契约、权利与平等等理念之间，平等成为其间的枢纽。它本身的价值多维及其之于需要、应得的可能调适，使得福利的契约基础有着多重的社会映显。需要、应得、平等作为互补相照的价值要素，不平衡的实质即它们之间既存在一定的张力，也尚未得到充分而合宜的彰显。从这个角度看，福利之实现就是这些元素不断交织、衍透、相融相合的过程。这些价值已经将个人与国家、与社会紧紧联系在一起，为它们的责任与义务、权利与所得做出多重的观视。换言之，已经将个体的利益平衡导向公域的正当秩序。

第七章　良序社会

　　何谓良序社会？有道德、有正义的公正合理的社会即良序社会。正当、良善的秩序意味着价值与权利的相融。它既得益于人们生活其中的社会环境的改善，又意味着通过这种改善来促进秩序的一种应然与实然的合理平衡，夯实由人际交往、社会规范、意识形态等因素构成的社会基础。

　　正义的实现涉及两种显然的秩序基础：政治秩序与经济秩序的确立。前者以权利对福利行为以及更广泛的自由人的联合体的保障为主要表征，后者以资源流的合理流动与配置为主要内涵。还有一种更具意识形态意味的秩序性，虽然之前一再被提及，但是尚未对之进行深入解析。此即社会秩序。它以伦理与道德、惯例与习俗等规范体系的延承与革新为基石，在某种程度上，它反映了正义与道德之间的交织。在一定意义上，社会秩序可以包含前二者（政治秩序与经济秩序）。但是在狭义的范畴上，社会秩序有着特定的含义与规律性。

　　这些秩序基础既关系到再分配、承认和权利的实现效力，关系其具体、切实的政策、制度的衍射范围，也关系到正当、公平与正义等价值实现的可能程度。从另一方向看，它们也是正义将要努力实现的目标，是福利及其资源流转得以成立的共同的土壤和环境的改善。

　　由于某些现代性因素的介入，这些基础不时暴露出它们的弱点与薄弱环节。

秩序的改良既得益于福利可能提供的物质与精神基础的改善，也有赖于作为一个整体的社会系统更为协调的运行和完善，并尽可能以此消解伴随现代性进程而来的某些负面影响。

第一节 承认的伦理异质性

一、社会变迁与现代性

尽管世界的现代性进程仍在进行之中，而且，不同阶段的现代性危机有着不同的内容，但是这并不意味着不能就此提炼出某些问题或矛盾的实质。譬如，高力克指出，就中国而言，自从受西方近代文明冲击以来，不同时期面临着不同的现代性问题——"启蒙"时代有着"启蒙"的现代性问题，现代社会面临的问题又有不同。但是，就本质而言，现代性意味着多元的矛盾和冲突。[①]

就根本而言，"现代性危机"即一种"秩序"危机——对秩序合法性的反思和质疑。依据"系统论"的视角，吉登斯指出，由于现代社会各种新风险的出现，有可能导致一种反思性的信任危机的蔓延而引起本体安全感的缺失以及某些"系统性"的张力。[②]哈贝马斯（Jürgen Habermas）同样引证了帕森斯的"系统论"思想，认为危机可能发生在经济、政治、文化等多个领域，它"是在无法解决的控制问题中产生出来的"。生活世界与社会系统本来是两个平行的结构，但是由于前者相对弱势而存在被系统"殖民化"的可能。[③]

[①] 高力克.求索现代性.杭州：浙江大学出版社，1999：335-339.

[②] 吉登斯.现代性的后果.田禾译.南京：凤凰出版传媒集团、译林出版社，2000：6、26、32、49、87.

[③] 哈贝马斯.合法化危机.刘北成、曹卫东译.上海：上海人民出版社，2000：7、63-68.

有两种颇有代表性的结构主义或解构主义的观点。福柯（Michel Foucault）认为权力谱系的扭曲导致规则的失效，并由此质疑规则、规范的合法性。① 德里达（Jacques Derrida）质疑传统话语体系尤其"逻各斯"的真理性而要求将"秩序"进行彻底的解构。② 所谓的"解构"，其实质是对素来"习以为常"的惯例和道德秩序的根基提出某种质疑。由此，对社会变迁的反思大致可以归结为两种视角——或"结构"的，或"道德"的。

如果再往前溯及韦伯基于宗教伦理的理性主义解读以及涂尔干的道德主义范式，都可谓现代性问题的深沉思索。我国梁漱溟、费孝通等学家的文化和社会述论均意在指明现代社会的某种"结构不适"或者"文化失调"。这些不同层面的"道德对话"，对于理解、省察我国的社会团结具有深刻的文化透视力。

就根本而言，现代性问题归根结底是社会变迁的缘故。也就是说，由于社会结构与观念意识之间持续存在的张力与不调适——如果从社会结构的角度，现代性困境囿于三个层面之间的张力以及因之所致的社会失序。

一是经济要素之间的紧张。如生产力与生产关系之间的不调适、生产与分配之间的矛盾与冲突、生产力与生产要素的不协调等。二是社会规范与经济基础之间的张力。社会生产的变革要求相应的结构变迁，而价值、伦理等道德体系有着一定的历史延续性和稳定性。当道德不足以规约社会行为时，失范便产生了。三是文化变迁导致的价值震荡。经济、政治、交往方式的改变均会带来文化的变迁，既有内生性因素，也有外生性因素。

文化、价值、观念、伦理等意识形态具有较强的历史承延性，由于时空环境的转移，其变迁往往不可逆。无论韦伯所述的价值理性与工具理性的张力，

---

① 福柯.规则与惩罚.刘北成、杨远婴译.北京：生活·读书·新知三联书店，2012.
② 德里达.书写与差异.张宁译.北京：生活·读书·新知三联书店，2001：1、6.

还是涂尔干的机械团结与有机团结的集体意识问题，抑或滕尼斯的共同体与社会的二元质性，其实质都是对现代性条件下如何达成可能的社会团结进行的某种道德反思。梁漱溟与费孝通的文化反思更加注重伦理社会的重构与礼俗社会的重建。在这些反思中，都隐含了一个未被点出的"黑格尔命题"——秩序塑成中的主体间性认同——也就是承认问题。

因为，无论个体的理性张力，还是社会失范要求的道德重建，或是礼俗社会的伦理重构，都不能脱开人际的交往因素——一种主体间的人格认同与关系的契认。而且，无论世界还是中国，纵然由于时代变迁，现代性命题的具体内容或许有着不同程度的衍变——如职业分工的具体形态、国际关系的重构、社会结构的分化等等，与以前已然有质性的不同，但现代性问题的核心——秩序的德性基础与社会结构之间的张力仍然没有改变。

当代的社会转型源于国内、国际环境发生的双重变化——就我国而言，即和平与发展成为新的时代主题以后主动选择的"变法"。经济、社会、政治等领域的制度变革已使我国获得了崭新的社会活力，有着不同以往的国际地位。就像古今中外每一次重大变革一样，社会结构的重塑要求内外各种要素的重新调适，这必然是一个或长或短的过程。

大致说来，社会转型表现为三个方面：经济、社会与文化。

在计划经济向市场经济的转型中，公有性主体已经朝更加多元的方向分化，个体、私营、外资、合作制、股份制等多种业态的出现，使经济获得了前所未有的活力。同时，经济运行的范围也由国内的封闭的内部格局向国际化的深度融合迈进，中国经济已成为世界经济不可或缺的重要成分。

经济转型是社会转型的基础。它不仅直接推动了居民收入结构的改变，也带来新的社会保障与福利模式的变迁，更带来新的社会关系、资源关系的重构。社会革新给予伦理社会的冲击，首先是传统乡土社会的衰落。由于工业化主要发生在城市、城镇，尤其是沿海、沿江地域的城市群落，内地农村的大量青壮劳力外移而使农村"空心化"。即便经济较发达的沿海农村，也已呈现出不同程度的城镇化、工业化。

与之对应的是城市的扩张与相应的资源吸聚。这些变化不仅表现为城市的地域、范围不断向周边蔓延，相邻城市逐渐形成或大或小的城市群，同时也表现为城市所代表的现代生活方式、价值观念日益渗入农村社会生活。城乡关系由于劳力、人口的迁移，经济、文化资源的扩散与辐射，而愈趋紧密。同时，居民收入、观念意识、身份碍滞等二元结构因素却没有得到彻底的消除。

乡土社会变迁的一个直接后果是宗亲性的伦理团结出现一些弥散、凌乱的状态。但是，尤其在内地的农耕社会中，一些基本的宗亲联系仍然保留下来，传统礼俗社会的成分依然延系着，亲缘性的伦理承认仍然明显。从另一方面看，亲熟承认随着工业社会的渗透、农业人口的减少、农村经济的凋敝、利益因素的渗入而有所淡化。这既是时代变迁之使然，也要求着伦理秩序相应的价值重塑。

家庭形式有着由原先的联合、主干家庭向核心家庭的过渡。个体经济独立性的提高，也意味着社会交往的结构性张力逐步逾出血缘联结而向业缘、地缘或更广泛的互陌地带迈进。价值愈加多元、个性愈加伸展的同时，意味着社会关系和约束机制的愈加弥散和多元化。家庭的保障功能也必然随着这些结构性的变化而改变。

价值观念的多元化是不可阻挡的趋势，无论在城市抑或农村。由于经济独立性的提高，择业自由摆脱了以往的经济附属与依赖。全球化的信息、文化传播也使得世界有了可以共享、参与、对话的视界与平台。"威斯特伐利亚"约束的弱化不仅表现在一些原先限定在主权范围内的事务存在国际化的可能，甚至主权的内涵也有深刻的调整。有些问题必然需要国际社会的协商与合作才能解决，如伊拉克、叙利亚问题产生的难民，非洲国家的饥饿与贫困等，乃至国家间的经济、政治性的相互依赖。

与此同时，社会失范问题也日益多样化。家庭伦理、亲情关系、职业关系乃至一般的社会交往，在摆脱了数千年的封建桎梏与机械化的关系模式之后，人际交往犹如脱缰野马，无情碾压着社会维存必需的伦理、道德底线。在涂尔干看来，社会失范的解决必须重建职业伦理与公民道德，这在当下社会是远远不够的。

一方面，经济伦理的型塑在法规、制度的逐渐完善下已有趋好的动向；另一方面，社会伦理——家庭关系、性关系等伦理行为的开放与自由，公德意识、行为举止呈现出文明与堕落双重分化的现象。其中，既有高素质公民的道德感召力，也有屡屡突破底线的丑恶现象的发生。在经济贫困逐渐消除之后，道德的贫乏使得秩序有可能陷入更深刻的社会危机。正义的实现既要注目于底层群体的经济条件的改善，也要助推一种更加符合人性的现代伦理成为人们的自觉遵循，助推人的物质、文化生活的更全面的双重升华。

教育、文化、艺术活动的熏陶可以陶冶人的情操，也可以让人分清善恶是非。康德式的道德自律或许对于大多数人而言是难以达到的，公共社会生活的参与有助于实现更加文明的社会化进程。埃利亚斯指出，文明社会不是一蹴而就的，而是在漫长的历史发展中逐步积累的。人和社会是互动的产物，文明生活有赖于情感、道德以及与之适应的生活方式的逐步培育。①

二、中西社会的承认质性

不同的社会结构与文化制约着承认的质性。近代以来，西方民众重视通过

① 埃利亚斯 . 文明的进程 . 王佩莉、袁志英译 . 上海：上海译文出版社，2013：9、28、39.

抗争获得自身权益的保障，而中国的传统文化倾向于通过调适达成与外界的和解。这一区异尤其体现在不同的福利路径上。

虽然中西社会的文化基质不同，但是就传统社会而言，都有着某种"特殊主义"的承认方式的存在。譬如，在中世纪的西欧封建社会，除了宗教机构的救济传统，封建农庄也承顾着庄农"生劳病死"等事责，各种行会也对手工工人给予各种互助和接济。现代民族国家纷纷成立以后，尤其二战之结束，国家的福利责任日益凸显。无论中国抑或欧美等西方社会，国家都成为理所应当的福利主体。

就中国而论，进入现代社会以来，虽然国家承担了大部分福利职责，但是民间福利并没有弥失，而是各有倚重、各有分工——宗教、宗亲、职业、社团、社区等主体不仅有着不同的价值取向，也有相应不同的福利理念。虽然某种熟识性的信任依然构成传统伦理的基础，但在现代社会，随着网络时代的来临，虚拟空间也造就了人际交往的不同方式。陌生人之间的信任较之以往有了从未有过的发展，譬如网络购物、网络慈善、就业机会的觅得以及其他商业行为等。这种关系生态的改变使得人际联系可以跨越时空而有着空前的社会团结的可能，但是其中隐藏的风险也是显而易见的。这在东西社会恐怕有着相似的境遇。问题在于如何发扬其有利的一面，而对其消极的一面给予预估和防范。就中国社会而言，传统道德与伦理的秩序效力依然是不可或缺的。

伦理承认亦然构成社会团结的基础。爱、法律、团结，黑格尔、霍耐特标识的现代承认的三种形式，在中国传统社会是合之而一的。亲友之爱、宗法律令、天道人设，在血缘、宗亲、国家三个层面统合为家国一体的关系伦理。

具体而言，"义"赋予伦理关系不同的承认形式。"父义当慈、子义当孝、兄之义友、弟之义恭。"在传统宗法社会，夫妇类同父子而别上下，"举案齐眉"。"家"文化是伦理社会的基础，宗族、交游乃至同乡，以此类推，而别尊卑、亲疏、远近。在家庭、宗亲、交游、同乡等不同关系中，"义"的涵义虽然不同，但是相互的主体性承认是共俱的——每个人都认同对方的主体资格和需要，并以此担当自身的道义责任，无非这一责任随关系的性质、深浅久暂而有不同。①

伦理社会的显然的承认质色在不同层面实现着共同体成员的需要，而职业福利有着更为浓重的分配应得性。伦理社会注重德性调节，职业福利注重权利伸张。传统职业社会的非纯粹性——伦理因素的广泛渗入使得社会获得整体性的平衡与安定。现代性的道德危机动摇了这一价值基础——譬如，职业伦理的未能充分显现，传统宗亲关系的解构，人的行为的"工具主义"特质，等等。在现代性因素下，社会秩序呼唤着新的权利诠释。以此观之，价值理性将获得怎样的重构？福利的社会功能究竟何如？

如果说我们之前一再阐明的是福利的正义性，而于其道德性尚无深涉，那么这里可以看到，二者其实有着显然的交集，也有显然的张力。比如，正义赋予福利以价值指向，而道德并非如此。它虽然并未规定一个确切的方向，但是福利扎根其中的伦理、规范、观念等意识环境为福利的实现培植了土壤。正是这种与文化或亚文化紧紧相连的精神因素使得福利过程深深渗有传统与现代的双重质色。二者的张力事关社会团结的基础，尤其承认之实现必然蕴含于观念、习俗、伦理、惯例等文化或亚文化构成的社会联结之中。

就福利而言，黑格尔、霍耐特的政治伦理观与韦伯、涂尔干、梁漱溟、费孝通等的社会伦理观有何区别？作为其中的代表，黑格尔与梁漱溟的区别主要在于：其一，前者阐述"抽象的法"，而后者着眼于具体的社会事实；其二，前者经由内心与外界的和解而获得自由，后者致力于个人与社会的和谐而达成

---

① 梁漱溟 . 中国文化要义 . 上海：上海人民出版社，2005：72-73.

秩序。

要言之，经典伦理观不啻为提出这些命题做了准备——承认的具体社会形式和含义是什么？福利的德性基础在哪里？资源在人际关系中的流转有着多大的可能范围？

第二节　伦理秩序的重塑

一、亲熟规范的时代意义

广义的社会规范涵括亲缘、宗亲、宗教、社区、社团等共同体的规约以及职业伦理、公民道德等价值观念体系，有着深厚的历史积淀和文化延承性。社会变迁倘或存在某些因素与社会构造的不适，福利价值的实现在一定程度上可以弥合这些罅隙。

家庭、宗亲等亲缘或地缘的团结是人们心理上的相互依赖与认同，要求物质的支持、资源的共享。生活资源的共有与共享，也是人格之完善、主体意识之形成、伦理道德之培育的必需。福利既表现出亲熟规范的保障性，也表现出强烈的社会团结功能——对于这些初级的社会联结，生活资料的共享、交往的密切是基础性的。

现代社会的家庭结构和功能已发生重大变化，但其生活保障功能依然存在。尤其大部分内陆农村，老人的养老主要靠子女的赡养以及自身劳作。随着社会变迁，大多数年轻人外出打工，农村剩下的大多是老年人和小孩。这些群体如果得不到亲情的温暖与慰藉，人格和精神健康会受到严重影响。与此对应的是流动群体。正如本书前面的几个案例所显示的，他们远离家园，缺乏家乡亲熟规范的人际认同和道德约束，急需一种自我认同与社会认同的双重建构。由于人的社会化离不开环境的塑造，人的道德感的培育也离不开与他人交往的互动，更取决于各种良性信息的引导。适当的福利身份以及同一性的国民待遇的普惠可以抵消这些生存迫力以形成一种安定感，同时也有助于塑成社会公德意识的自觉，有助于主体间认同的形成。

在现代社会由宗亲联结扩散到更为广远的交往形式之后，儒家"仁"的理念以及传统文化有了更强的时代"承认"质性。这种伦理质性，无论儒家的伦理基质，还是道家、释家的义理阐释，均将目光投向人际关系的调适与和合。伦理、道德所指涉的规范即人际的"和合"——在传统文化中，即以"十伦"为指代的关系模式。由于结构分化、社会诉求的多元化，以及因之而致的个体的社会自主性的提升，现代社会有着新的价值整合要求——一种由"关系"伦理到"结构"伦理的衍变——或者可以说，要求能够实行适应于现代交往特征的、为不同社群接纳的共同道德秩序。

"义"的品质即一种强烈的承认质性。比如家庭伦理中，父子、兄弟、夫妇之间，都有着特定的伦理规范来规约一种义务与责任。乡里、交游也有相应的"义"的约束。对于更广阔的陌生人之间的交往，中国人一方面尽可能将之纳入熟识规范之中，另一方面也以孔子推崇的"仁"来约束自身的行为。于是，人与人之间的信任就具有一种现实可能性。"人非草木，孰能无情。"正如罗素指出的，中国人的交往一直有着一种浓厚的人情味。[①]"义"的涵义是广泛的。它对各方面的人际关系规定了特定的义务关系，也形成了社会交往的基础。"义"的实质即一种承认，即对相互关系尤其为"义务"规定了某种具体的内涵。

关系伦理要求一定的物质基础做支撑。比如传统农作方式或村落共同体中存在显然的地缘文化，有时与"乡党意识""士绅"阶层的聚合力紧密交织。现代社会的村落联结的经济与价值基础均有不同。新型集体经济的发展离不开

---

① 罗素.中国问题.秦悦译.上海：学林出版社，1996.

现代化的市场环境，要求更细致的分工与协作。技术与管理的更新也带给村落经济新的团结形式。在"乡村振兴"中，国家政制行为的积极介入为资源要素的汇入创造了条件，不仅带来融资条件的改善，大量基层干部、知识精英的下乡入村也开阔了乡村社会的视野，改善了较为欠缺的智识基础。

二、经济伦理与职业规范

经济伦理的内涵比职业规范要广一些。前者的经典表述以韦伯为代表，后者以涂尔干为典要。前者涉及一切经济行为，不仅涉及职业行为，也涉及生活方式、私人交往，在现代社会尤其涉及投资、经营以及消费等活动；而后者限定在职业性活动中，比如劳资关系、雇佣关系、经营活动中商家与顾客的关系等，如果推而广之，也涉及企业或个体的社会责任。

马克斯·韦伯基于资本主义生产方式的发生学原理做了阐释。韦伯指出，路德宗的"天职"观以及加尔文教的"命定论"为新教徒的世俗生活注入了永恒的动力，也为蕴含着节俭、进取、精打细算、守约等品质的所谓"资本主义精神"注入了终极的伦理关怀，使得尘世的获利动机有了终极的价值意涵——新教徒通过履行世俗生活的职业操守以完成天职的要求，通过寻求世俗世界的成功来获致"选民"的确证。[①] 这些宗教教义不仅为新教徒寻求成功和财富赋予永恒的动力，也为财富的获取方式及其使用赋予内在的约束。由此，逐利行为与道义性有着一种"天然"的契合性，这是对"利欲"的强大内心制衡。

工业革命以来，社会变迁带来的冲突与张力要求为秩序重塑提供一种更广泛的价值共识的可能。韦伯虽然指出在资本主义社会初创时期新教伦理所起到的积极作用，但是他对现代性因素的变异感到无能为力。尤其工具理性的盛行

---

① 韦伯.新教伦理与资本主义精神.于晓、陈维纲等译.北京：生活·读书·新知三联出版社，1987.

而价值理性的式微所导致的现代社会，堕入一种"无信仰"的状态。相对而言，涂尔干的解决之道更为积极——他主张以职业伦理与公民道德来重整集体意识以形成一种新的社会整合。[①]工具理性与价值理性的张力甚至延伸至当代社会。譬如，如何看待商业行为中的协作？在现代性条件下，如何为"逐利"行为赋予最起码的道德约束？

一个显然的事实是，随着社会变迁的深入，团结被赋予更多的社会基因——比如公德意识、企业与个人的社会责任理念，以及社会交换中的主体间性意识的觉醒等。后者也可以说是一种"承认"意识。在霍曼斯、布劳的社会交换理念中，均强调一种互惠与互益，双方的主体地位是对等的。[②]高瑟更对这种互益性做了理性选择的解读，强调理性的经济人假设也必然会选择一种合作与互惠。[③]

我国的传统伦理有着更为丰厚的德性基础。除了人与人之间各种不同的"义"的规约，与一般的人际交往规范相对应的，经济行为也不乏一种传统的道德约束。譬如儒家的义利观、传统经商伦理中的诚信观，与以"仁""义"为核心的关系伦理是一致的。而且，信任、合作等团结因素未必局限在亲熟关系之中。因为中国社会较早即弥消了阶级、阶层之间明显的区隔与对立。无论古代的"士农工商"的分立，还是现代社会的职业分化，都是各行各业之异，"各自吃各自的饭"，而无某种血统或阶级式的贵贱之分——也就是梁漱溟所说的"伦理本位，职业分途"。现代社会的分化未必必定使陌生人之间的信任无法建立——因为社会联系的密切，相互的沟通、互动等均要求一种协作与理解的关系。

问题在于人际交往的信任基础从何处可以觅得其现实性。在社会机理上，

---

① 涂尔干.职业伦理与公民道德.渠东、付德根译.上海：上海人民出版社，2001.
② 布劳.社会生活中的交换和权力.李国武译.北京：华夏出版社，1988.
③ David Gauthier. Morals by Agreement. Oxford： Clarendon Press, 1986：150.

承认与伦理是相通的——前者强调主体间性，是主体间的一种"共在"。后者反映着这种共在的结构性——在此，主体性已若有若无地消弭了，而更为突出超然的社会结构。就此而言，中国社会的伦理禀赋可予承认质性以更有益而贴合的补足。由于这种质性，对利欲的抑制既含有道德的内心制衡，也含有外在的结构性要求。

经济伦理与福利看似矛盾，其实它们是相辅相成的。首先，合适的福利身份不仅有助于良性自我认同的形成，也会产生对他人正当权益的尊重，这必然通过主体间性交往来实践和完成。其次，生存条件的改善、生活资源的确保等物质保障的获得足以避免一些过激的逐利动机，从而有效消除不当的利欲。再次，再分配在国家、社会、市场、个人之间建立起一种有效的利益协调机制，使得因各种原因而暂时或长期堕入困境的人群获得社会流动的条件和机会，以必备的资源要素的流动赋予社会秩序有序运转的合理基础。

福利有着社会"稳定器"的功能。马克思指出，人必须先解决好"吃喝拉撒"等生存问题，才有可能去追求更高尚的价值目标。在现代社会，人必须先有基本的物质保障、基本的人格尊严、基本的生活水平，才有可能获得一种内心的安定感，才有可能与外界形成一种稳定的和谐关系。

这些基本的秩序条件有赖于福利设置的维护。因为，福利可以改善个体的处境，为其生存与社会交往赋予一种基本的社会认同和稳定性。健康、公德意识、信诺、善意与良知等公民之善德必然得益于教育、卫生、文化、艺术、服务等公共体系的培育与塑造。福利的功能恰恰就在为社会的物质与意识的稳定状态准备其实现的基础和条件。因为，无论是基础性生存条件的满足抑或更高层次需要的实现——文化、艺术、善德、更优良的生活资源，都将带来一种和谐有序的社会改善，社会冲突的可能性也将因此大为减少。

第三节　社会团结

一、结构张力的消解

道德强调秩序本身——以伦理表达的社会规范，关注人们的行为是否符合这些规范；至于这些规范可能的后果是否合理，并不在其评判之列。而后者恰恰是正义关注的焦点。作为两种秩序价值，道德与正义虽然有着质性的不同，但是相互的涉入是显然的，因而一道构成社会团结的价值基础。

美德正义兼有两种成分。就古希腊而言，古典美德正义的德性基础重在公民的个人美德，即勇敢、节制、智慧、正义等，这些美德构成了秩序的基础。现代社会的德性基础偏于公共领域，即为社会成员一致认可和遵循的伦理要求和公民道德，这仍然与个人的美德品质密不可分。但其内容已大为拓展——除了上述勇敢、节制、智慧等美德，还包括善良、忠诚、信义、公正等品质，参与公共生活的责任意识。它们与公民私淑的品质一道构成社会的德性基础，成为社会有序化的衡准。

神性正义在不同文化、不同宗教中有不同的特色，它的现代特质被赋予不同的角色和地位。在基督教世界，基督信仰仍然是西方社会的道德基石，也是其中许多慈善、公益行为的重要精神动力。在韦伯指出的新教伦理中，财富的追求被赋予终极的价值关怀，同样，慈爱与同情等情操也被看作上帝选民的必然品性。伊斯兰世界的财富观也有着类似宗教共享基因。佛家、道家之

"善""恶""舍""得"的福报观也是信众世俗行为的道德指引。传统宗教伦理与现代公民生活结合的一个重大后果即现代经济伦理的诞生。

契约正义是现代社会治理的重要法理基础，其正当性由人民与主权者之间的立约已然转为人们就社会治理相互立约。如果说美德正义、神性正义旨在赋予人们的世俗行为以价值的约束和指引，那么契约正义旨在赋予人们的合法利益以权利之申证，并且为人的需要、欲求设立法的规定性。古典契约论以主权与人权的位迻奠立了公民的人权保障，现代社会的契约正当是法、制度以及社会规则、规范的合法性来源。

在传统道德不断弱化的同时，福利的契约性使得国家的角色不断凸显。勇敢、智慧、节制、正义等古典美德观，要求社会精英具备异于常人的品格和禀赋。现代社会的分工和分化使得阶层再结构化，团结体现为与分工、分化相应的新的社会整合。除了古典道德的身份、禀赋等差序美德在现代职业、阶层的伦理续衍，现代社会还要求能整合所有成员的共性道德——如公德意识、公益精神、国家认同、尊重与自尊、团结与合作、承认与爱等等。特定时代产生特定的道德体系。

作为秩序的形式合法到实质承诺的过渡，功利正义的道德因素愈加明显。边沁明确提出社会的道德和立法的原则是"最大多数人的最大幸福"，密尔也指出功利的道德性——能够增进社会全体的福祉，葛德文指出社会联合的基础在于真理、德行与真诚。秩序的运行应以国民福祉为目的，在功利主义者看来这是道德的真义。

分配正义的标的是公共利益在民众之间公正、合理、切当的分配，蕴含着对弱势者的同情和援助，与慈善、救济一样，含有深刻的社会公德意识。罗尔斯的基于理性人"自利"的"无知之幕"假设是以康德的道德感为前提的。为着所有人的生存和发展创造必备的条件，既是一种责任意识，也是良知与善行的体现。

福利的意义不只是体现为作为社会成员的个体生存和发展。福利正义还有一个更广阔的价值体现——对于宏观的社会发展，对于一个良序社会的意义。

譬如，对"不当利欲"的自我约束，很大程度上取决于行动者的道德、价值观的内省，取决于这种价值观和道德观与现实社会的契合程度和方式。我们现在提出了社会主义核心价值观：富强、民主、文明、和谐；自由、平等、公正、法治；爱国、敬业、诚信、友善。国家、社会、个人三个层面的价值规范会对道德秩序起到显著的引导作用。应该将这些核心价值连同传统文化的道德风范一道，融入现实的社会生活和制度设计之中。社会的价值标向与福利可能的实施边界是密切相关的，后者构成的物质与社会联结无疑是社会运转的基础和条件。

在这些社会过程中，再分配和承认起着枢纽性作用。因为福利的实现可以改善和缓解个体的生存困境，消弭不良利欲的诱发，有助于个体人格与尊严的认同，从而改善整体社会环境。不仅如此，福利还可以确保个体必备的生存条件，免除了生活迫力的后顾之忧，使得社会发展的基础更为扎实。与此相关，福利也有利于更广阔的人际认同的形成。共享性的社会资源，平等的身份识别，同一性的国民待遇，都可以提高自我的尊严感、对社会的认同意识。承认的心理基础是随着人际交往而逐渐广衍的，也使得伦理、道德等价值理性有着更为切实的社会意义，从而促进更为深刻的社会团结。

现代正义的核心意涉转向分配之后，其于社会发展的意义渐趋于权利、义务、道德、法制之间的秩序建构与平衡，民众利益的协调，乃至一种更坚实的社会团体的可能。福利有着重要的秩序意义，既反映资源诸要素获得平衡和协调的社会基础，也是价值规范和社会规范的效力保证。概言之，交互正义体现着社会生活的衡等和平衡，权职正义关涉政治生活中的权利和公共职位的致由，乃至于社会运行的政治基础，而福利正义的实现既得益于关涉民众生存乃至社会发展的基础的拓实，也或直接或间接塑成了一种良性的社会秩序。

二、福利的团结功能

福利对于现代秩序的确立具有哪些意义？这些情形是一目了然的。

首先，教育、卫生、医疗系统的发展有助于民众摆脱无知和疾病的困扰；

其次，资源流的完善及其合理流动为人们的物质生活的富裕乃至彻底脱离贫困确立了经济基础，并将两极分化限制在合理的范围；

最后，以社会政策为代表的社会机制的完善不仅使人成为自由的人，同时也使其成为平等社会的一员。

然而这些效果均须借助正义的力量，唯有在正义获得充分实现的基础上才有可能。

在社会价值与个体目标之间，在基本的个体生存与更充分的社会发展之间，在社会的公平正义与可能的现实基础之间，其间的契合性将通过资源更合理的流动与配置来形成与表达。

就微观的亲熟关系而言，家庭是人们基本价值观和道德感的最初来源。共同生活蕴含的关爱和照护给予每一个体爱的承认，这种主体间性意识渗入个体的人格，扩衍至更广泛的社会交往，成为社会团结的基础。作为我国社会道德的根基，家庭向来与儒家伦理、宗亲结构一道构成传统社会的秩序基础。现代社会的家庭、宗亲等亲缘团结虽然有所弱化，但仍然有着浓厚的承认因素。

在这些初级关系中，基于情感、亲缘的交往和互助，在实现着成员需要的同时，资源共享也寓涵在交往规范之中——其中既有情感的沟通、需求的表达，也有人格、心理、秉性的塑成。在这个意义上，家庭、亲熟等初级关系的承认可谓个体社会化的"首站"。以此为基础，人的生物性被赋予群体生活的社会适应性，并成为其后个体成长、职业活动以及更广泛的社会交往的基础。

在社区、社团或宗教、慈善等中间层次的地缘或价值共同体中，社会团结亦然赋含着承认质性，只不过形式更为复杂、多样。社区资源的共享以及地缘性的身份认同，既共享着共性的价值理念，也涵有互助性的帮扶、资助行为。宗教、慈善机构立基于特定价值的捐赠、资助以及其他信仰行为，这些社会行动将自身的人格、行为模式融入共具的信仰体系。

在由职业关系构成的团结形式中，显性的要质即共同体的身份及其理念的认同——每个人都意识到自身的"归属"感，这种自性觉知并为其他成员觉知和认同。虽然工作关系不乏某种"工具性"性质，但是作为一个团体的黏合系统以及人际共处的场域，组织理念的渗入、工作目标的协作，均含有深刻的承认因素。在黑格尔看来，这种因素大约属于"法律性"的契约，但是仍然不乏某种非正式的人际沟通与身份归属感。在此，承认更具有哈贝马斯指称的"沟通理性"特质。由于交往形成的主体间性天然要求相互的理解与认同，而组织作为一个类似的"家园"，它的文化黏合性也决定其是否有坚实的团结基础。

直观地看，正义尤其福利正义的实现有助于增强经济伦理，夯实习俗、规范的德性基础，提升社会的道德品质，抑制失范的风险，达到新的社会整合与团结。从另一方面看，道德将赋予正义以伦理支撑，避免某种价值的"脱缰"，使得正义更具人性和伦理的反思力，因而使之更有全面、深厚的正当性。这两个方面的功能均通过福利日益深入人们的日常生活而体现出来。尤其再分配和承认的拓实为社会的整合以及更加协调、有序的发展开拓了多样化的实现渠道与途径。也是在这些过程中，社会平衡发展必需的价值、观念等理念要素整合为社会共同认循的集体性的意识和规范体系。

正义的秩序性通过福利价值的实现而逐步清晰起来。需要、应得、平等价值的实现，使得职业伦理、公民道德获得更为深厚的社会基础。在家庭、社区等亲缘、地缘性的熟识规范中，资源的共享可以形成良好的社会联结。在职业性福利中，工作性的社会交换的规约性体现的社会应得使得劳动者与"单位"、劳动与回报之间实现着一种资源的交互性平衡。在公共生活领域，资源在城乡、区域、不同民众之间实现新的平衡既带来更扎实的社会团结，也带来更高层次的社会整合——社会差别的缩小可以消弭阶层差距，资源的更合理流转又将促进社会运转的效率。

三、承认作为团结要素

承认的中观意义虽然并不具有国家或公共社会整合的含义，但仍然为社会团结的重要基础而避免"原子化"个体标识的存在贡献了它的规范特性。在这些或大或小的共同体中，福利的实现既得益于这些基础的支撑，经由福利表达的交往和互动又加深彼此的了解、信任和互助。承认的主体间性有着需要与奉献的动态不均衡性——共同体的每位成员既可能是"需要者"，也可能是"奉献者"，资源循着共性的价值理念而不断地流转。在成员需要实现的同时，也实现着蕴含在一个个共同体之中的社会团结。

在国家和社会共同体的层面，承认有着为不同族群、不同职业、不同身份等人口和社会异质性的成员所共有的价值质性。黑格尔将承认划为爱、法律和团结三个层面，它们是层层延递、逐渐扩延的。在黑格尔看来，终极意义的社会团结即"绝对精神"，或者说是"绝对伦理"——在封建制已然解体、个性获得解放的条件下将社会成员黏合在一起的精神力量。[①]这唯有在民族国家中才有可能。

黑格尔可谓有着整合趋向的民族主义者——其时的德意志历经中世纪长期

---

① 黑格尔 . 精神现象学 . 先刚译 . 北京：人民出版社，2015：273.

的诸邦分立，而宗教改革带来的信仰对立以及其后理性主义在欧洲大陆的崛起又造成价值观念的裂解。黑格尔寄望于以一种超然于传统宗教信仰的终极理性——"绝对精神"为民族国家完成秩序的塑形，从而形成国家意义的最高的社会团结。这既可视为启蒙理性的完成，也可谓其转折。后世对社会团结及其秩序意义的观视都没有回避黑格尔的价值预设。

马克思批判了黑格尔的"颠倒"，他指出，并非意识决定存在，而是存在决定意识，但是并没有否认社会团结的价值。马克思的社会团结是"自由人的联合"——即建立在每个人全面而自由实现之上的社会共同体，其物质条件即社会财富充分涌流、生产力高度发达、每个人的需要得到充分满足。马克思既是理想主义者，也是现实主义者——自由是社会的最高价值，其实现是社会团结的基础。马克思强调，任何社会都不能超脱既有的生产力发展及其与生产关系的相适性构成的现实基础，因此社会进步也必须以物质文明及树立其上的意识形态共同构成的这一基础为转移。

涂尔干的道德整合融合了康德的道德主义与黑格尔的伦理精神的双重意趣。他既不主张弥失个性的自由，也不主张忽略公德意识的塑成，而寄望于公共的道德整合力。但是与"市民社会"的伦理隐晦不同，涂尔干主张赋予职业群体以伦理禀赋——即一种中观层面的社会团结，如各种行会、职业协会的互助行为以及对个体的伦理约束。至于公共层面的社会团结，他与黑格尔一样都强调赋予国家以超然的地位。但是，黑格尔"绝对精神"的唯一性，在涂尔干这里是多元的——其中既有国家权威，也有民主制等合作因素，当然也有为社会共同认循的"集体意识"，因而是一种综合性的公民道德。

如果就福利承认来看，"爱、法律、团结"，或者说，初级、中观、宏观三个层面的社会团结，黑格尔主要着意于第一层面；涂尔干更着意第二层面；而马克思的人的"全面而自由"的实现更注重第三个层面，即社会本质的实现。

社会联合的本质即每个人自由的实现，因而是更彻底的积极平等，需要充分实现的平等。马克思主义的自由是摆脱了"异化"的人的本质，因而也是社会的本质。

正是在这个意义上，福利的价值除了个体的生活改善外，还有一个更远大的目标——为着社会团结以及人类的整体进步夯实坚实的物质与文化基础——或者说，为着良序社会的实现提供一种现实的可能条件。如此，公民的生存才有一个切实的保障，个体的发展才有一个价值的升华，才有一个真实的自我实现。

我们对承认意义的强调，并非意味着对再分配的团结功能的否决。确实，再分配虽然标志着一种抗争，一种要求社会平等尤其经济、财富平等分配的诉求，但是，矛盾总是相互转化的。正是这种抗争性达到的平等铸就了社会重新团结和整合的基础。在这个意义上，再分配最终还是走向了团结，虽然它的社会显质是平等的实现。

无论再分配还是承认，都是福利分配的手段，其最终的目的和社会意义在于社会的整合与团结，以及由此显现的社会公正、平等的实现。正如我们之前一再强调的，平等有着多重的维度，在特定情境中有着不同的取舍。在我们所处的当代社会，究竟哪一种平等更符合时代的价值？

结语：积极的平等与适度的干预

福利的意义并不仅仅在于个体获得怎样优良的生活——因为它不只有着其直观而显性的意义，它的更高层次的价值恰恰在于能够实现一种社会的团结与整合，能够形成有序运转的良性社会状态。

这个意义的实现远为积极而重大。它在物质上表现为资源流的更完美的流转，但是其内涵的动力基础却必须在正义的范域中找寻——比如，需要、应得、平等构成的要素体系，再分配、承认、权利构成的实现体系。经由正义之力，福利、资源流与秩序三者有机地、完美地整合在一起。

当然，社会的秩序性决不仅仅是正义之力就能够全部涵容的——道德与伦理、正当与公平、权利与自由，乃至社会结构与关系的调适等，都反映了多重秩序的应然基础。但是，福利在映射着正义价值的同时，作为其核心的社会实存，也必然通过资源流的运转，通过资源要素的流动与社会交换来完成。这些过程是极其复杂而多元的。

一、价值的互补与交融

正义元素之间含有一种互补与交融的性质。平等理应处于至关重要的位置。但是，平等的调节质性首先基于其价值的多维与共振，而且，它本身有着多重的内在张力。每个维度对应着不同的平等意义。

就需要而言，它反映着生存的物质条件、情感支持、自我认同与实现。这是生命价值的体现，也是基本的人性诉求。需要的基本内涵构成福利的基本形式，也是福利意义的基本导向。但是，由于个体的社会、经济地位的差异，仅凭个人自身的条件或社会关系往往无法充分实现和满足这些诉求。同时，有些拥有足够资源的个体，他们的实现能力又超出社会的平均水平。社会政策、福利政策的意义恰恰在于，通过资源的尽可能的社会平等的实现——或许首先基于某种身份性的文明成果的共享，可以有效矫正这些级差，如义务教育、基本医疗、公共服务体系的普惠和共享。

其次，社会应得的资质性依据本身就意味着一种个体之间的差异性。有些差异是合理的。比如早在城邦时代，亚里士多德就提出按照个体的美德、禀赋、品性来获得公共职位、享有公共权利。现代社会的分工体系或多或少也延承着这一原则。问题是如果福利分配一味强调依照某些先天或偶得性因素来支配，就必定会导致某种社会失衡与冲突。在尊重能力、贡献等因素的合法性的同时，也要看到有些前置性的资质积淀本身就意味着历史、环境、机缘或先天等个人不可控的资源因素的存在。给予这些因素合适的认同是必要的，同样也应兼顾它们与后天的努力、创造与成就之间达成一种合理的平衡。因此，应得的实行未必带来平等，但是平等可以在应得诸效素之间形成一种可能的调适。

福利平等的实质内容是指社会成员享有大体相当的地位、身份和结果，共享资源和一切公共性的社会遗承。需要立足于一定的物质与心理基础，立足于主体间的合意与社会认同；应得立足于社会交换的衡等与互惠以及基于禀赋、能力、努力、绩效等资质因素，更为趋向某种个体的异质性。在某些特定社会情境中，因素的偏欹需要一种综合的平衡来矫正。

平等作为正义之核心不仅具有自身的特性，还赋有对前两者的调节与平衡。比如对于个体所得的过大差异，有必要通过一系列社会政策予以干预和矫正。除了尽可能均衡地分布社会资源，也可以通过所得税、调节税等形式来调节收入的级差。慈善、捐助行为作为平衡社会所得的重要形式为越来越多的人接受，这是社会进步必然造成的公益行为的心理基础与物质基础的充实。这些或宏观或微观的调节都立足于社会共同体的平等的权益基础，或是一种共识性的心理规范。

不同维度、不同情境的平等指涉隐含着不同的调节和维护功能。无论需要抑或应得都有着平等无法覆替的独具意义——它们有着特定情境的价值解释力——比如前者之于生存迫力的回应，后者之于社会交换的规范基础，都要求与之相称的不同质性的社会关系的适应。但是平等的价值广涵性能够在可能的冲突与偏欹中找到某种平衡因素，从而为资源分配赋予一种更深全的稳定性。

就价值层次而言，公平、正义可视为第一层次，而需要、应得、平等可视为第二层次，是对公平、正义内涵的再解释。公平与正义大致是并列的关系，只不过前者重制度的"同一性"待遇，而后者重行为、政策的缘由与结果之间的"因果"恰当与适得。正义的更为丰实的价值内涵，就福利而言意味着什么？什么是公平？什么是正义？在不同情境中有着不同的指涉。需要、应得、平等从不同角度为此提供了解释的可能，也赋予其价值情境的响应。但是，必须立足于真切的事实叙述，其解释才是切实、正当而完整的。

以米勒之言，三种元素对应着不同性质的关系模式。在现实生活中，各个领域的交相渗延，社会角色的多重叠加，主体与受体的复杂互动，资源在生产、流通、分配、消费等社会序列的流转，等等，诸种因素都使得我们难以将某些价值与滋成其中的环境因素截然剖分开来。这些价值已经将个人与国家、与社会紧紧联系在一起，为它们的责任与义务、权利与所得做出多重的检视。换言之，已经将个体的利益平衡导向公域的正当秩序。那么，这些过程是如何可能的？或者说，福利的正义性必然经由哪些社会过程而得以彰显？就福利而言，这种正义性意味着什么？它们又如何实现？

本书已部分回答了这些问题。但是其更深层次的凝练，尚需经济、社会、政治、文化等诸体制的协同。无论区域差异还是城乡差异，或者个体的福利差别，都蕴涵着一种深刻的价值冲突的可能，某种导致资源未能按照理想的状态合理而平衡地流动与共享的不完善因素。这种价值欠缺内含于宏观或微观的资源流之中，与资源的分布、流动、配置与重置过程紧密相连。

福利再平衡的关键在于找到合适的途径，以使这些没有彰显的价值更加充分、完善地彰显出来。当然，这必定是在资源流的社会实践中才能成为可能。

二、经济增长与社会分配

福利取决于两个前提——经济增长供予的资源基础以及恰当的分配关系筑就的社会基础。就某种意义而言，这些基础也是合理的资源流得以形成的必备条件。但是两者所起的作用显然不同——前者构成了资源与财富增长的条件，而后者关系到对这些资源和财富进行恰当、合理的分配。也可以这么说，前者事关正义的经济可行性，后者事关正义实现的社会结果。分配原则是多维的，但在当前情势下，积极的平等是更为可取的原则。因为，它既可以顾及普适性的社会平等的要求，也可以针对个体的秉性、能力、社会属性、经济特征等异质性，采取合理的区别对待举措。

积极平等意味着针对每一个体、不同地域的具体情形实施有针对性的福利举措。因为个体身处的资源环境不同，不同地域所处的资源流也千差万别，"一刀切"式的处理方法可能会失之简单。在分配的前置过程，资源的分布与布局应有利于处于弱势的个体与地区获得良性发展的能力。其次，资源配置也应有利于总体性的社会绩效以形成再生与补偿的合理机制——以有利于恰当、充盈的资源流的形成。再次，分配过程必须兼顾个体的需要与社会所得之间的平衡，以适合社会发展与人的潜能的充分实现为目标施行最优的资源分配。

积极的平等要求适度的社会干预。这可从两个方面看：处于困境的个体往往无法仅仅通过自身努力而走出困境。有时因为年老体弱，有时因为疾病，有时因为一些偶然的事件，当然也更有可能因为能力、禀赋等原因在竞争性环境中缺乏必备的条件和基础。社会干预既是对其所处的环境的不合理进行某种纠正和完善，也尽可能对个体的素质和秉性进行某种提升和改良。同样的机制也适合于处于弱势的地区。在那里，资源流的完善是社会干预的着力点，而这需要社会政策以及财政、经济、投融资等方面的协调和多措并举。

社会干预的"度"在于既能对贫弱者进行有效的帮扶，又能满足普适性的社会平等的诉求，还应有利于社会的长远发展以及人的更加充分而完美的实现。但是前提是不能"包办一切"，以免社会陷入僵硬、失去活力的状态。任何一种极化的偏差都将带来严峻的社会后果。

无论积极的平等抑或适度的干预都需要一种获得公众认可的法理权威的确肯。就像前文已经阐述的，公民的权利尤其社会权利的现代诠释为之赋予了法或规范的规定性。但是这种担保必须深入人心，必须与价值、观念与文化充分相契，才有可能获得更为深厚的社会基础。

三、自我认同、社会责任与公共政策

社会干预有着两个预设——个人的责任意识与法定的公共职责。

在自我意识的形成与个体将要承担的社会义务之间，必以一种责任意识将两者联结。自我是一种自性觉知，是在具体的社会环境中形成的。同样一个人

在不同环境中可能形成完全不同的个性和自我。自我的形成深深受着社会的道德、观念、文化等意识形态的影响，也受着惯例、习俗等社会规范的影响，同时也反映着微观的个体之间的互动与日常的生活场景。人对自性觉知以及对他人的主体间性承认，使得社会责任成为一种可被认同的道德义务，这也是福利最为根本的意识基础。

在福利关系中，有些人属于受惠者，有些人属于施惠者，而大多数人兼有两种角色。因为现代公共福利体系的确立，使得国家、社会、市场与个体之间存在千丝万缕的复杂联系，单纯的受惠者与单纯的施惠者都极为少见。公民在参与公共福利体系的同时，即是对自身的责任与担当及其相应的权利与义务关系的一种契认。但是，在自我认同与社会认同之间或多或少存在某种差异和距离，而无论其身份、社会、经济地位如何。这既受社会心理的诱导，也反映着个体禀赋的异质性。

自我认同的意识是在或大或小的共同体中形成的。自我意识到身份的归属，意识到应该承担的责任和义务，同时也明了自身能够从共同体中获得哪些合法、正当的权益。如果自我认同与外在的社会认同、社会赋予其上的标识是吻合的，一种合宜的社会关系就可以顺利地确立起来了。如果自我认同与社会认同之间存在明显的距离，那么各种形式的社会冲突和紧张也就不可避免。将两种认同相互调和的机制即承认——微观的主体间性觉知以及宏观的群体性认同。在黑格尔看来，不同层次的"伦理"是社会团结的基础。在福利关系中，承认所起到的人际的和谐有序的联结也将抹去身份的标识性歧视或不公正，而达到权利与义务的洽融。

由于承认存在一定的身份局限，公共政策的必要性于是凸显出来。人际关系的流转有着两个弱点：其一即惠及的范围较为狭窄，一般只限于某个或大或小的共同体的成员资格；其二即能够调动的资源也较为有限，一般与个体的生存需要或生活质量的改善有关，而难以涉及公共层面的社会建设与规划。公共性的社会政策可以有效地弥补这个缺陷。通过公共财政的预决算制度，社会政策能够较为全面、协调地对教育、卫生、住房、养老、服务等所有民生领域提供体制性支持。这也因此成为现代福利成熟的显著标志。

当然这两个方面互为补足而不可偏废，其目的都是分配关系的和谐以及民众更加全面、充分的福祉。

四、功利主义、个体福利与德性回归

功利主义与福利有着天然的联系。因为功利主义的宗旨即"最大多数人的最大幸福"，也就是整体层面的国民幸福的总量的最大化。但是，由此也隐含了一个福利悖境——社会总体财富可能增加了，但是却出现了贫富不均的现象，尤其一些贫弱现象无法忽视。功利性道德虽然并不排斥发扬公益精神和济贫措施，但是同时认为这些行为不能妨碍国民幸福的总体效率。

具体的个人福利并不是功利主义者的本源目标，就此而言，它与现代福利有着或多或少的距离。如果说，适度的社会干预已经为贫弱者的利益确立了法理基础，而公民的社会责任也为他人摆脱不利的命运赋予了一种法定的而非强制性的义务，那么，一种出于行动者内心的道德自觉的必要就呈现在我们面前。但是这种道德自觉尚不是功利主义者能够涵容的。

在社会总的幸福量与个体的福利增长之间，功利主义者的解决方案是不彻底的。社会分配含有德性回归的潜在要求，而康德式道德与斯密式道德代表着两种不同的德性趋向。在康德看来，人天生赋有某种责任和义务，它们的履行类似于某种天职，是人的天性所在，而与他人的行为并无关系。像休谟一样，斯密赋予道德以更强烈的社会质性，自身的道德行为与他人密切相关，是社会互动的产物。一个人是否将要采取某种道德行为，如同情、慈爱与宽容，与这些情感的对象的行为是否正当有关，换言之，对方的行为是否值得我们施行道德行动。

当然，也可以说，无论康德还是斯密，都寓含着对亚里士多德伦理思想的回应。亚氏德性是一种身份伦理，不同的身份对应着不同的伦理要求。但是亚里士多德认为最理想的德性应与幸福有着关联——一个有着高尚德性的人应该是幸福的，即身体诸善、外物诸善、灵魂诸善的协调和统一。康德拒绝将幸福作为社会的最高价值，而将道德——一种精神的崇高和自律视为人的行为终极动力，但是并不排斥幸福，或许它只是意味着一种舒适和圆满。斯密式的幸福已经与德性生活之间有着较远的距离，物质的富裕和自由更有可能成为幸福的显性特质。高尚的道德情操是一个优秀公民的必有素质，同情、良知与慈爱也是一个正义社会的象征。

五、正义与道德的秩序意义

人作为社会性的动物，人与人之间存在的不仅是物质生产的协作与合作，不仅是某种利益的联系，还必然存在一种道德与情感的联结。基于这些广泛的社会联系，人不仅应对自身的命运负责，也必须对他人的命运负有一定的责任和义务。这种职责和义务，表现在国家层面，即以社会政策、福利制度的形式合理、恰当地配置公共性资源的权利意识；表现在社会层面，即由各种社会关系联合而成的中观或微观的资源共享的伦理自觉；表现在个人层面，即同情心或慈爱之心等道德与情操。福利既可看作现代公民的一项神圣权利，也可看作与道德感紧紧相连的一项职责与义务。两者是平衡而协调的。有人付出多一些，有人得到多一些，这是因为社会异质性的存在，而不应归咎于福利的缺陷。积极平等的实质在于"人尽其能而物尽其用"，道德与良知充溢着社会。

因此，我们既可以说福利出自某种道德感，是人的"天性"使然——天生的德性促使我们帮助陷于困境的人。但在现代社会，这种内心的自觉已充分转化为社会正义的一项原则。人人身处其中而不自觉地承受着这种秩序的担保与牵引。正义——社会得其应得、人人各得其所，与道德一道构成秩序的基础。或许相对于道德更加宽泛的自由度，正义有着更为严格的价值标准，因而可以更具制度性的方式督促每个社会角色正确地完成其本应具备的使命。

在自由主义者看来，济贫、救济等福利行为不能损及社会经济增长的活力。这一前提或许在现代社会仍然有成立的理由，但只是反映了一个较低层次的"度"。更高层次的"度"还在于福利不仅必须体现最起码的社会公平，还应有利于互助、公益精神的培育，有利于道德、伦理、文化等意识形态有着更为坚实的社会基础，有利于社会的良性发展以及个体更完整、更充分的实现。这或许更能体现福利的本质。

作为一个良序社会，应该含有三个层次的意义：①以正义与道德作为社会的价值基础；②经由不同层次的价值整合，社会能够形成一种有机的和谐与团结；③作为更加积极的社会目标，自我的实现与社会的发展能够相互促进、相互融洽。

正义作为一种因果的切当性，无论是行动者个人的行为还是制度有可能造成的一系列反应，都是一种不可或缺的衡量社会得失的价值。如果因果是相称的，我们即可以说这种行为与制度是正义的。而道德较少这种选择与比较的余地，它本身即是一种好的、良善的规范标准，要求人们近乎无条件的遵循。当然道德也有一定的时空局限。有些在以前属于严重"越轨"的行为，随着时间的推移而在一定的条件下或许是可以接受的。

但是无论时代如何变迁，一些基本的伦理规范和良知仍然延续下来——比如，同情心、善良、同理心等高尚的情操。有时正义感也属于道德的范畴，但是正义本身较倾向于一种比判，强调"得其应得"的适当，而道德在一定的时空背景下有着无条件的确当性——作为一种规范，它要求人们不附带任何前提地遵循。

两者作为不同的秩序原则共同构成社会秩序的价值基础。如果说两者有交集的话，那么表现在伦理及其承认质性上更为突出。因为伦理体现了一种交互性的关系平衡，是道德的核心成分。它内涵的承认质性又是正义的实现机制之一。当然，正义与道德更多地表现为秩序的"二维"——前者要求外在的平衡，后者要求内心的自我约束。

社会团结的目的在于防止社会的原子化与裂解。就人际关系而言，尤以承认与伦理构成人际交往的基础。可以说，承认是"质"，而伦理是"形"。形式各不相同，而"质"性是一样的。社会团结是基础性、基本的状态，反映着社会的黏合力；但是发展是更为积极的社会价值，反映着社会的进步。

个人的实现与社会发展之间有着一种选择性。前者与社会唯名论有关，而后者与社会唯实论有关。个体优先于社会？抑或相反？大概以传统自由主义者的观点，个体的自由与权利的实现是社会存在的合法性所在。功利主义者虽然要求社会总的幸福量的最大化，但是着眼点仍是个体的幸福。结构主义的视角与此不同。他们认为社会作为一个整体要优先于个体的存在，没有国家与社会，我们将一事无成。因而社会发展无疑将优先于个人的目标。

如果以一种"调和主义"视角来看，两者并不相悖。社会发展确然有利于资源的汇聚，有利于个体无法实现的目标的实现，因而有着无可置疑的正当理由。但是，如果忽视个体的价值，这些目标将导向一种意义的偏离。在人类历史上，类似的惨痛教训比比皆是，如两次世界大战，民族、宗教的冲突，等等，都与一种看似"超然"的价值标向有关。但是纯粹的个体主义将导致社会的裂解，这也是可以预见的事实。两者恰当的整合是必要的。以马克思的话，以"每个人全面而自由的实现"来促成自由人的联合——这就是社会的本质。

┃ 参考文献 ┃

一、中文文献

（一）社会发展与现代化

马克思恩格斯选集.北京：人民出版社，2012.

马克思.资本论.北京：人民出版社，1975.

胡锦涛文选.北京：人民出版社，2016.

康德.道德形而上学原理.苗力田，译.上海：上海人民出版社，2012.

康德.实践理性批判.张永奇，译.北京：九州出版社，2007.

黑格尔.法哲学原理.范扬，张企泰，译.北京：商务印书馆，1961.

欧文选集（第一卷）.柯象峰，何光来，秦果显，译.北京：商务印书馆，1979.

欧文选集（第二卷）.柯象峰，何光来，秦果显，译.北京：商务印书馆，1981.

欧文选集（第三卷）.马清槐，吴忆萱，黄惟新，译.北京：商务印书馆，1984.

斯宾塞.社会静力学.张雄武，译.北京：商务印书馆，1996.

涂尔干.社会分工论.渠东，译.北京：生活·读书·新知三联书店，2000.

涂尔干.职业伦理与公民道德.渠东，付德根，译.上海：上海人民出版社，2001.

韦伯.经济与社会.林荣远，译.北京：商务印书馆，1997.

韦伯.新教伦理与资本主义精神.于晓,陈维纲,等,译.北京:生活·读书·新知三联出版社,1987.

韦伯.儒教与道教.王容芬,译.北京:商务印书馆,1995.

滕尼斯.共同体与社会.北京:商务印书馆,1999.

埃利亚斯.文明的进程.王佩莉,袁志英,译.上海:上海译文出版社,2013.

帕森斯.社会行动的结构.张明德,夏遇南,彭刚,译.南京:译林出版社,2003.

罗素.中国问题.秦悦,译.上海:学林出版社,1996.

帕特南.使民主运转起来.王列,赖海榕,译.南昌:江西人民出版社,2001.

布劳.社会生活中的交换和权力.李国武,译.北京:华夏出版社,1988.

科尔曼.社会理论的基础.邓方,译.北京:社会科学文献出版社,2008.

米德.心灵、自我与社会.赵月瑟,译.上海:上海译文出版社,2018.

泰勒.自我的根源:现代认同的形成.韩震,等,译.南京:译林出版社,2008.

哈贝马斯.合法化危机.刘北成,曹卫东,译.上海:上海人民出版社,2000.

福柯.规则与惩罚.刘北成,杨远婴,译.北京:生活·读书·新知三联书店,2012.

德里达.书写与差异.张宁,译.北京:生活·读书·新知三联书店,2001.

吉登斯.现代性与自我认同.赵旭东,方文,译.北京:生活·读书·新知三联书店,1998.

吉登斯.现代性的后果.田禾,译.南京:凤凰出版传媒集团、译林出版社,2000.

四书五经.陈戍国,点校.长沙:岳麓书社,1991.

李申.简明儒学史.北京:中国人民大学出版社,2006.

张岱年.文化与价值.北京:新华出版社,2004.

梁漱溟.东西文化及其哲学.北京:商务印书馆,1999.

梁漱溟.中国文化要义.上海:上海人民出版社,2005.

梁漱溟.乡村建设理论.北京:商务印书馆,2015.

费孝通.江村经济——中国农民的生活.北京:商务印书馆,2007.

费孝通.乡土中国生育制度.北京:北京大学出版社,1998.

王先明.走近乡村——20世纪以来中国乡村发展论争的历史追索.太原:山西人民出版社,2012.

黄宗智.中国乡村研究(第九辑).福州:福建教育出版社,2012.

秦红增.乡土变迁与重塑.北京:商务印书馆,2012.

李强.农民工与中国社会分层.北京:社会科学文献出版社,2012.

罗荣渠.现代化新论——世界与中国的现代化进程.北京:商务印书馆,2009.

孙立平.现代化与社会转型.北京:北京大学出版社,2005.

高力克.求索现代性.杭州:浙江大学出版社,1999.

谢立中,孙立平.二十世纪西方现代化理论文选.上海:上海三联书店,2002.

杨朝,高力克.文化反思与现代性:梁漱溟与经典学家的道德对话.河南社会科学,2021(3).

（二）正义研究

柏拉图.理想国.郭斌和，张竹明，译.北京：商务印书馆，1986.

亚里士多德.尼各马可伦理学.廖申白，译注.北京：商务印书馆，2003.

亚里士多德.政治学.吴寿彭，译.北京：商务印书馆，1965.

亚里士多德.雅典政制.日知，力野，译.北京：商务印书馆，2014.

西塞罗.论义务.张竹明，龙莉，译.南京：译林出版社，2015.

霍布斯.利维坦.黎思复，黎廷弼，译.北京：商务印书馆，1985.

洛克.政府论（上）.瞿菊农，叶启芳，译.北京：商务印书馆，1982.

洛克.政府论（下）.瞿菊农，叶启芳，译.北京：商务印书馆，1964.

卢梭.社会契约论.何兆武，译.北京：商务印书馆，2003.

休谟.人性论.关文运，译.北京：商务印书馆，1980.

斯密.道德情操论.蒋自强，等，译.北京：商务印书馆，1997.

黑格尔.精神现象学.贺麟，王玖兴，译.北京：商务印书馆，1977.

黑格尔.哲学全书（第三部分·精神哲学）.杨祖陶，译.北京：人民出版社，2017.

黑格尔全集（第6卷·耶拿体系草稿）.郭大为，梁志学，译.北京：商务印书馆，2017.

边沁.政府片论.沈叔平，等，译.北京：商务印书馆，1995.

穆勒.功利主义.叶建新，译.北京：九州出版社，2007.

斯宾塞.论正义.周国兴，译.北京：商务印书馆，2017.

葛德文.政治正义论（第一卷）.何慕李，译.北京：商务印书馆，1980.

葛德文.政治正义论（第二、三卷）.何慕李，译.北京：商务印书馆，1980.

莫尔.乌托邦.戴镏龄，译.北京：商务印书馆，1982.

霍布豪斯.社会正义要素.孔兆政，译.长春：吉林人民出版社，2006.

霍布豪斯.自由主义.朱曾汶，译.北京：商务印书馆，1996.

欧克肖特.政治中的理性主义.张汝伦，译.上海：上海译文出版社，2004.

哈耶克.自由宪章.杨玉生，冯兴元，译.北京：中国社会科学出版社，1999.

罗尔斯.正义论（修订版）.何怀宏，何包钢，廖申白，译.北京：中国社会科学出版社，2009.

莱斯诺夫.二十世纪的政治哲学家.冯克利，译.北京：商务印书馆，2015.

施特劳斯，克罗波西.政治哲学史.李洪润，译.北京：法律出版社，2009.

赫勒.超越正义.文长春，译.哈尔滨：黑龙江大学出版社，2011.

德沃金.原则问题.张国清，译.南京：江苏人民出版社，2012.

德沃金.至上的美德.冯克利，译.南京：江苏人民出版社，2012.

阿玛蒂亚·森.以自由看待发展.任赜，于真，译.北京：中国人民大学出版社，2013.

阿玛蒂亚·森.再论不平等.王利文，于占杰，译.北京：中国人民大学出版社，2016.

沃尔泽.正义诸领域：为多元主义与平等一辩.褚松燕，译.南京：译林出版社，2009.

米勒.社会正义原则.应奇，译.南京：江苏人民出版社，2005.

弗雷泽，霍耐特.再分配，还是承认？——一个政治哲学对话.周穗明，译.上海：上海人民出版社，2009.

霍耐特.为承认而斗争.胡继华,译.上海:上海人民出版社,2005.

奥尔森.伤害＋侮辱.高静宇,译.上海:上海人民出版社,2009.

弗雷泽.正义的尺度——全球化世界中政治空间的再认识.欧阳英,译.上海:上海人民出版社,2009.

弗雷泽.正义的中断——对"后社会主义"状况的批判性反思.于海青,译.上海:上海人民出版社,2009.

桑德尔.公正.朱慧玲,译.北京:中信出版社,2012.

麦金太尔.追寻美德:道德理论研究.宋继杰,译.南京:译林出版社,2008.

何怀宏.底线伦理的概念、含义与方法.道德与文明,2010(1).

何怀宏.正义在中国:历史与现实——一个初步的思路.公共行政评论,2011(1).

何怀宏.契约伦理与社会正义.北京:中国人民大学出版社,1993.

万俊人.从政治正义到社会和谐——以罗尔斯为中心的当代政治哲学反思.哲学动态,2005(6).

高力克.正义伦理学的兴起与古今伦理转型——以休谟、斯密的正义论为视角.学术月刊,2012(7).

廖申白.德性伦理学:内在的观点与外在的观点——一份临时提纲.道德与文明,2010(6).

廖申白.德性的"主体性"与"普遍性"——基于孔子和亚里士多德的观念的一种探讨.中国人民大学学报,2011(6).

姚大志.社会正义论纲.学术月刊,2013(11).

段忠桥.关于分配正义的三个问题——与姚大志教授商榷.中国人民大学学报,2012(1).

张国清.分配正义与社会应得.中国社会科学，2015(5).

张国清.分配正义在中国：问题与解决.国际社会科学杂志（中文版），2015(1).

包利民.礼义差等与契约平等——有关分配正义的政治伦理思想比较.社会科学战线，2001(3).

（三）福利与社会政策

马歇尔，等.郭忠华，刘训练，编.公民身份与社会阶级.南京：江苏人民出版社，2007.

蒂特马斯.社会政策十讲.江绍康，译.长春：吉林出版集团有限责任公司，2011.

贝弗里奇.贝弗里奇报告.劳动与社会保障部社会保险研究所组织，译.北京：中国劳动社会保障出版社，2008.

罗奇.重新思考公民身份.郭忠华，等，译.长春：吉林出版集团有限责任公司，2010.

特纳.公民身份与社会理论.郭忠华，蒋红军，译.长春：吉林出版集团有限责任公司，2007.

埃斯平－安德森.福利资本主义的三个世界.苗正民，滕玉英，译.北京：商务印书馆，2010.

考夫曼.社会福利国家面临的挑战.王学东，译.北京：商务印书馆，2004.

奥菲.福利国家的矛盾.郭忠华，等，译.长春：吉林人民出版社，2006.

布朗，等.福利的措辞.王小章，范晓光，译.杭州：浙江大学出版社，2010.

吉登斯.超越左与右：激进政治的未来.李惠斌，杨雪冬，译.北京：社会科学文献出版社，2000.

哈尔，梅志里.发展型社会政策.罗敏，范酉庆，等，译.北京：社会科学文献出版社，2006.

多亚尔，高夫.人的需要理论.汪淳波，张宝莹，译.北京：商务印书馆，2008.

景天魁，等.普遍整合的福利体系.北京：中国社会科学出版社，2014.

王思斌.我国适度普惠型社会福利制度的建构.北京大学学报（哲学社会科学），2009(3).

王小章.走向承认——浙江省城市农民工公民权发展的社会学研究.杭州：浙江大学出版社，2010.

林卡，张佳华.社会政策与社会建设——北欧经验.北京：中国人民大学出版社，2015.

林闽钢.现代西方社会福利思想.北京：中国劳动社会保障出版社，2012.

张映芹.制度理性与福利公正——基于国民幸福视角的分析.北京：中国社会科学出版社，2011.

郑功成.社会保障研究.北京：中国劳动社会保障出版社，2012—2015.

郑功成.中国社会公平状况分析——价值判断、权益失衡与制度保障.中国人民大学学报，2009(2).

关信平.当前我国社会保障制度公平性分析.苏州大学学报（哲学社会科学）2013(3).

杨思斌.我国社会保障制度的公平原则及其实现途径.当代世界与社会主义，2007(5).

刘同芝，郭继美.我国社会保障价值理念的演进及其因素分析.改革与开放,2009(8).

余益伟.社会保障制度的收入分配调节功能.南方大学，2014.

刘渝琳，陈玲.教育投入与社会保障对城乡收入差距的影响.人口学刊，2012(2).

江求川.中国福利不平等的演化及其分解.经济学（季刊），2015(7).

樊晓燕.论农民工社会保障的公平理念.生产力研究，2010(6).

杨朝，王小章.福利正义及其实现.湖北社会科学，2019(10).

（四）福利与经济增长

斯密.国民财富的性质和原因的研究.郭大力，王亚南，译.北京：商务印书馆，1974.

穆勒.政治经济学原理（上卷）.赵荣潜，桑炳彦，朱泱，等，译.北京：商务印书馆，1991.

穆勒.政治经济学原理（下卷）.胡企林，朱泱，译.北京：商务印书馆，1991.

黄高智，等.内源发展——质量方面和战略因素.北京：中国对外翻译出版公司，1991.

佩鲁.新发展观.张宁，丰子义，译.北京：华夏出版社，1987.

罗德里格斯－珀斯，托梅尼.地方和区域发展.王学峰，等，译.上海：格致出版社、上海人民出版社，2011.

凯恩斯.就业、利息与货币通论.高鸿业，译.北京：商务印书馆，1999.

刘易斯.经济增长理论.郭金兴，等，译.北京：机械工业出版社，2015.

刘易斯.二元经济论.施炜，谢兵，苏玉宏，译.北京：北京经济学院出版社，1989.

庇古.福利经济学.金镝，译.北京：华夏出版社，2017.

韦伯斯特.发展社会学.北京：华夏出版社，1987.

巴兰．增长的政治经济学．蔡中兴，杨宇光，译．北京：商务印书馆，2016.

勒讷．统制经济学．陈彪如，译．北京：商务印书馆，2016.

罗斯托．经济增长的阶段．郭熙保，王松茂，译．北京：中国社会科学出版社，2001.

克拉克．财富的分配．陈福生，陈振骅，译．北京：商务印书馆，2011.

阿马蒂亚·森．伦理学与经济学．王宇，王文玉，译．北京：商务印书馆，2001.

（五）统计资料

中华人民共和国年鉴．北京：中国年鉴社，2016—2019.

省、区年鉴（豫、浙、粤、甘、赣、苏、桂等）．省区年鉴社，2016—2019.

2010人口普查资料（鄂、赣、粤、浙、苏、赣、甘等）．北京：中国统计出版社，2012.

中国人力资源和社会保障年鉴（2019）．北京：中国劳动社会保障出版社、中国人事出版社，2019.

中国卫生健康统计年鉴（2020）．北京：中国协和医科大学出版社，2020.

中国教育统计年鉴——2018.北京：中国统计出版社，2019.

中国教育经费统计年鉴——2018.北京：中国统计出版社，2019.

中国农村统计年鉴（2016—2018）．北京：中国统计出版社，2017—2019.

中国区域经济统计年鉴（2014）．北京：中国统计出版社，2015.

2018中国省市经济发展年鉴．北京：中国财政经济出版社，2019.

二、外文文献

Plato. Republic. Translated by John Llewelyn Davies and David James Vaughan, Hertfordshire: Wordsworth Editions Ltd., 1997.

Niccolo Machiavelli. The Prince. Tr. Harvey C. Mansfield, JR, Chicago: The University of Chicago Press, 1985.

Hobbes. On the Citizen. Edited by Richard Tuck and Michael Silverthorne, The Nature and Causes of The Wealth of Nations, Oxford: Clarendon Press, 1880.

David Hume. Essays. London: Word, Lock and Tyler, Warwick House, 1741; 1742; 1752.

Immanuel Kant. Critique of Practical Reason. Tr. By Lewis White Beck, London: Macmillan Publishing Company, 1993.

Jeremy Bentham. A Fragment on Government. Oxford: The Clarendon Press, 1891.

John Stuart Mill. Utilitarianism. London: Longmans, Green, and Co. 1907.

Max Weber. The Protestant Ethic and the Spirit of Capitalism. Tr. by T. Parsons, London: George Allen and Unwin, 1930.

Max Weber. Weber Political Writings. Edited by Peter Lassman and Ronald Speirs, Cambridge: The University Press, 1994.

Herbert Spencer. Social Statics. London: Williams and Norgat, 1902.

Simmel. The Philosophy of Money Tr. by Tom Bottomore and David Frisby, London and New York:Routledge. 2011.

Anthony Giddens. Capitalism and Modern Social Theory: An analysis of the writings of Marx, Durkheim and Max Weber. Cambridge: The University Press, 1971.

William Godwin. Enquiry Concerning Political Justice and Its Influence on Morals and Happiness. Toronto: The University of Toronto Press, 1946.

M. I. Finley. Politics in the Ancient World. Cambridge: The University Press, 1983.

Colin Farrelly. Contemporary Political Theory. London: SAGE Publications, 2004.

David Gauthier. Morals by Agreement. Oxford: Clarendon Press, 1986.

G.A.Cohen. Self−Ownership, Freedom and Equality. Cambridge: The University Press, 1995.

Robert Goodin. Reasons for Welfare. N.J.: Princeton University Press, 1988.

John Rawls. A Theory of Justice. Cambridge: Harvard University Press, 1999.

John Rawls. Political Liberalism. New York: Columbia University Press, 1996.

R. Nozick. Anarchy, State and Utopia. Oxford: Basil Blackwell, 1974.

R. Dworkin. Sovereign Virtue. Cambridge: Harvard University Press, 2000.

Amartya Sen. On Ethics and Economics. Blackwell Publishers, 1987.

Brain Barry. Why Social Justice Matters. Cambridge: Polity Press Ltd., 2005.

J. S. McClelland. A History of Western Political Thought. London; New York: Routledge, 1996.

Peter M. Blau. Exchange and Power in Social Life. Piscataway: Transaction Publishers, 2004.

R. H. Tawney. Equality. London: George Allen and Unwin, 1931.

Karl Polanyi. The Great Transformation: The Political and Economic Origins of Our Time. New York: Rinehart, 1944.

Paul Pierson. The New Politics of the Welfare State. Oxford: The University

Press, 2001.

V. George and P. Wilding. Ideology and Social Welfare. Harvester Wheatsheaf, 1994.

Stuart White. Equality. Cambridge: Polity Press, 2007.

Amitai Ezioni. Next: The Road to the Good Society. New York: Basic Books, 2001.

T.H.Marshall. Citizenship and Social Class and Other Essays. Cambridge: The University Press, 1950.

Richard M. Titmuss. The Gift Relationship: From Human Blood to Social Policy. Vintage Books, 1972.

Richard M. Titmuss. The Philosophy of Welfare：Selected Writings of Richard M. Titmuss. Edit by S. M. Miller, London: Allen and Unwin, 1987.

Gosta Esping–Andersen. Social Foundation of Postindustrial Economies. New York: Oxford University Press, 1999.

Lianjiang Li.Political Trust in Rural China. Modern China, 30, 2004 .

Paul Pierson. The New Politics of the Welfare State. World Politics, July, 2013.

Dorothy J. Solinger and Yiyang Hu. Welfare, Wealth and Poverty in Urban China: The Dibao and Differential Disbursement. The China Quarterly，Oct, 2012.

Dorothy J. Solinger. Three welfare Models and Current Chinese Social Assistance: Confucian Justifications, Variable Applications. The Journal of Asian Studies, Dec, 2015.

Croce, Benedetto. Politics and Morals. Routledge, 2019.

Taylor, Jacqueline. Reading Hume On The Principles Of Morals, Oxford University Press, 2020.

Abazari, Arash. Hegel's Ontology of Power: The Structure of Social Domination in Capitalism. Cambridge, United Kingdom ; New York, NY : Cambridge University Press, 2020.

Marvasti, Amir B. Researching Social Problems. Abingdon, Oxon : Routledge, Taylor & Francis Group, 2020.

Pamela, Hieronymi. Freedom, Resentment, and the Metaphysics of Morals. Princeton University Press, 2020.

Tianyuan Luo，Cesar L. Escalante. Public Health Insurance and Farm Labor Supply:Evidence from China's Rural Heath Insurance Reform. Chine and Word Economy, Volume 28, No.6, 2020.

Greve, Bent. Welfare and the Welfare State:Central Issues Now and in the Future. New York: Routledge, 2020.

Markovits, Richard S. Welfare Economics and Second−Best Theory:A Distortion−Analysis Protocol for Economic−Efficiency Prediction. Springer Berlin Heidelberg, 2020.

Jianguo Gao, Rajendra Baikady, Lakshmana Govindappa, Sheng−li Cheng. Social Welfare in India and China. Singapore:Springer , 2020.

▎ 后 记 ▎

一千余个日夜的思考与写作，终于凝结成了这部小册子。

回首走过的路，心中不禁感慨万千。

我仍然记得七年前的春夏之交，在浙大蒙楼博士生入学面试的情境。虽然我的初试成绩较为靠前，但是仍然感念王小章教授等诸位恩师不嫌我大龄中年，招收我为浙大公共管理学院的全日制博士研究生。忆起求学的时光，屡屡有种温馨而亲切的情绪充溢在心间。想起与比我小十几二十岁的同学同窗共读，共同聆听老师教诲，各自畅抒己见的场景，那是何等快乐、充实！启真湖的黑天鹅和野鸭，以及湖畔的茵茵绿草，是难得的闲暇之处。在穿梭于几大校区的班车上，经常被司机师傅误认为老师。当然不只是愉悦和温馨，吃苦也是肯定的。尤其第一、第二学年课程较多，往往要到晚上十一二点才能睡。记得有年冬天，在西溪校区田家炳书院下了自习，骑着自行车回家，看到街上寥落的行人和昏黄的路灯，不由得想起齐秦的歌"北风在吹着清冷的街道，街灯在拉开长长的影子……"。

这一切恍如昨日。

17岁那年考入江财时，我是一名师范生。拿了两年的师范生补贴后，大三专业调整时转为非师范生，从此与"老师"这个职业绝缘30年（1991—2021年）。在北大攻下硕士学位后，导师王思斌教授曾建议我就近找一家学校从教。2008年时，拥有硕士学位在普通一点的大专院校教书是可能的。但是，已经燃起的求学愿望使我下决心一圆博士梦。为了这个梦想，我坚持了整整13年。"茫茫人生路，是对还是错"，只有问询"南来北往的客"。

本书是我的博士学业或者说是以往学业的一个总结。它源自我的博士论文，但是在改编成本书时，内容和结构均有大幅度的调整。虽然其中的理论部分已或多或少体现在之前出版的另一部专著（《福利正义论》）之中，但是实践的意蕴更加强化了。尤其对中国相关省份经济社会统计资料的对比研究，对微观个案的分析，在福利研究等同类著作中并不多见，可以说是由福利哲学向福利经济学的一个新的延展。但是本书的终极关怀是福利的社会意义问题，也就是说——致力于"探寻文明社会的意识觉醒以及规则重构之根源"。而在何种程度上达到了这个初衷，只有求待诸君解判了。

感谢在调研访谈中遇到的干部和群众，他们使我了解到直观的经验知识，也激发了我的思路和灵感。

深深感谢导师王小章教授。王老师在我们经常性的讨论中的宝贵意见以及之于我学业、生活的数年指导和引导，这些帮助所起到的重要作用是不言而喻的。也要感谢浙江大学的高力克教授、张国清教授、毛丹教授、林卡教授等老师渊博知识的滋养。他们不仅在开题、预答辩时给予我无私的指导，在平时的授课过程中也不时有思想火花的闪耀。北京大学社会学系的王思斌教授、杨善华教授、马戎教授、谢立中教授等老师都可以说是我的学术"启蒙者"。他们的学识有些已体现在本书之中，有些是润物细无声的潜移默化。尤其王思斌老师对我硕士论文的指导至今使我深深受益。

还要感谢何文炯教授为主席的学位答辩委员会的专家在论文评阅时的中肯意见，他们的建议使得本书的结构更加合理、紧凑。

深深感念我的家人、亲友，默默关注我的师长、同学，以及难以一一言及的、不常走动但是经常给予真诚帮助的好友。您们的真情一直伴随着我艰难而无悔的学业之路。

感恩所有的人！

杨翔

2022 年春

图书在版编目（CIP）数据

资源、秩序与大众福利 / 杨朝著 . —— 杭州 : 浙江
大学出版社, 2022.6
ISBN 978-7-308-22497-0

Ⅰ. ①资… Ⅱ. ①杨… Ⅲ. ①社会管理—研究 Ⅳ.
①C916

中国版本图书馆CIP数据核字（2022）第057887号

资源、秩序与大众福利

杨　朝　著

责任编辑	曲　静	
责任校对	杨　茜	
封面设计	周　灵	
出版发行	浙江大学出版社	
	（杭州天目山路148号　邮政编码：310007）	
	（网址：http://www.zjupress.com）	
排　　版	浙江时代出版服务有限公司	
印　　刷	杭州高腾印务有限公司	
开　　本	710mm×1000mm　1/16	
印　　张	19.25	
字　　数	251千	
版 印 次	2022年6月第1版　2022年6月第1次印刷	
书　　号	ISBN 978-7-308-22497-0	
定　　价	68.00元	